Karl Haiding, Märchen und Schwänke aus dem Burgenlande

Karl Haiding

Märchen und Schwänke aus dem Burgenlande

Leykam-Verlag, Graz

Das Erscheinen dieses Werkes wurde vom Amt der Burgenländischen Landesregierung gefördert.

Illustrationen und Umschlagbild: Hedwig zum Tobel, Wien
Umschlaggestaltung: Wolfgang Dobrowsky

Druck: Universitätsbuchdruckerei Leykam, Graz
ISBN 3-7011-7085-1

Meinen burgenländischen Freunden

Vorwort

Die mündliche Überlieferung an Märchen, Sage und Schwank hat über große Zeiträume hinweg eine bewundernswerte Traditionskraft bewiesen. Sie schwindet jedoch zusehends und bedarf daher nunmehr ebenfalls des für die Werke der literarischen Welt unentbehrlichen Rückhalts von Schrift und Buch. Die seit langem bestehenden Wechselbeziehungen zwischen Literatur und Volksmund erfahren damit eine deutliche Scheidung je nach ihren Zielsetzungen. Das Buch als Bewahrer und Verbreiter der Volkserzählung erfüllt einen Bildungsauftrag und erfordert somit eine Bewertung des Überkommenen für die Weitergabe.

Zu dieser Auswahl lagen aus deutscher Überlieferung über 500 burgenländische Spielformen von Märchen und Schwänken vor, von denen ich vier Fünftel zwischen 1933 und 1974 aus dem Volksmunde aufgenommen habe. Die schriftdeutsche Fassung lehnt sich nach Möglichkeit an den mundartlichen Wortlaut an.

Nachdem schon vor einiger Zeit „Die Märchen der Magyaren" (und deren Schwänke) veröffentlicht worden sind, dürfen wir demnächst mit der Herausgabe der kroatischen Märchen rechnen. Der Vergleich dieses Erzählgutes mit dem hier Vorgelegten ist ein Zeugnis mehr für das friedliche Zusammenleben von Deutschen, Magyaren und Kroaten. Das zeigen auch die Anmerkungen, die auf Grund des angeführten Schrifttums ein tieferes Einarbeiten ermöglichen sollen.

Ein besonderer Abschnitt ist den Erzählern gewidmet. Er führt in die Lebenswelt dieser Menschen ein und zeigt, unter welchen Umständen sie die Geschichten erzählten und weitergaben. Damit wird zugleich einem Anliegen der Wissenschaft entsprochen, die seit Jahrzehnten den Trägern der Überlieferung ihr besonderes Augenmerk schenkt.

Wir hoffen, daß das Buch zum selbständigen Erzählen anregt und auch die vielen Burgenländer in Übersee erreicht, die sich ihrer alten Heimat verbunden fühlen.

Stainach, im August 1977 Karl Haiding

1. Der Tatzbär-Hansl

Eines Tages trabte eine Bärin aus dem nahen Walde in den Pfarrhof eines kleinen Dorfes und gebar dort zu aller Erstaunen einen Knaben. Der Pfarrer nahm sich des hilflosen Kindes an, doch auch die Bärin blieb auf dem Hofe, verhielt sich ganz zahm und säugte viele Jahre hindurch ihr menschliches Kind. Von der Muttermilch gestärkt, wuchs der Knabe rasch heran. Er übertraf bald die kräftigsten Bauernburschen des Ortes, die sich in acht nahmen, mit dem „Tatzbär-Hansl", wie ihn alle nannten, einen Streit zu beginnen.

Als Tatzbär-Hansl achtzehn Jahre alt geworden war, sagte der Pfarrer zu ihm: „Hans, du hast so gewaltigen Hunger, daß ich dich nicht mehr zu ernähren vermag. Du mußt auf die Wanderschaft gehen und versuchen, dir einen Unterhalt zu verdienen! Ich habe dir einige Kleienbrote als Wegzehrung backen lassen."

Tatzbär-Hansl war sogleich einverstanden, aß sich noch einmal recht satt und machte sich auf die Reise. Schon am zweiten Tage kam er in einen Wald mit hohen Bäumen. Wie er so dahinschritt, hörte er ein gewaltiges Krachen und ging der Richtung zu, aus der der Lärm kam. Zu seiner Verwunderung erblickte er einen Mann, der riß die Bäume mit den Wurzeln aus dem Boden. „Was tust du denn hier?" fragte Tatzbär-Hansl den Baumausreißer. „Ich soll für den Grafen Brennholz machen, es kommt mir schon hart genug an. Denn wenn ich auch die Bäume ausreiße, ich kann ihm nicht genug schaffen." — „Sei nicht so dumm, laß diese Arbeit und geh mit mir! Wir ziehen in die Welt hinaus!" Der andere willigte sogleich ein und schloß sich ihm an. Die beiden waren noch nicht lange miteinander gegangen, als sie einen Mann trafen, der den Kopf einmal nach links, einmal nach rechts wandte und die Gegend beguckte. „Warum schaust du denn so?" fragte Tatzbär-Hansl. „Der Graf hat mir befohlen, den Berg in die Grube zu schieben, damit die Gegend eben wird." — „Laß das", sagte Hansl, „was mußt du den Berg wegschieben? Der Graf soll das selber versuchen, geh lieber mit uns!" Der Bergverschieber ließ sich dies nicht zweimal sagen, und so reisten sie zu dritt weiter.

Nach einer guten Weile kamen sie in eine Stadt, in der an allen

Häusern schwarze Fahnen hingen. Die drei kehrten in einem Wirtshause ein und erkundigten sich, was dies zu bedeuten habe. „Unser König hat drei Töchter", sprach der Wirt, „die sind plötzlich verschwunden, und kein Mensch kann sagen, wer sie geraubt hat." — „Ein wenig müßte man überlegen, ob es nicht irgendein Zeichen gibt", sagte Hansl. „Außer der Stadt ist ein tiefer, leerer Brunnen", antwortete der Wirt, „aus dem fliegt immer Feuer auf; wir denken, daß vielleicht dort die königlichen Töchter sind." — „Das mag schon sein", sagte Hansl, „wir werden dort bald hinschauen."

Zuerst aber gingen sie zum Könige und teilten ihm ihre Absicht mit. Der Herrscher saß in tiefen Kummer versunken, als er jedoch vernahm, daß die drei starken Männer sich auf die Suche nach seinen Töchtern begeben wollten, schöpfte er neue Hoffnung und sprach: „Wer eine meiner Töchter rettet, kann sie heiraten und später mein Erbe antreten."

Als die drei zu dem alten Brunnen kamen, sahen sie, daß er unergründlich tief war und das Tageslicht ihn nur ein Stück zu erhellen vermochte. „Da müssen wir hinunter", beschlossen sie sogleich. Sie beschafften sich einen Kran, ein langes Seil und eine Glocke und brachten alles an Ort und Stelle. Als erster sollte der Baumausreißer in die finstere Tiefe hinab. Sie hatten ihn schon ein Stück hinuntergelassen, als er plötzlich heftig läutete, so daß sie ihn rasch wieder heraufholten. „Was ist denn los?" fragten sie. „Eine feurige Schlange zischte daher, wenn ihr nicht so schnell gewesen wäret, hätte sie mich erwischt." — „Jetzt", sagte der Bergverschieber, „versuche ich es!" Der kam zwar ein Stück weiter, aber plötzlich schwang auch er heftig die Glocke, und sie zogen ihn wieder ans Licht. Er brachte nur mühsam die Worte hervor: „Zwei feurige Schlangen sind auf mich losgefahren" und war vor Schreck ganz benommen.

„Da muß ich selber nachschauen", sagte Tatzbär-Hansl. Er ließ sich abseilen, mißachtete alle Gefahren und kam endlich auf dem Grunde des Brunnens an. Dort fand er ein unterirdisches Land und auf einer Weide einen Mann, der Schafe hütete. „Wärest du bloß nicht hierhergekommen", rief der Hirt, „du wirst nicht mehr lange leben! Mein Herr ist der eiserne Ritter, der tötet dich, sobald er dich entdeckt!"

Tatzbär-Hansl fürchtete sich aber nicht und ging, bis er zu einem schönen Ritterschlosse gelangte. Als er eintrat, kam ihm eine junge Frau entgegen, die schlug erschrocken die Hände zusammen und sagte: „Was machst du hier, wenn mein Mann dich sieht, bist du des Todes!“ Sie war die älteste Königstochter und befand sich jetzt in der Gewalt des eisernen Ritters. „Verbirg dich rasch“, sagte sie, „aber ja nicht bei der eisernen Brücke, sonst ist es um dich geschehen!“ „Dann gehe ich erst recht dorthin“, entgegnete Hansl. Er verabschiedete sich freundlich und eilte zur Brücke. Kaum hatte er diese erreicht, als er von weitem ein Getöse vernahm. „Du wirst mich nicht so leicht kriegen“, dachte er und versteckte sich unter der Brücke. Sobald das Roß des eisernen Ritters die Brücke betrat, strauchelte es. „Glaubst du, daß der Tatzbär-Hansl da ist, du Schindmähre, weil du stürzt?“ rief zornig der Reiter. „Ja, ich bin schon da!“ schrie Hansl, sprang hervor, und mit seiner Bärenstärke bezwang er alsbald den eisernen Ritter.

Der tapfere Bursche wanderte jetzt weiter, bis er zu einem Schlosse kam, das noch viel schöner als das erste war. Auch der silberne Ritter war nicht daheim, und die mittlere Königstochter warnte ihn: „Was machst du hier, wenn mein Mann dich sieht, bist du des Todes! Verbirg dich rasch, aber nur nicht bei der silbernen Brücke!" — „Gerade zu der will ich hingehen", antwortete Tatzbär-Hansl, und die junge Frau entließ ihn mit Bangen. Wieder versteckte er sich zuerst unter der Brücke. Auch das Roß des silbernen Ritters strauchelte. „Glaubst du, daß der Tatzbär-Hansl da ist, du Schindmähre, weil du stürzt?" rief der Reiter voll Zorn. „Ja, ich bin schon da!" schrie Hansl, sprang hervor und tötete auch den silbernen Ritter.

Nun hatte er schon zwei Königstöchter aus den Händen ihrer Räuber befreit und suchte jetzt die jüngste von ihnen auf. Diese war nicht weniger erschrocken als ihre beiden Schwestern und bat ihn, sich schnell zu verbergen. „Ich gehe zur goldenen Brücke und werde dort kämpfen", sagte er und nahm freundlichen Abschied von ihr. Abermals versteckte er sich zuerst, und wieder strauchelte das Roß. „Glaubst du, daß der Tatzbär-Hansl da ist, du Schindmähre, weil du stürzt?" rief auch der goldene Ritter zornig. „Ja, ich bin schon da!" schrie Hansl und sprang hervor. Diesmal mußte er am schwersten kämpfen. Als der goldene Ritter sah, daß er unterliege, bat er: „Schenke mir mein Leben, Hansl, ich gebe dir drei Äpfel, in diesen ist unser ganzer Besitz!" — „Nein", sagte Tatzbär-Hansl, „du mußt sterben, und die Äpfel nehme ich mit mir!"

Als er zur jüngsten Königstochter zurückkehrte, rief diese froh aus: „Du lebst noch?" — „Ja, aber dein Gemahl nicht mehr! Er gab mir drei Äpfel, welche Bewandtnis hat es damit?" — „In diese Äpfel kannst du alle drei Ritterburgen einschließen und sie mitnehmen", sagte die Jüngste, „jetzt gehört alles dir."

Tatzbär-Hansl öffnete den ersten Apfel, und das goldene Schloß zog sich zusammen, bis es in der Frucht Platz fand. Nun wanderte er mit der jüngsten Königstochter zu ihrer Schwester, tat auch das Schloß des silbernen Ritters in einen Apfel und ging mit den beiden Frauen zur ältesten Königstochter. Diese freute sich über die Maßen, ihre Schwestern wiederzusehen, und nachdem auch das eiserne

Schloß in einem Apfel verwahrt war, begaben sie sich zum Brunnengrunde. Das Seil hing noch herab. „Da müssen wir jetzt hinauf", sagte Tatzbär-Hansl, befestigte die älteste Königstochter an dem Seil und gab mit der Glocke ein Zeichen. Seine beiden Gesellen hielten noch Wache am Brunnenrande und waren nicht wenig betroffen, als sie statt ihres starken Gefährten eine schöne Frau heraufzogen. Sie ließen das Seil sogleich wieder hinab und halfen auch den beiden anderen Königstöchtern ans Tageslicht.

Als jetzt Tatzbär-Hansl an die Reihe kam, dachte er: Wer weiß, was die mit mir anstellen wollen? Er hängte einen schweren Stein an das Seil, und richtig, nachdem sie die Last ein Stück hochgezogen hatten, ließen sie das Seil wieder laufen, so daß der Stein mit Wucht herabstürzte. Hansl, jetzt wärest du tot, sagte er sich. Er schritt zurück in das Land, das er nun schon kannte. Auf einmal erhob sich ein Unwetter, es blitzte, stürmte und hagelte. Tatzbär-Hansl hörte ein klägliches Geschrei und merkte, daß dies von jungen Adlern ausging, die auf einer großen Eiche nisteten. Er stieg auf den Baum und öffnete über dem Horste einen Apfel. Sogleich breitete sich das Schloß schützend über den Vögeln aus. Plötzlich kam eine riesige Adlerin geflogen und fragte: „Was tust du bei meinen Jungen?" — „Es hat geblitzt und geschauert", antwortete er, „deshalb habe ich das Schloß hervorgeholt und deine Kinder damit gerettet."

„Was kann ich für dich tun?" sprach der mächtige Vogel. „Trag mich hinauf an die Oberwelt", antwortete Tatzbär-Hansl. „Ja, ich helfe dir gern, aber du mußt das Fleisch eines ganzen Ochsen mitnehmen und mich unterwegs füttern", entgegnete die Adlerin. Nachdem das Futter beschafft war, trug die Adlerin diese Last und den Tatzbär-Hansl empor. Unterwegs mußte er ihr immer einen großen Bissen reichen, sobald sie ihm ein Zeichen gab. Schließlich war alles verzehrt, aber nochmals rief der Vogel: „Gib mir Fleisch!" Tatzbär-Hansl hielt seinen Oberschenkel hin, und die Adlerin fraß ein Stück heraus.

„Jetzt bin ich wieder auf unserer Welt", sagte Hansl, als sie ans Tageslicht gelangt waren. „Das Stück Fleisch, das ich dir ausgefressen habe, erhältst du zurück", sprach die Adlerin, hielt es an die Wunde, und sogleich wuchs es wieder an.

Die zwei untreuen Gesellen hatten mit den drei Königstöchtern das Weite gesucht und sich als deren Retter ausgegeben. Sie wurden mit den beiden älteren Schwestern vermählt, die jüngste aber sagte: „Ich nehme keinen Mann, ehe ich nicht mein Schloß wieder habe. Ich warte auf meinen Erretter!"

Tatzbär-Hansl ging auf den weiten Platz vor dem Königspalast, öffnete dort den Apfel und stellte das Schloß des goldenen Ritters auf. Sobald die Jüngste dies sah, rief sie: „Das ist ja mein Schloß, wo ist mein Erretter?" Sie eilte ihm entgegen und umarmte ihn. Jetzt erst erfuhr der König, wie die untreuen Gefährten den Tatzbär-Hansl in Stich gelassen hatten und daß diesem die Rückkehr seiner Töchter zu verdanken war. Er ließ die beiden Übeltäter ergreifen und jeden von vier Ochsen zerreißen. Hansl aber feierte mit der jüngsten Königstochter Hochzeit und bestieg nach dem Tode des alten Königs den Thron.

2. Der Schmied von Rawelsbach

Der Schmied von Rawelsbach, das war ein Nagelschmied. Als die Fabriken aufkamen, die Stahlstifte erzeugten, ging es mit seinem Geschäft immer mehr bergab. Eines Tages sagte er zu seiner Frau: „Heute habe ich im ganzen nur drei Pack Nägel verkauft, es geht nicht mehr so weiter. Ich muß meine drei Gesellen entlassen und die Schmiede zusperren.“ — „Du hast recht“, sprach sie, „sonst können wir den Burschen in kurzer Zeit für ihre Arbeit keinen Lohn mehr zahlen. Allein werden wir mit dem Stück Feld und ein wenig Vieh schon unser Auslangen finden!“

Einige Zeit nachdem er die drei festen Burschen verabschiedet hatte, saßen die Schmiedsleute beim Nachtmahle, einem Bohnensterz und Kaffee. Da klopfte es an der Tür, und als die Schmiedin öffnete, standen drei Handwerksburschen draußen und sagten: „Wir möchten bitten um eine Nachtherberge!“ — „Da muß ich erst meinen Mann fragen“, entgegnete die Frau und wandte sich an den Meister. „Drei Handwerksburschen stehen vor der Tür, sie möchten gern über Nacht bleiben.“ — „Ja“, meinte er, „wenn ihnen das Zimmer gut genug ist, in dem die Gesellen geschlafen haben. Bett ist freilich keines mehr drinnen, sie müssen sich Stroh hineintragen!“

Jetzt ging die Schmiedin hinaus zu den dreien und sagte: „Ein Zimmer hätten wir schon, aber kein Bett!“ — „Ja, wenn wir nur unter Dach sind, damit sind wir schon zufrieden.“ Sehen Sie, so waren damals die Leute!

Die Schmiedin ging wieder ins Haus: „Ja, die sind zufrieden mit der Unterkunft. Was tun wir mit dem Sterz? Schau, es bleibt davon übrig!“ Sie trug die Speise den Burschen in ihr Zimmer, in dem sie alsbald das Stroh ausbreiteten, und sagte: „Ihr habt bestimmt Hunger.“ Dann brachte sie auch noch Kaffee: „Damit der Sterz leichter hinuntergeht“, meinte sie dazu.

Am Morgen, als die Burschen die Stube wieder sauber gemacht und ausgekehrt hatten, gingen sie nach vorn und bedankten sich beim Schmied. „Für das freundliche Entgegenkommen“, sagte jetzt einer der drei Gesellen — das war Petrus — „was sie uns erwiesen, stehen ihnen, Herr Schmiedemeister, jetzt drei Wünsche frei. Sie können sich wünschen, was sie wollen!" — „Oh, ihr Hallodri, ihr wollt mich für meine Guttat foppen und veralbern?" fragte der Schmied. „Nein, Spaß beiseite, Ihnen stehen drei Wünsche frei!"

Nun, also gut, was wünscht er sich? Der erste Wunsch war: Vor dem Hause will er eine Bank haben; wenn sich jemand darauf setzt, soll er nicht eher aufstehen können, als der Schmied ihn entläßt. Der zweite Wunsch: Er möchte vor dem Hause einen Kirschbaum, der soll so große Kirschen tragen, wie es auf der ganzen Welt keine zweiten gibt. Wunderbare Kirschen waren das, so groß wie die größten Äpfel. Aber wer auf den Baum kletterte, konnte nicht wieder herab, ehe es dem Schmied gefiel.

Jetzt aber sprach der eine Handwerksbursche: „Herr Schmiedemeister, vergessen Sie das Beste nicht!" Damit meinte er das Himmelreich, doch der Schmied dachte nicht daran und sagte: „Als drittes möchte ich einen ledernen Sack haben. Wer hineinschlüpft, kann erst wieder heraus, wenn ich es erlaube." Auf das hin bekam der Schmied auch noch den ledernen Sack, und die drei Handwerksburschen gingen ihrer Wege.

Der Schmied wollte aber wissen, ob es mit den wunderbaren Eigenschaften der erbetenen Geschenke seine Richtigkeit habe, und sagte zu seiner Frau: „Schau einmal hinaus, wir haben da so ein schönes bequemes Bänklein bekommen!" Die Schmiedin ging vor das Haus, ließ sich auf der Bank nieder und rief sogleich: „Ist das ein bequemes Sitzen, so ein gutes Sitzen ist das!" Der Meister jedoch drehte sich um und ging ins Haus. Als sich seine Frau wieder erheben wollte, konnte sie nicht vom Fleck und rief laut: „Hörst du, komm her, ich kann nicht auf, ich kann nicht auf!" Aha, dachte der Schmied, die Geschichte stimmt! Er gab seine Frau von dem Bann frei, worauf sie wieder aufstehen und in die Küche gehen konnte.

Kurze Zeit danach erkrankte indes die Meisterin und starb. Nach dem Begräbnisse saß der Schmied einsam in seiner Kammer, kramte in seinen Papieren, sah die Geburts- und Sterbescheine durch und auch die Schuldscheine. Auf einmal klopfte es an der Tür, und Luzifer guckte herein: „Weißt du, wehalb ich gekommen bin?" — „Nun, warum denn?" — „Du kannst noch hundert Jahre leben, wenn du unterschreibst, daß du nachher mir gehörst." — „Nun ja", sagte der Schmied, „das mache ich schon, aber umsonst nicht!" — „Nein, das mußt du auch nicht, du bekommst dazu noch drei Säcke Taler!"

Der Luzifer nahm einen Bogen Papier aus der Aktentasche, schrieb das Protokoll und las es vor. Der Schmied setzte sich die Augengläser auf, unterschrieb, und Luzifer ging fort. Bei dem sorgenfreien Leben verflogen die hundert Jahre rascher als gedacht, und eines Tages bekam es der Schmied ein wenig mit der Angst zu tun. „Fix noch einmal, jetzt geht es mir nicht ganz ein, was ich tun soll!" Er gab in die Zeitung eine Anzeige — damals gab es schon hie und da eine Zeitung, und die Handwerker hielten sich schon eine Zeitung: Er benötigt drei Handwerksburschen! Am nächsten Tage meldeten sich sogleich fünfzehn Gesellen, die standen an wie eine Kompanie! Na, der Meister ging die Reihe durch und suchte sich die breitschultrigen, die festesten heraus; was die stärksten waren. „Eins, zwei, drei! So, ihr drei bleibt da, und alles andere kann verschwinden!" Als die übrigen weg waren, sagte er: „Burschen, ihr bleibt bei mir! Arbeiten müßt ihr nichts, ihr könnt essen und trinken, was ihr wollt! Damit ich euch zur Hand habe, wenn ich euer bedarf."

Eines schönen Tages, als die hundert Jahre zu Ende waren, kam der Unterteufel und klopfte an: „Schmied, komm heraus, die hundert Jahre sind aus!" Sagt er: „Ja, ja, ich komme gleich, setze dich einstweilen auf die Bank da draußen!" Und der Schmied ging hinein zu seinen Gesellen, damit sie sogleich Spieße und Zangen glühend heiß machten. Dann liefen sie zur Bank, zwickten den Teufel mit den glühenden Zangen und stachen ihn mit den Spießen. Der Unterteufel schrie: „Schmied, laß mich aus, laß mich aus!" Als sie den Teufel schon genug gepeinigt hatten, gab ihn der Meister nach seinem Willen frei. Der Gequälte kroch auf und sah, daß er fort kam. Gesehen und nicht mehr gesehen mit seinen Brandwunden.

Am zweiten Tage kam der Oberteufel: „Schmied, komm heraus, die hundert Jahre sind aus!" — „Ja, ich komme schon, steig einstweilen auf den Kirschbaum hinauf und tu Kirschen zusammen, damit wir unterwegs etwas zu essen haben!" Jetzt machten die Gesellen die langen Spieße glühend. Sie stachen damit den Oberteufel, der vom Baume nicht herunter konnte, daß er schrie und den Schmied so viel bat, ihn doch loszulassen. Nach einiger Zeit gab ihn der Meister frei, und der Teufel war dahin.

Am dritten Tage war Razzia in der Hölle. Der Schmied von Rawelsbach fehlt immer noch, der ist nicht da! Luzifer schlug argen Lärm, doch die zwei Teufel zeigten ihre Brandwunden und weigerten sich, nochmals zu gehen. „Also muß ich mich selbst auf den Weg machen", sagte Luzifer. Er kam zum Meister und klopfte an: „Schmied von Rawelsbach, komm heraus, die hundert Jahre sind aus!" — „Ja, ich komme sogleich!" — „Nein, nein, ich gehe auf keine Bank und steige auf keinen Baum!"

„Jetzt ist es grün", sagte der Schmied zu sich und ging zu seinen Burschen. „Gebt acht, da im Kasten ist ein Nachthemd meiner Frau, ein weißes, langes Nachthemd. Du legst es an, nimmst Weihwasser und einen Sprengwedel, dazu ein Kreuz und ein Glöcklein. Und wenn du jetzt hinausgehst, dann sprengst du den Teufel mit dem Weihwasser an, und mit dem Kruzifix machst du das Kreuz-

zeichen. Und fest ansprengen mit dem Weihwasser!" Luzifer konnte das nicht vertragen: „Jui, jui, jui! Schmied, Schmied! Ih bitt dih, loß mih wohin!" — „Ja, wohin?" — „Wo immer!" — „Ein lederner Sack ist da!"

Jetzt schloff er in den Sack, die Gesellen schleppten ihn aber sogleich in die Werkstatt, legten ihn auf den Amboß, und mit den Vorschlaghämmern schlugen sie zu — bim, bam, bum, bim bam, bum! (Wenn du die Hämmer kennst, die sind schwer und groß wie Literflaschen.)

Als sie genug zugeschlagen hatten, gab der Schmied den verprügelten Luzifer frei. Der sogleich auf und fort! Was aber blieb dem Meister schließlich übrig. Er konnte nicht sterben, kein Mensch kümmerte sich um ihn, denn seine Generation war schon zweimal ausgestorben. Er hatte keine Freude mehr am Leben und an der Welt. Eines Morgens dachte er, jetzt gehe ich selber, nahm seinen ledernen Schurz um, wie ihn die Schmiede tragen, steckte den Hammer ein und wanderte los.

Er kam auf eine Straße, die führte in die Hölle hinab und war geschottert. Wie er mit seinen Stiefeln daherkam, hörten sie schon in der Hölle, daß da jemand käme. Sie schauen beim Fenster hinaus: Ja, der Schmied von Rawelsbach! Jetzt haben sich alle drei Teufel — in der Hölle ist eine zwanzig Millimeter starke Eisentür — haben sich alle hingespreizt und gedrückt darauf, so stark, daß sie die Fingernägel nach außen durchdrückten. Sie lassen den Schmied nicht herein, sie fürchten sich vor ihm! Sie lassen ihn nicht herein! Jetzt nahm er den Hammer und schlug ihnen die Fingernägel um, daß sie nicht loskonnten.

Auf dem Rückwege kam er zur Kreuzung, wo der Weg in den Himmel hinaufging. Dort traf er ein Mädchen von zehn, zwölf Jahren. „Ja, Kleine, wo gehst du denn hin?" — „In den Himmel." — „Da gehe ich mit dir!" Als sie zu der Himmelstür kommen, öffnet Petrus und nimmt das Mädchen bei der Hand, zum Schmied aber sagte er: „Leider, für Sie habe ich keinen Platz! Ich habe Sie zwei-, dreimal gemahnt, vergessen Sie das Beste nicht. Ich kann Sie nicht hereinlassen, Herr Schmiedemeister!" Inzwischen hatte der Schmied seinen Schurz abgenommen und bei der Türe hineingeworfen. Nun, im Himmel brauchen sie solche schmutzige Sachen nicht, dort ist alles fein und schön. Petrus machte deshalb die Türe ganz auf und sagte, er solle den Schurz nehmen und sehen, daß er weiterkomme. Er könne ihn nicht einlassen. Wie aber Petrus die Tür so weit öffnete, daß der Schmied hinein konnte, trat dieser geschwind ein und setzte sich auf seinen Schurz. Und wenn sie ihn noch nicht weg haben, sitzt er heute noch dort.

3. Die drei Entenfrauen

An einem großen Flusse lebte ein Fischer mit seinem Weibe und nährte sich redlich von seinem Handwerk. Eines Tages ging ihm indes kein einziger Fisch ins Netz, und so geschah es auch am nächsten und übernächsten Tage. Als er vor Sorge und Not nicht mehr ein und aus wußte, kam über das Wasser in einem kleinen Schiffe ein Mann auf ihn zugefahren und sprach: „Wenn du mir das versprichst, was du zu Hause nicht weißt, dann hast du wieder Fangglück und wirst mehr Fische heimbringen als je zuvor! Nach neun Jahren mußt du es aber an diese Stelle bringen!" Was gibt es schon in unserem kleinen Hause, das ich nicht weiß, dachte der Fischer, und in seiner Not ging er auf den Vorschlag des Fremden ein. Es dauerte nur kurze Zeit, so hatte er so viele Fische gefangen, als er aufzunehmen vermochte.

Er fuhr an den Strand, versorgte die Beute und ging in seine Hütte. „Heute habe ich endlich Glück gehabt", sprach er beim Eintreten zu seiner Frau. „Ein Fremder kam über das Wasser gefahren und verhieß mir in Zukunft reichen Fang, wenn ich ihm das verspräche, was ich in unserem Hause nicht weiß." — „Der hat sicher unser erstes Kind gemeint, das ich erwarte", entgegnete die Frau erschrocken.

Als die Fischerin einen Knaben gebar, konnten sie und ihr Mann sich darüber nicht freuen, denn beide dachten mit Bangen an das Versprechen, das er gegeben hatte. Sobald das Kind zur Schule ging, fiel ihm auf, wie traurig seine Eltern waren, wenn er heimkam, und daß sie ihn mit Tränen in den Augen betrachteten. „Mutter und Vater, sagt mir doch, warum ihr so oft weint", bat der Knabe, doch die Eltern schwiegen stets auf seine Frage. Als er sein neuntes Lebensjahr fast vollendet hatte, fragte er wieder einmal: „Mutter, Vater, sagt mir doch die Wahrheit, warum weint ihr immer, wenn ich von der Schule heimkomme?" — „Du armer Hansl", antwortete der Fischer, „wir sind nicht schuld. Eines Tages habe ich keine Fische gefangen, und auch am zweiten und dritten Tage blieb mein Netz leer. Auf einmal kam ein fremder Mann in einem Schiffe daher und sagte, ich soll ihm versprechen, was ich zu Hause nicht weiß. Dann hätte ich für Lebzeiten Fische genug und keine Not. Er hat aber dich gemeint, du warst damals noch nicht auf der Welt, und nach neun Jahren muß ich dich zum Flusse bringen, wo er dich holen wird!"

Der Knabe lief zum Pfarrer und erzählte, was er gehört hatte. Der Geistliche sagte: „Mache dir nichts daraus, ich werde dir helfen! Ich gebe dir ein Gebetbuch, das nimmst du mit, wenn dich der Vater zum Flusse bringt."

Am festgesetzten Tage steckte der Knabe das geweihte Gebetbuch zu sich und ging mit seinem Vater an den Fluß. Der Mann kam in dem Schifflein gefahren, nahm den Knaben an Bord und fuhr mit ihm davon. „Wozu hast du das Gebetbuch mit", fragte der Mann, aber der Knabe gab keine Antwort. „Wirf das Buch ins Wasser!" befahl der Mann. Der Fischerssohn blieb jedoch stumm, wie ihm der Pfarrer geheißen. „Wie ist dein Name, und wem gehörst du", wollte der Mann wissen, doch er konnte das Kind nicht zum Reden bringen. Plötzlich kippte er den Kahn um, schon aber schwammen drei

Enten daher, nahmen den Knaben auf ihren Rücken und trugen ihn ans Ufer. Es waren drei verwunschene Königstöchter, die ihn in ihr Schloß brachten.

Dem Knaben gefiel es in dem Königsschlosse so gut, daß die Jahre viel rascher verflogen als daheim. Eines Tages sprachen die Enten zu ihm: „Du bist jetzt erwachsen; wenn du drei Nächte aushältst, ohne zu reden, so kannst du uns erlösen. Sie werden dich bedrohen und zerstückeln, aber am Morgen bist du wieder heil und gesund."

In der ersten Nacht kamen schwarze Männer herein, holten ihn aus dem Bett und legten ihn auf eine Schlachtbank. Sie bedrohten ihn lange, doch er blieb stumm. Da hackten sie ihm Arme und Beine ab, als jedoch am Morgen die drei Enten hereinkamen, war er so gesund wie tags zuvor. In der zweiten Nacht kamen die Schwarzen wieder und drohten, ihn zu zersägen, aber er redete wieder nicht ein Wort. Als der Tag anbrach, lag er wieder unversehrt in seinem Bette. Die drei Enten kamen in sein Zimmer und sprachen: „In der dritten Nacht wird es am schlimmsten zugehen, wenn du auch in dieser standhaft bleibst, dann sind wir drei erlöst." Diesmal tobten die Männer ärger als vorher, sie drohten, ihn zu zerstückeln, wenn er nicht endlich spreche. Er aber schwieg. Darauf zerrten sie ihn abermals auf die Schlachtbank und zerhackten ihn in Stücke, ohne daß er auch nur einen Laut von sich gab. Nach Mitternacht war plötzlich alles vorbei, und er lag heil und unverletzt in einem silbernen Bett.

Am Morgen öffnete sich die Tür, und als Hansl die Augen aufschlug, traten drei wunderschöne Jungfrauen ein. Die älteste sprach: „Du hast uns durch deine Standhaftigkeit erlöst. Wir sind drei Schwestern und waren mitsammen verwunschen. Du kannst dir eine von uns aussuchen und heiraten. Du kannst mich nehmen oder auch die mittlere oder die jüngste, welche du am liebsten hast!" Hansl überlegte eine Weile, dann sprach er: „Wie soll ich das tun? Wenn ich die älteste nehme, ist die mittlere gekränkt, nehme ich die mittlere, kränkt sich die jüngste, und nehme ich diese, dann fühlen sich die beiden anderen zurückgesetzt." Nun erklärten die drei Königstöchter, daß sie mit seiner Wahl einverstanden seien, ganz gleich, welche von ihnen er zur Gattin wünsche. Auf das hin bat er die jüngste und schönste, seine Gemahlin zu werden, und feierte mit ihr Hochzeit.

Der arme Hansl lebte jetzt glücklich als König, aber er trug seit seiner Heirat das Verlangen in sich, wenigstens einmal noch seine Eltern wiederzusehen. Eines Tages gestand er seiner Frau seinen sehnlichen Wunsch. „Das kann leicht geschehen", sprach sie. „Wir drei Schwestern besitzen gemeinsam einen Ring, den steckst du an den Finger. Wenn du ihn dann drehst und dabei sagst, wo du hin willst, bist du sogleich an Ort und Stelle. Du darfst aber nicht lange ausbleiben und mußt bald zurückkehren, sonst kann es ein Unglück geben!" Hansl versprach, zur rechten Zeit wiederzukommen, und erhielt den Ring.

Kaum hatte er ihn angesteckt und gedreht, als er schon vor seinem Elternhause stand. „Vater und Mutter, erkennt ihr euren Sohn?" rief er. Die Eltern waren überglücklich, den Verlorengeglaubten als stattlichen jungen Mann in vornehmem Gewande wiederzusehen. Schon am zweiten Tage ging er ins Dorf zu seinen Jugendgefährten. An den folgenden Tagen besuchte er auch Pfarrer und Lehrer und alle Bekannten von Haus zu Haus, bis ihm einfiel, daß er schon längst bei seiner Gemahlin sein sollte. Er verabschiedete sich überall, drehte den Ring, und schon befand er sich wieder im königlichen Schlosse. Weil er aber so lange ausgeblieben war, hatte man die Hochzeit seiner Gattin mit einem anderen Manne festgesetzt. Hansl gab sich als einen Wanderer aus und bat um Nachtherberge. Die ältere Königstochter empfing ihn und führte ihn in ein Zimmer. Kaum war er zu Bett gegangen, als seine Gemahlin eintrat, die ihn sogleich erkannte. Sie sprach: „Halte dich bereit, ich gehe jetzt wieder zu den Hochzeitsgästen hinaus!" Dann trat sie an die Festtafel und sprach: „Ich muß euch allen mein Geschick erzählen. Ich hatte den Schlüssel zu meinem Schloß verloren und mir einen neuen Schlüssel gekauft. Jetzt aber habe ich den alten Schlüssel wiedergefunden. Was glaubt ihr, welcher Schlüssel besser paßt?" — „Der alte", riefen die Hochzeitsgäste, „der alte Haustorschlüssel paßt immer besser als ein neuer!" — „Gut", sagte sie, „dann könnt ihr nicht beleidigt sein, ich bringe den alten Schlüssel herein!" Auch der Bräutigam sagte, sie solle den alten Schlüssel bringen, weil der sperre immer besser als ein neuer.

Jetzt begab sich die junge Königin zu Hansl ins Zimmer und sagte: „Komm, ich muß dich vorführen als den alten Schlüssel!“ Hansl stand auf und ging mit zur Hochzeitstafel. „Das ist mein alter Schlüssel, den ich wiedergefunden habe“, sagte sie. „Wenn das der alte Schlüssel ist“, sprachen die Hochzeitsgäste, „dann ist er auch der rechte Bräutigam.“ Der neue Bräutigam fügte sich in sein Schicksal und verließ das Schloß. Hansl aber lebte noch lange und glücklich mit der jüngsten der drei Entenfrauen, die er aus ihrer Verwünschung gelöst hatte.

4. Der weiße Wolf

Es war einmal ein König, der wohnte in einem schönen Schlosse. Eines Tages ritt er allein hinaus in den Wald, wo es ihm so gut gefiel, daß er nicht an die Heimkehr dachte. Er ritt weiter und weiter, und als er endlich umkehren wollte, fand er nicht mehr zurück. Vergeblich suchte er den Heimweg, so lange, bis es finstere Nacht wurde und er halten mußte. Unter einem Baum machte er Rast, band sein Roß an den Stamm, und ohne Speise und Trank erwartete er den Morgen.

Am nächsten Tage ritt er wieder fort und fort, doch er fand nicht aus dem weiten Walde heraus und mußte abermals unter einem Baume nächtigen.

Als es wieder tagte, waren er und sein Roß schon recht müde. Was blieb ihm indes übrig, als den ganzen Tag weiter nach einem Auswege zu suchen? Erst nachdem es ganz finster geworden war und er nicht mehr weiter konnte, hielt er an, stieg ab und legte sich schlafen. Doch schon um elf Uhr wurde er geweckt, und als er aufblickte, stand vor ihm ein schwarzer Jäger und fragte: „König, was machst du hier?"

„Ich reite schon drei Tage im Walde hin und her, finde aber nicht mehr heraus", antwortete er. „Wenn du mir das gibst, was dir daheim zuerst begegnet, so bringe ich dich nach Hause", sprach der schwarze Jäger. Was wird das schon sein, dachte der König, wohl mein Jagdhund, der mir immer entgegenspringt, und in seiner Not willigte er ein. „Weil du einverstanden bist, wirst du bald daheim sein", sagte der Jäger, „reit nur hinter mir nach!" Während der König tagelang vergeblich den Rückweg gesucht hatte, waren sie jetzt im Nu aus dem Walde.

Die jüngste Königstochter hatte schon oft voll Sehnsucht nach ihrem Vater ausgeschaut. Als sie ihn jetzt von ferne kommen sah, ließ sie schnell ein Roß satteln und ritt ihm voll Freude entgegen. Sobald sie ihn erreicht hatte, sprang sie ab und lief auf ihn zu. Wie erschrak sie aber, als er sie zurückstieß und rief: „Weich von mir, besser wäre mir ein Hund begegnet!" — „Vater, bin ich dir denn weniger wert als ein Hund?" fragte sie traurig.

„Nein, liebe Tochter“, sprach der König bekümmert. „Aber ich habe dem schwarzen Jäger das zusagen müssen, was mir daheim zuerst begegnet. Ohne seine Hilfe wäre ich nicht mehr aus dem Walde zurückgekehrt, doch jetzt gehörst du ihm!“

Der schwarze Jäger aber sagte zur Königstochter, die bis ins tiefste Herz erschrocken war: „Drei Tage hast du noch Zeit; dann wird ein weißer Wolf kommen, auf den mußt du aufsitzen, der wird dich zu mir bringen!“ Damit entfernte er sich und war bald ihren Augen entschwunden.

Nach drei Tagen kam ein weißer Wolf gelaufen, die jüngste Tochter des Königs zu holen. „Lieber Vater, leb wohl“, sprach die Jungfrau bekümmert, „wer weiß, ob wir uns jemals wiedersehen.“ Dann mußte sie auf den Rücken des Wolfes steigen, der mit ihr Tag und Nacht lief, über Berg und Tal. Als er am nächsten Morgen immer noch weitertrabte, sprach sie: „Wolf, alle meine Glieder schmerzen mich schon, sind wir noch nicht bald an Ort und Stelle?“ — „Schweig still“, antwortete der Wolf, „sonst werfe ich dich ab!“

Abermals lief er mit ihr den ganzen Tag und die lange Nacht. Sie war so müde, daß sie nochmals fragte: „Wolf, kommen wir noch nicht bald an Ort und Stelle?“ — „Schweig still“, antwortete er, „sonst werfe ich dich ab!“

Weiter ging es Tag und Nacht. Nun aber konnte sie sich nicht mehr auf dem Rücken des Tieres halten, weshalb sie zum dritten Male fragte: „Wolf, sind wir noch nicht an Ort und Stelle?“ Jetzt warf der Wolf sie weit ab und lief davon.

Nun war sie allein und so müde, daß sie drei Tage von ihrem langen Ritte ausruhte. Als sie sich endlich erhob und weiterging, sah sie sich am Ufer eines weiten Meeres. Sie wanderte an dem Strande entlang, bis es Nacht wurde und sie an ein Häuschen kam, aus dem Licht schimmerte. Als sie eintrat, um hier ein Nachtlager zu erbitten, sah sie, daß in dieser Hütte der Mond wohnte.

„Du kannst bei mir über Nacht bleiben“, sprach der Mond. Sie setzte sich und erzählte, wie sie hierhergekommen war. Dann fragte sie: „Habt Ihr nicht den weißen Wolf gesehen?“ — „Heute nicht“, entgegnete der Mond, „weil es so trüb war. Komm aber her zum Tische und iß!“ Sie verzehrten gemeinsam ein Huhn, der Mond aber nahm nach der Mahlzeit sorgfältig alle Knöchelchen zusammen, band sie in ihr Taschentuch und sprach: „Bewahre die Beinchen gut, du wirst sie noch benötigen!"

Als die Zeit für den Mond gekommen war und er scheinen sollte, nahm er das Mädchen auf den Rücken und trug sie zur Sonne. Nachdem er sie abgesetzt hatte, kam sie in kurzer Zeit abermals zu einem Häuschen, in dem ein Licht brannte. Sie klopfte, trat ein und bat um ein Nachtlager. Die Sonne empfing das Mädchen freundlich und fragte, was sie hier suche. „Habt Ihr nicht den weißen Wolf gesehen?" entgegnete die Königstochter. „Nein, heute nicht", sagte die Sonne, „ich habe nicht geleuchtet, weil es so trüb war. Aber komm jetzt her und iß mit mir!"

Auch die Sonne verzehrte mit ihr ein Huhn, suchte danach alle Beinchen zusammen, gab sie ihr und sprach: „Bewahre die Knöchlein gut, sie werden dir bald vonnöten sein!" Sobald der Tag anbrechen sollte, nahm die Sonne das Mädchen auf den Rücken und trug es weiter, bis sie zum Winde kam.

Wieder stand dort ein Häuschen, in dem ein Lichtlein brannte, denn die Königstochter kam erst gegen Abend an. Sie trat ein und bat um ein Nachtlager. Der Wind fragte gleichfalls, was sie hierhergeführt habe, und auch ihm entgegnete sie: „Habt Ihr nicht den weißen Wolf gesehen?" — „Heute habe ich schon zweimal mit ihm geredet", sprach der Wind. „Es ist höchste Zeit, daß du kommst. Jetzt aber geh her und iß!" Sie aßen miteinander ein Huhn, und auch der Wind nahm alle Beinchen zusammen, gab sie ihr und sprach: „Bewahre die Knöchlein gut, sie werden dir bald von Nutzen sein!"

Auch er nahm die Königstochter auf den Rücken, doch er trug sie an den Fuß eines gläsernen Berges, der war so hoch, daß sie ihn gar nicht überschauen konnte. Im Berge aber war ein prächtiges Schloß, und auf dem Gipfel stand ein kleines Häuschen.

Nachdem der Wind sie abgesetzt hatte, fragte sie ihn: „Was soll ich jetzt tun?" — „Du mußt zu diesem Häuschen hinaufsteigen!" — „Wie komme ich denn dort hin, es führt ja keine Stiege hinauf?" — „Wirf bei jedem Schritte ein Hühnchenbein vor dich hin, das wird die Stufe sein. Es kann dir niemand schaden, und dir wird nichts

geschehen!" — „Wenn ich aber nicht genug Beinchen habe?" — „Dann denke an mich, und ich werde kommen", sprach der Wind und sauste davon.

Nun nahm sie das erste Beinchen heraus, warf es vor sich hin und begann den Glasberg zu besteigen. Schritt für Schritt, ein Knöchelchen nach dem anderen auswerfend, kam sie vorwärts. Beinahe war sie schon oben, als sie auf das letzte Beinchen stieg, gerade eines fehlte ihr noch. „Oh, mein lieber Wind", rief sie, „komm mir zu Hilfe!" Der Wind war sogleich da und sagte: „Schneide dir den kleinen Finger ab, auf dem kannst du den Schritt ins Haus tun!"

In ihrer Not folgte sie seinem Rate, warf ihren Finger vor sich hin, und mit dem letzten Schritte erfaßte sie den Türgriff. Im Häuschen aber wartete der schwarze Jäger, der hatte auch schon die Tür angefaßt. Jetzt sagte er: „Dein Glück, daß du da bist!"

Auf einmal tat es einen Schüttler und Kracher, und das ganze Königreich war frei. Der weiße Wolf war ein verwunschener Prinz und in der Gewalt des schwarzen Jägers gewesen, nun aber war er der reichste König der Welt.

Sie hielten lange und fröhliche Hochzeit, dann aber sandten sie eine Botschaft an den Vater der jungen Königin und luden ihn zu sich ein. Der kam auch wirklich und freute sich von Herzen. „Das hätte ich nicht gedacht, daß ein Wolf König würde", sagte er ein über das andere Mal.

5. Lämmlein, schüttle dich

Es war einmal ein Vater, der hatte drei Söhne. Als sie herangewachsen waren, sagte er eines Tages zu ihnen: „Ihr seid mir zu viele im Hause, alle kann ich nicht ernähren. Einer muß fort und sich einen Dienst suchen!" Der älteste Sohn erbot sich sogleich, des Vaters Weisung zu befolgen, schnürte sein Ränzel und wanderte drauflos. Er war schon eine lange Zeit gegangen, als er zu einem alleinstehenden Hause kam. Auf sein Klopfen trat ein Mann heraus und fragte ihn nach seinem Begehr. „Ich bin unterwegs", sprach der Bursche, „um irgendwo eine Arbeit zu finden." — „Die kannst du bei uns bekommen", sagte der Mann. „Du mußt den ganzen Sommer über eine Kuh hüten, im Herbst erhältst du schon deinen Lohn."

Der Bursche blieb gern in dem Hause. Allmorgendlich nahm er sein Zehrbrot mit und ging mit der Kuh auf die Weide. Im Herbst sprach sein Dienstherr: „Du hast deine Arbeit getreulich verrichtet. Als Lohn erhältst du ein schwarzes Lamm. Wenn du zu diesem sagst: ‚Lämmlein, schüttle dich', dann fallen von ihm eine Menge Dukaten herab." Der Älteste dankte sehr für diese kostbare Belohnung und führte das Lamm seinem Vaterhause entgegen. Am ersten Tage erreichte er jedoch nicht sein Ziel, und so mußte er in einem Wirtshause übernachten. Vor dem Schlafengehen brachte er das Lamm in einen Stall und sprach zum Wirt: „Ihr dürft aber nicht sagen, ‚Lämmlein, schüttle dich'!" — „Nein, nein", entgegnete der Wirt, „das tun wir bestimmt nicht!" Der Bursche war jedoch kaum eingeschlafen, als der Gastgeber leise das Lamm gegen ein anderes austauschte, das ganz gleich aussah.

Am Morgen erhob sich der Bursche zeitig in der Frühe, nahm das Lamm an einen Strick und verabschiedete sich. Kaum war er daheim angekommen, sagte er zu Vater und Brüdern: „Schaut her, was ich mitgebracht habe!" Er stellte das Lamm mitten in die Stube und sprach: „Lämmlein, schüttle dich!" Zu seinem Erstaunen fielen jetzt jedoch keine Dukaten herab, auch nicht, als er ein zweites und drittes Mal seinen Spruch sagte.

Wie die anderen das sahen, sprach der zweite Bruder: „Wegen dieses Lammes hast du einen ganzen Sommer die Kuh gehütet? Jetzt werdet ihr sehen, was ich heimbringe! Im nächsten Frühjahr gehe ich fort!“ Er kam aber zu dem gleichen Hofe wie der Älteste, und auch ihm sagten sie, er müsse den Sommer über die Kuh hüten, im Herbst bekomme er schon seinen Lohn. Als seine Zeit um war, sprach der Dienstgeber: „Für deine Arbeit gebe ich dir ein Tuch. Wenn du dieses hinlegst und sagst :‚Tüchlein, breite dich‘, dann stehen sogleich die besten Speisen und Getränke darauf!“ Auch der mittlere Bruder erreichte am ersten Tage des Rückweges nicht das Vaterhaus und mußte in dem Wirtshause einkehren. Ehe er sich zum Schlafen hinstreckte, sagte er zu den Wirtsleuten: „Ihr dürft aber nicht sagen, ‚Tüchlein, breite dich‘!“ Der Wirt spitzte sogleich die Ohren und wartete nur, bis sein Gast in tiefem Schlafe lag. Dann tauschte er das Tüchlein gegen ein ganz gleiches um und ging selbst zur Ruhe.

Am andern Morgen setzte der Wirt seinem Gaste noch ein gutes Frühstück vor und verabschiedete sich freundlich. Der Bursche glaubte, es besser gemacht zu haben als sein Bruder, begrüßte daheim alle froh und sagte: „Kommt zu Tische, heute gibt es ein Essen wie noch nie!“ Doch wie er sein Tüchlein ausbreitete und den Spruch sagte, rührte sich weiter nichts, und er mußte nur den Spott aller einstecken.

Im nächsten Frühjahre sprach der Jüngste: „Jetzt gehe ich, und ihr werdet sehen, daß ich mehr mitbringe als ihr!“ Auch er kam zu dem gleichen Hause und mußte den Sommer über die Kuh hüten. Im Herbst bekam er schier den geringsten Lohn, denn der Dienstherr übergab ihm einen Sack, in dem waren drei Stöcke. Dazu sprach er: „Die Stöcke werden dir Gutes bringen. Wenn du sagst, ‚Stöcke aus dem Sack‘, dann fahren sie heraus und hauen so lange zu, bis du wieder sagst, ‚Stöcke in den Sack‘!“

Auch der Jüngste kehrte abends in dem Wirtshause ein. Vor dem Schlafengehen ermahnte er die Leute: „Ihr dürft ja nicht sagen: ‚Stöcke aus dem Sack‘!“, und alle versprachen es ihm. Kaum aber hatte er sich niedergelegt, als sie schon herzuschlichen und sprachen: „Stöcke aus dem Sack!“ Im nächsten Augenblicke bereuten sie schon ihr Tun, denn die Stöcke sausten heraus und schlugen auf Wirtsleute und Gäste so heftig ein, daß diese den Burschen weckten und baten,

ihnen zu helfen. „So macht ihr es", rief der Bursche, „habe ich euch nicht gewarnt? Ihr habt wohl Lamm und Tüchlein meiner Brüder, gebt beides heraus!" — „Ja, wir haben es", riefen sie, „du sollst alles haben, gebiete nur den Stöcken Einhalt!" Jetzt rief der Bursche: „Stöcke in den Sack!", und die Geprügelten hatte ihre Ruhe.

Am Morgen nahm er Sack, Lämmlein und Tüchlein und wanderte damit vergnügt dem Vaterhause zu. Daheim sprach er: „Lämmlein, schüttle dich!", und schon rieselten die Dukaten herab. Dann legte er das Tuch auf den Tisch und sagte: „Tüchlein, breite dich!" Sogleich standen die herrlichsten Braten auf dem Tüchlein, so daß Vater und Brüder eifrig zulangten. Auf einmal sprach der Älteste: „Das Lämmlein gehört ja mir", und der zweite: „Das ist ja mein Tüchlein!" Der Jüngste entgegnete: „Das gehört jetzt alles mir!" Als sich die Brüder damit nicht abfinden wollten, rief er: „Stöcke aus dem Sack!" Sogleich fuhren die Stöcke auf die Brüder los und schlugen so zu, daß diese riefen: „Ja, du kannst dir alles behalten, tu nur die Stöcke weg." Von da an lebten sie friedlich miteinander, ohne Sorgen um Geld und Nahrung.

6. Der Federnteufel

Es lebte einmal in einem Dorfe ein armer Schweinehirt mit seiner Frau und seinen Kindern. Jeden Morgen trieb er die Schweine auf die Weide, und dafür erhielt er von dem Bauern reihum Brot und geringen Lohn. So brachte er sich und die Seinen kümmerlich fort, und die Not war ihnen nicht unbekannt.

Sein ältester Sohn, den sie im ganzen Dorfe einfach den Sauhalter-Hansl nannten, war ein aufgeweckter Knabe. Schon frühzeitig mußte er dem Vater beim Sauhüten helfen, und als er älter wurde, führte meist er die Schweine auf die Weide. Seine Jugendgespielin, die Tochter des reichen Kaufmannes, blieb ihm weiter zugetan, ja, er hoffte, sie trotz seiner Armut einmal heiraten zu können. Als der Kaufmann dies merkte, rief er eines Tages den Sauhalter-Hansl zu sich und sprach: „Ich merke schon, du hoffst, meine Tochter zur Frau zu bekommen. Das kann aber nur geschehen, wenn du mir drei goldene Federn vom Federnteufel bringst." Damit glaubte er, sich den ungebetenen Freier für immer vom Leibe geschafft zu haben.

Hansl ging heim und sagte: „Liebe Mutter, ich reise fort. Bring mir ein ganzes Brot als Wegzehrung, ich reise weit fort." Jetzt ging die Haltersfrau zu den Bauersleuten, die recht gutes Brot hatten, erbat sich einen Laib, nahm das einzige Geldstück, das sie für die ärgste Not zurückgelegt hatte, und sprach: „Hansl, nimm dieses Brot! Ein Stück Geld gebe ich dir dazu, mehr habe ich nicht." Der Junge dankte ihr, richtete sich zusammen und nahm Abschied: „Wann ich wiederkomme, weiß ich nicht", sagte er und zog in die Welt.

Wie er so des Weges wanderte, kam er zu drei Tieren, die um den Schädel eines getöteten Rosses stritten. Er nahm sein Messer heraus und teilte die Speise auf, um den Streit zu schlichten. Dem Geier gab er die Haut, der Krähe das Fleisch und der Ameise Knochen und Hirn. „Du bist klein genug, du kannst überall hineinschliefen", sprach er zu ihr. „Seid ihr jetzt alle drei zufrieden?" fragte er, „jedes mit seinem Teil?" Die Tiere dankten ihm, und die Krähe riß sich eine Feder aus, gab sie ihm und sagte: „Wenn du müde bist und nicht mehr zu gehen vermagst, dann stecke diese Feder unter die

Achsel und sprich: ‚Jetzt soll ich fliegen können wie eine Krähe!‘“ — „Wenn du aber nicht mehr als Krähe weiterfliegen kannst“, sagte der Geier, „dann stecke meine Feder unter die Achsel und sprich: ‚Jetzt soll ich fliegen können wie ein Geier!‘“ und gab ihm auch eine Feder. Darauf riß sich die Ameise ein Schenkelchen aus und sprach: „Manchmal ist es gut, wenn man recht klein ist. Dann nimm nur mein Schenkelchen in die Hand und verwandle dich in eine Ameise!“

Hansl bedankte sich recht schön bei den Tieren, verwahrte ihre Gaben sorgfältig in seiner Tasche und zog zufrieden weiter. Er wanderte, bis er endlich hungrig und müde in eine Stadt kam. Dort kehrte er beim ersten Wirte ein und bestellte sich ein Mahl. Der Wirt trug ihm Speise und Trank auf und setzte sich zu dem Fremdling, um zu fragen, wohin er reise. Hansl erzählte, daß er auf dem Wege zum Federnteufel sei, von dem er drei goldene Federn bringen solle.

Als er nach dem Essen sein einziges Geldstück hervorholte, um zu bezahlen, sagte der Wirt: „Zahlen mußt du nichts, aber ich hätte eine Bitte. Du reist zum Federnteufel, und der weiß alles. Frage ihn doch, warum bei uns solche Dürre herrscht, daß nichts mehr grünt und wächst. Wir wissen uns keinen Rat mehr!“ Hansl versprach gern, sich nach Abhilfe zu erkundigen: „Wenn ich gesund zurückkomme, werde ich euch die Antwort mitbringen.“ Auf das hin gab ihm der Wirt noch Fleisch und Brot mit als Wegzehrung.

Der Bursche dankte und zog weiter. Er reiste lange Zeit, aber als er glaubte, endlich doch am Ziele zu sein, kam er wieder in eine Stadt. Weil er seine Wegzehrung schon verspeist hatte, kehrte er abermals in einem Wirtshause ein. Der Wirt setzte sich zu ihm und fragte ihn, wohin er ziehe. „Zum Federnteufel“, antwortete Hansl, „um von ihm drei goldene Federn zu holen.“

Als es ans Zahlen ging, wollte der Wirt kein Geld nehmen. „Viel lieber ist es mir, wenn du dich beim Federnteufel um unser Anliegen erkundigst“, sprach er. „Wir haben schon lange kein Wasser mehr, die Brunnen sind versiegt, und wir müssen es so weit herführen, daß die Rosse es nicht mehr leisten können und wir schier verdursten.“

Hansl versprach, auch danach zu fragen, und erhielt wieder eine reichliche Zehrung mit auf den Weg.

Er wanderte fort und fort und war schon so weit gegangen, daß er meinte, jetzt käme das Ende der Welt. Eines Tages erreichte er das Ufer eines großen Wassers, aber weder eine Brücke war zu sehen noch ein Schiff für die Überfahrt. Wie er so schaute, erblickte er einen Mann, der schritt auf dem Wasser daher, ohne zu versinken. Das war der Wassertreter, der trug die Leute hinüber an das andere Ufer. Hansl fragte sogleich, ob er ihn nicht hinüberbringen möge. „Wo willst du denn hin?“ fragte der Wassertreter. „Zum Federnteufel“, entgegnete Hansl. „Zu dem habe ich schon mehrere hinübergetragen“, sagte der Wassertreter, „aber zurückgekommen ist keiner von ihnen.“ — „Das tut nichts, trag mich nur erst an das andere Ufer“, meinte Hansl, „ich will mein Glück versuchen.“ — „Gut“, sagte der Wassertreter, „bring mir aber die Nachricht, wie lange ich hier noch meinen Dienst versehen muß.“ Das versprach Hansl, und der andere trug ihn über das Wasser.

Sobald ihn der Mann am anderen Ufer abgesetzt hatte, wanderte Hansl weiter seinem Ziele zu. Nach einer Weile kam er an einen Berg. Als er diesen jedoch besteigen wollte, rutschte er immer wieder zurück, denn der Berg war glatt wie Glas. Nun erinnerte er sich der Krähenfeder und dachte: Jetzt versuche ich, ob ich wirklich fliegen kann! Er holte die Feder hervor, steckte sie unter die Achsel und sprach: „Jetzt soll ich fliegen können wie eine Krähe!“ Im Augenblick hatte er Vogelgestalt angenommen und flog den Berg hinan, auf dem sich oben eine ebene Fläche dehnte. Wie er dort herumsuchte, fand er eine Öffnung, die in das Bergesinnere führte und mit Brettern überdeckt war. Er schob diese beiseite, fand eine Stiege und kam so tiefer hinab, bis er auf einmal nicht mehr weiterdringen konnte. Endlich entdeckte er ein winziges Loch, und weil er sich keinen anderen Rat wußte, zog er das Ameisenschenkelchen hervor, nahm es fest in die Hand und sprach: „Jetzt soll ich eine Ameise werden!“ Im Nu wurde er so klein, daß er durch das Loch zu schliefen vermochte. Er kam wieder auf eine Stiege, nahm seine menschliche Gestalt an und stieg weiter abwärts. Nach wenigen

Stufen erreichte er eine Türe, öffnete sie und fand dahinter ein schönes Fräulein sitzen.

Als das Mädchen ihn erblickte, schlug es die Hände zusammen und rief: „Wie bist du hierhergekommen?“ Nun erzählte er ihr, daß er auf der Suche nach dem Federnteufel sei, um von ihm drei goldene Federn zu holen. Er bat sie, ihm zu den Federn zu verhelfen, und sagte: „Auch drei Rätsel soll ich auflösen. In der ersten Stadt herrscht Dürre, so daß nichts mehr wächst, und die Leute wissen sich keinen Rat. In der zweiten Stadt fließt kein Wasser; Menschen und Tiere kommen vor Durst bald um. Und der Wassertreter, der mich herübergetragen hat, möchte gern wissen, wie lange er noch seinen Dienst versehen muß.“

Das schöne Mädchen war aber eine Königstochter. Der Federnteufel hatte sie geraubt, und sie mußte ihm jetzt hier weitab von den Menschen die Wirtschaft führen. Sie versprach Hansl, alles zu erfragen und für ihn auch die Federn zu erlangen. „Wenn du mir das zuwege bringst“, sagte Hansl, „dann nehme ich dich von hier mit!“ Darüber freute sie sich sehr und sagte: „Jetzt aber mußt du dich verstecken, bald wird er daherstürmen, und wenn er dich findet, ist es um dich geschehen!“ Hansl zog das Ameisenschenkelchen hervor, hielt es fest in der Hand und sprach: „Jetzt soll ich eine Ameise werden!“ Sogleich nahm er die Gestalt des winzigen Tieres an und kroch in ein Wurmloch des hölzernen Bettes.

Es dauerte nicht mehr lange, bis der Federnteufel daherflog. Sobald er hereinkam, fragte er: „Wer ist denn da?“ — „Ach, wer soll denn schon hier sein in dieser Einsamkeit“, entgegnete die Königstochter. „Hier ist jemand“, sagte der Federnteufel, „aber wo mag er nur sein?“ — „Suche doch nach“, entgegnete das schöne Mädchen, „du wirst niemanden finden.“

Er tobte durch den Raum, doch wie sehr er auch herumsuchte, er fand niemanden, denn der Sauhalter-Hansl saß als winzige Ameise in dem Wurmloch. Endlich beruhigte er sich, setzte sich zu Tische und aß, als ob er tagelang gehungert hätte. Dann legte er sich schlafen. Jetzt ging auch die Königstochter zu Bette, aber sie schlief nicht ein. Sobald der Federnteufel zu schnarchen begann, riß sie ihm eine Feder aus, wodurch er aufwachte. „Was hast du denn?“ fragte er.

„Mir träumte so hart“, entgegnete die Königstochter. „Was hat dir denn geträumt?“ — „In der Stadt ist alles dürr, nichts grünt mehr, und die Leute wissen sich vor Not nicht mehr zu helfen.“ „Da gibt es leicht Abhilfe“, sagte er. „Im Kircheneck haben sie vor Jahren ein Mädchen eingemauert. Die Mauer muß weggerissen und das Mädchen richtig beerdigt werden, dann verschwindet auch die Dürre.“

Der Federnteufel drehte sich auf die andere Seite und schlief bald wieder fest. Die Königstochter wartete noch eine Weile, dann riß sie ihm die zweite Feder aus. „Was hast du denn heute“, sprach er unwillig, als er schon wieder geweckt wurde. „Ich habe noch einen schweren Traum gehabt“, entgegnete sie. „In einer Stadt sind alle Brunnen versiegt. Die Einwohner müssen von weither Wasser zuführen und sind dem Verdursten nahe.“ — „Denen könnte leicht geholfen werden“, antwortete er. „Vor der Quelle hat sich eine große

Schildkröte niedergelassen, die muß durch einen Schuß erlegt und weggebracht werden. Vorher müssen sie aber alle Brunnen und Wassergräben der Stadt gut reinigen, denn dann wird Wasser in Fülle strömen." Die Königstochter war zufrieden und ließ ihn jetzt eine Weile schnarchen. Endlich aber riß sie ihm zum dritten Male eine goldene Feder aus. „Was ist denn mit dir heute, du läßt mich überhaupt nicht mehr schlafen", rief er zornig. „Sei mir, bitte, nicht böse", sprach sie, „aber soeben habe ich von unserem Wassertreter geträumt. Der möchte gerne wissen, wie lange er noch wassertreten muß." — „Oh", sagte der Federnteufel, „sobald er den nächsten hineinwirft, ist er frei." Nun wußte die Königstochter alles, was Hansl erfahren wollte, und ließ den Federnteufel bis zum Morgen schlafen. Zeitig früh erhob er sich, verzehrte sein Frühstück und ging fort.

„Jetzt kannst du wieder herauskriechen", sagte sie zu der Ameise, und diese verwandelte sich wieder in den Sauhalter-Hansl. Der freute sich recht über die drei goldenen Federn und auch, weil alle drei Rätsel aufgelöst waren. Vor der weiten Reise aßen sie noch zusammen, dann machten sie sich auf den Weg. Als sie die ersten Stufen hinaufgestiegen waren, holte er den Ameisenschenkel heraus, nahm die Gestalt des winzigen Tieres an, kroch durch das Löchlein und wurde wieder zum Menschen. „Gib jetzt gut acht", sagte er zur Königstochter, „und halte die Hände dicht unter das Löchlein. Ich lasse dir jetzt das Schenkelchen hineinrollen. Wenn du es nicht auffängst, kann ich dich nicht erlösen!" Sie hielt sorgsam die Hände darunter und fing das Schenkelchen auf. Nun konnte sie in Ameisengestalt durch die kleine Lücke kriechen, wurde wieder zu dem schönen Mädchen und gab ihm das Schenkelchen zurück. Er verwahrte es gut, und sie stiegen empor bis auf die Oberfläche des gläsernen Berges.

Hier holte der Junge die Geierfeder heraus, gab sie der Königstochter und sagte: „Stecke die Feder unter die Achsel und sprich: Jetzt soll ich fliegen können wie ein Geier! Ich tue das gleiche mit der Krähenfeder!" Darauf wurden sie zu Vögeln, flogen den Glasberg hinunter und nahmen unten wieder ihre menschliche Gestalt an.

Als der Wassertreter sie erblickte, kam er sogleich über die Fläche dahergeschritten. Sie baten ihn, er möge sie beide hinübertragen. „Sagt mir doch, wie lange ich hier noch bleiben muß“, fragte der Wassertreter. „Bring uns zuerst hinüber, dann will ich es dir genau erzählen“, entgegnete der Bursche. Jetzt nahm ihn der Wassertreter auf den Rücken, und auf seinen Rücken hängte sich die Königstochter. So kamen sie rasch über das tiefe Wasser. Als sie wieder auf trockenem Boden standen, sprach der Wassertreter: „Jetzt aber sage mir doch, wie lange muß ich noch Wasser treten?“ — „Bis du einen anderen hineinwirfst!“ — „Das hätte ich früher wissen sollen, dann hätte ich dich hineingeworfen“, entgegnete der Wassertreter. „Deshalb habe ich es auch erst jetzt gesagt“, sprach der Sauhalter-Hansl und bedankte sich noch schön, dann zog er mit dem Mädchen weiter.

Der König jener Stadt, in der große Wassernot herrschte, war aber der Vater des Mädchens. Dieses wollte jetzt aus Dankbarkeit den wackeren Hansl zum Gemahl nehmen. Als sie ankamen, gingen sie daher zuerst zur Königsburg. Die Wache ließ die beiden Fremden nicht ein, erst als sie hörten, daß das Mädchen die vor Jahren geraubte Königstochter sei, meldeten sie das sofort. Der König kam mit seiner Frau herabgeeilt, und beide freuten sich über die Maßen, daß ihr verlorenes Kind nun wiedergekehrt war. Sie führten den Hansl in den Saal, und er mußte erzählen, wie er ausgezogen war und auf welche Weise er ihre Tochter befreit hatte. Auch das Mädchen erzählte, wie es ihm ergangen und wie es endlich der Befreier aus dem Glasberge herausholte. „Weil du unsere Tochter zurückgebracht hast“, sprach der König, „sollst du ihr Gemahl werden und niemand anderer!“

Sie erzählten auch, wie die Stadt nach dem Rate des Federnteufels aus der Wassernot befreit werden könne. Hansl suchte noch den Wirt auf, dem er versprochen hatte, beim Federnteufel nachzufragen. Der König ließ ihn aber nicht zu Fuß hingehen. Vor die königliche Kutsche wurden vier Rosse gespannt, die Königstochter setzte sich neben Hansl, und so fuhren sie zu dem Wirtshause. Dort hielten sie an und gingen in die Gästestube. „Heute bringe ich Antwort“, sagte Hansl zum Wirte, der ehrerbietig grüßte. Und er erzählte nochmals, was er schon dem Könige berichtet hatte. „Das ist recht", sprach der Wirt, „bleibt aber so lange in unserer Stadt, bis das Wasser wieder fließt!"

Sogleich wurden Brunnen und Gräben gesäubert, und als die Schildkröte entfernt worden war, strömte das Wasser in Fülle, so daß alle Not ein Ende hatte. Darauf beschlossen die Bewohner, Hansl zum Dank einen Wagen voll Geld mitzugeben, und eine Musikbande mußte ihn begleiten. Er bestieg mit der Königstochter wieder den Wagen, und unterwegs spielte die Schar fröhliche Weisen. So gelangten sie in die nächste Stadt, wo er mit klingendem Spiel einzog und die Leute neugierig aus den Häusern liefen.

Auch hier kehrte er bei dem Wirte ein, den er auf seinem Auszuge aufgesucht hatte. „Jetzt bringe ich dir Nachricht vom Federnteufel", sprach er und erzählte ihm, wie es sich mit der Dürre in der Stadt verhielt. Der Wirt bedankte sich höflich, bat aber Hansl, so lange hierzubleiben, bis sie das Mädchen aus der Kirchenmauer in das Erdreich umgebettet hätten. Die Maurer machten sich sogleich an die Arbeit und fanden bald den Leichnam. Es wurde ein feierliches Begräbnis angesetzt, und eine große Menschenschar kam auf den Friedhof. Als sie heimgingen, fing es schon zu regnen an, und die Dürre hatte für immer ein Ende. Aus Dankbarkeit sammelten die Bewohner einen Wagen voll Geld für ihren Helfer und gaben ihm ebenfalls eine Musikbande mit auf den Weg in sein Heimatdorf.

Jetzt ging es erst recht fröhlich vorwärts. Sobald die eine Schar Spielleute aufhörte, hub die andere an zu spielen, und so kamen sie rüstig vorwärts. Wie sie aber in sein Vaterdorf einzogen und durch die Gassen fuhren, spielten beide Scharen zugleich, daß es über die Wiesen und Felder schallte und alle Leute herbeiliefen. Auch der Kaufmann trat vor sein Geschäft und schaute, was es zu sehen gäbe. Hansl hielt im Vorbeifahren die drei goldenen Federn hoch und rief ihm zu: „Da schau her, hier sind jetzt die drei Federn des Federnteufels, aber du bekommst sie nicht! Und meine Frau wird jetzt diese Königstochter, die neben mir sitzt!"

Sie fuhren durch den Ort und hielten am Dorfende vor dem Häuschen seiner Eltern. Dort stieg Hansl mit der Königstochter ab und trat ein, Vater und Mutter zu begrüßen. Die beiden freuten sich von Herzen über das Glück, das ihrem Ältesten zuteil geworden war. Der aber sagte: „Ich bringe euch so viel Geld mit, daß ihr für euer Lebtag genug habt und euch nie mehr um Nahrung und Kleidung zu sorgen braucht. Diese Königstochter habe ich vom Federnteufel befreit, sie wird meine Gemahlin. In wenigen Stunden reisen wir wieder fort.“ Er erzählte ihnen alles, was er auf der Reise erlebt hatte, und die Eltern konnten sich nicht genug wundern.

Die Dorfleute waren hinter dem Zuge hergelaufen und drängten sich vor dem Häuschen und an den Fenstern. Auch seine Jugendgespielin, die Kaufmannstochter, war unter ihnen und erhielt von der Königstochter eine Einladung auf die Königsburg. Bald nahmen Hansl und seine Braut Abschied von den Eltern und den Dorfleuten, der Wagen setzte sich in Bewegung, und hinter der Musik liefen die Kinder noch bis zum Waldrande mit.

Nach der Rückkehr auf die Königsburg wurde die Hochzeit angesetzt. Da ging es gar hoch her. Ich bin auch dort gewesen und habe in die Küche geguckt, weil ich gern einen Krapfen gehabt hätte. Aber die Köchin warf mit dem Kochlöffel nach mir und jagte mich hinaus.

7. Hast du gebracht ein Lampus Määäääh?

In unserem Ort war einmal Kirchtag, und da lud der Herr Pfarrer fremde Gäste ein. Und zum Schulmeister sagte er: „Du, heut wäre es gut, wenn wir ein Schaf hätten; könntest du nicht eins auftreiben? In Dürnbach ist eine große Schafweide, dort könnte man vielleicht eins stehlen!" — „Ja", sagte der Schulmeister, „das hättest du mir früher sagen sollen. Jetzt ist es schon zu spät. Um halb zehn soll ich bei der Orgel oben sein, den Kantordienst zu verrichten, und jetzt erst Schaf stehlen gehen? Das geht nimmer gut aus!" — „Ach", sagte der Pfarrer, „weißt du was? Nimm mein Reitpferd, dann bist du sogleich dort!" — „Ja, so könnte es gehn", meinte der Schulmeister.

Er sattelt das Reitpferd, reitet hin zur Schafweide und hängt das Roß am Straßenrande im Wald an einen Baum. Er muß sich hinschleichen, damit er ein Schaf erwischen kann, ohne daß der Hüter es bemerkt. Endlich hat er eins erwischt. Er packt das Schaf und hin zum Pferd — jetzt ist das Pferd nicht dort! „Jetzt haben sie mir das Roß gestohlen!"

Ja, was macht er jetzt? Er sucht überall, das Roß haben sie ihm gestohlen! Von selbst konnte es nicht loskommen, denn er hatte es gut angehängt. Jetzt mußte er das Schaf auf den Rücken nehmen und rennen, damit er noch zum Orgelspiel zurechtkommt. Ganz verschwitzt erreichte er den Pfarrhof und schob das Schaf bei der Saustalltür hinein. Abstechen werden sie es nach dem Kirchgang, dachte er sich. Aber er war nun doch ein wenig zu spät daran, sie hatten schon zusammengeläutet. Der Pfarrer hatte gerade begonnen, als sich der Schulmeister an die Orgel setzte. Er hörte, wie dieser mit den Füßen herumklemperte, und war neugierig, ob er ein Schaf gebracht habe, drehte sich um und sang:

Darauf drückte der Schulmeister die Orgeltasten und sang zurück:

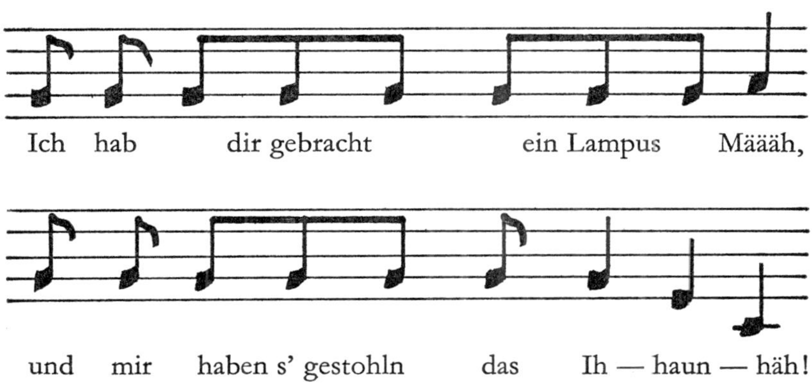

8. Der Drachentöter

Vor vielen, vielen Jahren ging ein Fleischhackersbursche aus, um Schlachtvieh zu kaufen. Wie er so ging, begegnete ihm ein alter Mann und fragte: „Wo gehst du hin?“ — „Nun“, sagte er, „Schlachtvieh kaufen, ich bin ein Fleischhauer.“ Der alte Mann hatte einen Hund bei sich und sprach: „Wenn du ein Fleischhacker bist, brauchst du einen Hund! Kauf mir meinen ab!“ — „Was kostet er?“ — „Einen Dukaten.“ — „Und wie heißt er?“ — „Brich Stahl und Eisen!“

Und der Hund schmeichelte sich zu dem Burschen hin, als hätte er ihn schon lange gekannt. Nach einer halben Stunde begegnete er abermals einem alten Manne, der hatte ebenfalls einen Hund bei sich. „Johann, wo reist du hin?“ fragte der Alte. „Schlachtvieh kaufen!“ — „Schau, ich hätte einen schönen Hund für dich!“ Die beiden Hunde verhielten sich aber zueinander, als wären sie längst vertraut, sie schmeichelten und halselten einer den anderen. „Kauf mir den Hund ab“, sagte der Alte. „Ja“, meinte der Bursche, „ich habe schon einen gekauft, was mache ich mit zweien?“ — „Es kann dir einmal von Nutzen sein, kauf ihn mir ab!“ — „Was kostet er denn?“ — „Gib mir nur, was du willst!“ Auch für diesen Hund gab er einen Dukaten. „Wie heißt er denn?“ fragte er noch. „Greif an!“ Jetzt hatte er schon „Brich Stahl und Eisen!“ und „Greif an!“ Die Hunde aber horchten auf, als man ihre Namen nannte.

Als er eine Weile weiterwanderte, traf er abermals auf einen alten Mann, der einen Hund bei sich hatte, und auch der fragte ihn, wohin sein Weg führe und bot ihm sein Tier an. „Schau, wie gut sich die drei vertragen“, sprach der Fremde. „Die Hunde werden dir noch eine große Hilfe sein, glaub es mir!“ Daraufhin kaufte er auch noch den dritten Hund, der hieß „Reiß alles zusammen!“ Jetzt habe ich schon „Brich Stahl und Eisen!“, „Greif an!“ und „Reiß alles zusammen!“ sagte er, und die Hunde spitzten die Ohren, ob etwas anzugreifen sei. Der alte Mann warnte ihn aber noch: „Wenn du jetzt fortgehst, wirst du zu einem Wirtshause kommen, kehr dort ein. Kauf dir eine Sülze, gib sie aber zuerst den Hunden vor. Fressen sie nicht davon, dann iß auch nichts!“ Der Bursche dankte für den Ratschlag und zog mit seinen Hunden den Waldweg weiter.

Als er zum Gasthause kam, fragte er, was es zu essen gäbe, und bestellte dazu einen halben Liter Wein. Der Wirt sagte: „Sulz ist da, sonst haben wir nichts.“ Er bestellte vier Teile Sulz und stellte jedem Hunde auch einen Teller voll hin. Die Tiere aber zogen die Schnauze zur Seite und fraßen nicht. Wie er sein Stück anschneiden wollte, bemerkte er, daß menschliche Fingerspitzen darin waren. „Herr Gastgeber, was haben Sie da für Speisen, das ist ja Menschensulz!“ rief er. Der Wirt wurde auf das hin so frech, daß der Bursche rief: „Brich Stahl und Eisen, Greif an, Reiß zsamm!“ Rasch fuhren die Hunde auf den Wirt los und zerrissen ihn, dann steckte der Bursche Feuer an und brannte das Räuberwirtshaus nieder.

Der alte Mann hatte ihm noch gesagt: „Wenn du von dem Gasthause aus weitergehst, findest du rechts neben der Straße ein Häuschen, mit Moos verwachsen. Darin liegt eine alte Frau im Bette, auch mit Moos verwachsen. Sie wird gleich sagen: ‚Junger Herr, ich bitte, geben Sie mir das Stäbchen her, das unter dem Trambaum steckt! Und das Schmierschächtelchen!‘ Du mußt aber beides für dich nehmen!“ Richtig kam er zu dem uralten Häuschen, und als er eintrat, fand er die unheimliche Alte, mit Moos überwachsen. Weil sie ihn gar sosehr um die zwei Dinge bat, wußte er, daß sie ihm damit Übles antun wollte, und so ließ er sie von den Hunden zerreißen.

Er steckte Stäbchen und Schachtel zu sich und wanderte weiter, bis er zu einem Marktflecken kam, in eine kleine Stadt. Dort sah es düster aus, denn jedes Haus war mit schwarzen Schleiern verhängt. Er fragte einen Schusterbuben, warum hier Trauer herrsche und wo das größte Gasthaus sei. „Das kann ich nicht sagen“, entgegnete der Schlingel, doch als ihm der Fleischhackersbursche einen Dukaten gab, führte er ihn zum größten Wirtshause. Der Wirt staunte nicht wenig, als der Fremde mit seinen drei Hunden eintrat, er aber fragte: „Herr Gastgeber, warum herscht hier solche Trauer, daß die Häuser mit schwarzen Fahnen und die Fenster mit schwarzen Schleiern behängt sind?“ — „Wie sollen wir nicht traurig sein“, antwortete der Wirt, „ein Drache hat fast alle Frauen verschleppt, und morgen kommt die Prinzessin an die Reihe!" Sagte der Bursche: „Herr Gastgeber, könnte ich vielleicht mit dem Herrn König sprechen? Ich möchte die Prinzessin begleiten bei ihrem letzten Gang!" Jetzt schickte der Wirt sogleich um einen Bedienten des Königs und gab diesem die Botschaft mit, daß ein fremder Mann mit drei Hunden hier sei. Der möchte mit seinen Tieren die Prinzessin zum Drachen begleiten.

Der König gewährte gern diesen Wunsch, denn in ihm entstand ein Fünkchen Hoffnung, daß seine Tochter vielleicht doch zu retten sei. Am nächsten Morgen nahm der Bursche neben der Prinzessin Platz in der Paradekutsche, vor ihnen saßen die drei Hunde, und vorn auf dem Kutschbock hockte der Paradekutscher, der die Rosse lenkte. Sie fuhren über eine große Brücke, hinter der eine Kapelle stand und daneben eine Bank, auf der die Jungfrauen den Drachen erwarten mußten. Der Bursche hatte das Schmierschaff mitgenommen und strich rasch die Bank mit der klebrigen Schmiere an. Er

schlug mit dem Stäbchen dreimal auf die Bank und sagte dazu einen Spruch, wie ihn der alte Mann gelehrt hatte. Er hatte auch zwei Stühle mitgenommen, auf die sich jetzt die Prinzessin und er niedersetzten, die Hunde zur Seite.

Plötzlich begannen die Hunde zu winseln: „Üä, üä, üä!", und gleichzeitig sahen Sie eine feurige Wolke daherfliegen. Der Drache kam und ließ sich nieder, daß ihnen ganz heiß wurde. Als er die Prinzessin zu packen versuchte, blieb er jedoch mit seinen Flügeln an der Bank kleben. „Brich Stahl und Eisen, Greif an, Reiß alles zusammen!" schrie der Bursche. Sogleich stürzten sich seine Hunde auf das Untier und zerrissen es.

Nachdem sich die Königstochter von ihrem Schrecken erholt hatte, sagte sie: „Du bist mein Lebensretter, du sollst mein Gemahl werden!" — „Gern", antwortete er, „aber zuerst muß ich noch ein Jahr wandern und die Welt kennenlernen." Er schnitt dem Drachen die Zungen aus den sieben Rachen und steckte sie als Zeichen zu sich. Die Königstochter aber nahm ihr Sacktüchlein, zerriß es in zwei Teile und gab ihm die Hälfte und dazu noch ihren Ring. Sie reichten einander die Hände und nahmen für ein Jahr Abschied, dann zog er mit seinen Hunden fort.

Der Paradekutscher hatte sich während des Drachenkampfes weit im Hintergrunde gehalten, jetzt kam er jedoch hervor und nahm die Prinzessin wieder in die Kutsche auf. Auf der Rückfahrt hielt er auf der Brücke an und sprach: „Wenn du daheim nicht sagst, daß ich dir das Leben gerettet habe, dann stürze ich dich hinunter in den Fluß!" In ihrer Not mußte die Königstochter schwören, ihrem Vater gegenüber den Kutscher als Retter auszugeben, der mit seiner Peitsche dem Drachen die Köpfe abgehauen habe.

Als sie in die Stadt zurückkehrten, herrschte alsbald große Freude. Überall entfernten die Leute die schwarzen Vorhänge und Fahnen, und an allen Ecken ertönte fröhliche Musik. Die Prinzessin aber mußte ihrem Vater erzählen, was sie beschworen hatte. Sie weigerte sich jedoch, den Kutscher bald zu heiraten, und bat sich ein Jahr Frist aus.

Und genau an dem Tage, an dem ein Jahr vorher der Drache vernichtet worden war, kehrte der Held mit seinen drei Tieren wieder in dem Gasthause ein. Als er merkte, wie lustig es überall zuging, fragte er den Wirt, was denn los sei. „Heute feiert die Königstochter Hochzeit mit dem Paradekutscher, der sie vom Drachen erlöst hat!" — „Oho", sagte der Bursche, „das ist eine Neuigkeit. Aber glauben Sie, Herr Gastgeber, daß ich auch einen Anteil vom Hochzeitsmahl bekommen werde?" Das wollte der Wirt nicht glauben, ja er wettete mit seinem Gast, daß dies unmöglich sei, und setzte sein ganzes Hab und Gut ein.

Der Bursche nahm jetzt einen Zettel zur Hand, schrieb einen Brief an die Königstochter und schickte den ersten Hund mit Tasche und Schreiben in die Burg. Die Prinzessin aber hatte die Wachen beauftragt, falls ein fremder Hund komme, diesen überall durchzulassen. Der Hund wußte seinen Weg, lief durch alle Wachen und gelangte in den Hochzeitssaal. Als die Jungfrau den Hund erblickte, ging sie von der Tafel weg und nahm ihm die Tasche ab. Sie fand darin den Brief, und weil er darin fragte, warum sie nicht seine Rückkehr abgewartet habe, kamen ihr die Tränen in die Augen. Sogleich packte sie von der Tafel die besten Speisen ein und schickte damit den Hund zurück.

Der Wirt wollte seinen Augen nicht trauen, als sein Gast die Taschen leerte. Daraufhin lief der zweite Hund los, und als dieser den besten Wein brachte, wußte der Gastgeber, daß er seine Wette verloren habe. Jetzt aber schrieb der Bursche einen Brief, ob er nicht auch zu ihrem letzten Gange, als er sie zum Drachen begleitete, gefahren sei. Und an ihrem Ehrentage solle er zu Fuß gehen! Sie schrieb zurück, daß ihn alsbald ein Wagen abholen werde. Jetzt wußte sich der Wirt vor Staunen nicht mehr zu fassen, als er den königlichen Wagen vorfahren sah und sein Gast einstieg.

Der Bursche trat in den Hochzeitssaal ein und setzte sich als fremder, unbekannter Gast mit an die Tafel. Sobald alle gegessen und getrunken hatten, mußte jeder etwas erzählen. Als erster begann der König und erinnerte daran, wie er vor einem Jahre seine Tochter dem Drachen ausliefern mußte, der Paradekutscher die Jungfrau jedoch rettete. Zuletzt kam der fremde Gast an die Reihe und begann seine Erlebnisse zu erzählen, angefangen von der Begegnung mit den drei alten Männern, denen er die Hunde verdankte. Und zum Zeichen für seine Tat wies er schließlich die sieben Drachenzungen vor und das Taschentüchlein der Prinzessin sowie deren Ring. Jetzt durfte die Königstochter endlich sprechen. „Lieber Vater", sagte sie, „der Kutscher hätte mich von der Brücke gestürzt und zwang mich so, einen falschen Schwur zu tun. Hier ist die zweite Hälfte meines Tüchleins, und der Mann ist mein Retter!"

Der Übeltäter konnte seine Untat nicht abstreiten. Sie steckten ihn in ein Faß, schütteten dieses mit Pech an und ließen es brennend den Berg hinabrollen. Zur Warnung für alle schlechten Menschen. Dann wurde erst richtig Hochzeit gefeiert, und nach dem Tode des alten Königs übernahm der Fleischhackerbursch das Reich.

9. Der reiche Kaufmannssohn

Es war einmal ein reicher Kaufmann, der hatte einen einzigen Sohn. Der Bursche lebte recht liederlich und kümmerte sich wenig um das Geschäft. Eines Tages sprach daher der Vater zu ihm: „Du bist jetzt vierundzwanzig Jahre alt. Ich gebe dir Zehrgeld mit, schau, daß du fortkommst von meinem Hause! Geh in ein anderes Land und werde dort ein ordentlicher Mensch, dann will ich meine Hand nicht von dir nehmen!"

Sie packten ihm Gewand und Wäsche in einen Koffer, und schon am nächsten Tage nahm er Abschied von Vater und Mutter. Er reiste sechs Jahre lang, fand aber wenig Beschäftigung. Im siebenten Jahre gelangte er an ein tiefes Meer, an dessen Ufer sich eine wüste Landschaft erstreckte. Fünf Wochen lang wanderte er durch die Gegend und mußte sich von wilden Äpfeln und Holzbirnen ernähren. In der sechsten Woche kam er zu einem kleinen Hause, klopfte und trat grüßend ein. Drinnen saß ein schwarzer Geist, der ihn fragte, ob er bei ihm bleiben wolle. „Freilich, Herr, ich weiß ohnedies nicht ein und aus."

Der Schwarze hatte drei Töchter, die hießen Rosl, Lini und Katrin. Er wies dem Ankömmling ein Zimmer an mit Bett, Stuhl und Tisch. Kaum hatte er sich eingerichtet, als Rosl hereinkam und ihm Essen brachte. Sie sagte: „Du bist zu keiner guten Stunde gekommen, du hast dich verirrt, denn in diesem Hause wohnt der böse Geist. Ich gebe dir aber zu wissen, daß ich dir allzeit helfe. Wir sind drei Schwestern und verloren, aber mir kannst du helfen, und ich helfe dir."

Am anderen Tage kam der Schwarze zu ihm und brachte eine gläserne Hacke, eine gläserne Säge und einen gläsernen Schlägel. „Komm mit in den Wald", sprach er, „dort werde ich dir deine Arbeit zeigen!" Als sie an Ort und Stelle angekommen waren, sagte er zu dem Burschen: „Hier mußt du heute noch zwanzigtausend Klafter Holz hacken. Abends komme ich nachsehen, und wehe dir, wenn du nicht fertig bist!"

Schon beim ersten Hiebe zersprangen Stiel und Hacke in viele Stücke. Wie er mit der Säge einen Baum anschneiden wollte, ging sie sogleich zu Bruch. Da er erkannte, daß ihm nicht zu helfen sei, zertrümmerte er auch den Schlägel. Dann legte er sich auf den Waldboden und dachte nach, was aus ihm nun werden solle.

Mittags kam Rosl mit dem Essen. „Du hast noch wenig geschafft", sagte sie. „Was kann ich mit dem gläsernen Werkzeug anfangen", gab er zur Antwort. „Iß und trink jetzt", sprach das Mädchen, „dann wollen wir weitersehen." Nachdem er gegessen hatte, forderte sie ihn auf, sich auszuruhen. Während er schlief, nahm sie ihr Zauberstäbchen, und schon lagen zwanzigtausend Klafter Holz gespalten und zugeschnitten aufgeschlichtet. Das Mädchen ging nach Hause, der Bursche aber blieb dort, bis gegen Abend der Böse nachsehen kam. Als der merkte, daß sein Auftrag verrichtet war, verbarg er seine Enttäuschung und sagte nur: „Johann, du bist fleißig gewesen, komm jetzt mit nach Hause." Rosl brachte ihm wieder das Essen in sein Zimmer, dann legte er sich schlafen.

Am nächsten Morgen übergab ihm der Schwarze einen gläsernen Korb, eine gläserne Spitzhacke und eine gläserne Haue und führte ihn zu einem hohen Berge. „Du siehst, der Berg ist ganz aus Stein, den mußt du auf zwanzigtausend Steinwürfel zerschlagen und diese aufschlichten!"

Kaum war Johann allein, als er sich an die Arbeit machte, doch vergeblich. Beim ersten Hiebe zerbrach die Spitzhacke in zehn oder mehr Stücke. Mit der Haue erging es ihm nicht besser. Darauf nahm er den Korb und warf ihn kräftig zu Boden, so daß die Splitter nach allen Seiten sprangen. Dann legte er sich nieder und erwartete sein Geschick.

Mittags kam wieder Rosl und brachte ihm das Essen. „Du hast heute aber wenig getan", sprach sie. „Du siehst doch", antwortete er, „daß ich mit dem gläsernen Zeug nicht arbeiten kann!" Sie wartete, bis er sich sattgegessen hatte und sagte: „Leg dich nur zur Ruhe, ich helfe dir!" Dann nahm sie wieder ihr Stäbchen, machte damit drei Streiche, und schon war der Berg eben zusammengeschlagen, und die zwanzigtausend Klafter Würfel lagen aufgeschlichtet. Danach begab sich das Mädchen nach Hause, der Bursche wartete indes auf den Schwarzen. Als dieser kam und sah, daß auch der zweite Auftrag erfüllt sei, sagte er nur: „Johann, du bist fleißig gewesen, komm, wir gehen jetzt heim!“ Er bekam wie am Vorabende seine Mahlzeit und legte sich schlafen.

Am dritten Morgen gab ihm der Böse einen gläsernen Schöpfer und führte ihn zu einem großen Teiche. „Diesen Teich schöpfst du mir ganz aus, dann wäscht du ihn sauber und füllst ihn mit reinstem Wasser wieder an!“

Der Teich war um und um mit großen Steinen ausgepflastert, und schon beim ersten Versuche zerschellte der Schöpfer, und der Stiel zerbrach in drei Teile. Er konnte nichts weiter tun und legte sich am Ufer hin.

Zur gewohnten Zeit kam Rosl und brachte ihm das Essen. „Du hast aber heute wenig getan“, sprach sie. „Schau doch“, entgegnete er, „der Schöpfer ist beim ersten Eintauchen zerbrochen, womit soll ich diese schwere Arbeit verrichten?“ — „Iß in Ruhe und leg dich dann schlafen“, sagte das Mädchen, und er befolgte ihr Geheiß.

Rosl nahm wieder ihr Stäbchen, und sobald sie damit drei Streiche gemacht hatte, war der Teich gereinigt und mit reinstem Quellwasser gefüllt. Abends kam wieder der schwarze Geist, sah, daß sein Befehl ausgeführt war und sprach: „Johann, du warst fleißig, komm, wir gehen nach Hause!“

Als ihm Rosl das Nachtessen brachte, sagte sie: „Morgen wird der Böse mich und meine Schwestern nebeneinander aufstellen, damit du eine von uns auswählst. Triffst du nicht die richtige, so kommst du dein Leben lang von hier nicht mehr weg. Wir gleichen einander ganz und gar, doch ich werde in der Mitte stehen und mir auf der Stirne ein kleines schwarzes Fleckchen machen. Du mußt auf mich zugehen, mich an der Hand fassen und in dein Zimmer führen!“

Am nächsten Tage holte ihn der Schwarze und sprach: „Weil du so fleißig gewesen bist, will ich dir eine der drei Schwestern geben und viel Geld dazu.“ Er führte den Burschen zu den Mädchen und forderte ihn auf: „Jetzt nimm dir eine von ihnen!“

Johann ging sogleich auf die mittlere zu, es war Rosl, die ihm stets geholfen hatte. Er bekam das versprochene Geld und führte Rosl in sein Zimmer, wo sie ihr Nachtmahl einnahmen. Das Mädchen beauftragte den Hausrat, an ihrer Stelle zu antworten, und sobald der

Böse eingeschlafen war, flogen Rosl und Johann durch die Luft davon.

Am Morgen schickte der Schwarze einen Diener hin zu dem Zimmer, doch die Türe war versperrt. „Steht ihr nicht auf?" fragte der Diener, und das Bett antwortete: „Wir kleiden uns schon an." — „Sie legen schon ihre Kleider an", berichtete er dem Bösen. Nach einer Stunde klopfte er nochmals an der Tür: „Seid ihr noch nicht fertig?" — „Wir waschen uns jetzt", antwortete das Waschbecken. „Sie sind noch beim Waschen", teilte er dem Bösen mit. Nach einer Stunde kam er wieder und rief: „Seid ihr denn noch nicht fertig?" Der Kamm antwortete: „Wir kämmen uns noch." — „Auskämmen tun sie sich", sagte der Diener zum Bösen. Er wartete erneut eine Stunde lang, dann fragte er: „Wann seid ihr denn endlich soweit?" — „Wir müssen doch noch das Zimmer auskehren", antwortete der Besen. „Sie kehren jetzt aus", berichtete der Diener. Als die zwei aber nach einer weiteren Stunde noch immer nicht herauskamen, ging der Böse selbst zur Türe und öffnete. Jetzt sah er, daß die beiden fort waren.

„Schnell, schnell", rief er seinem Diener zu, „die zwei sind geflohen! Eile ihnen nach, und bring sie zurück!" Rosl bemerkte sehr bald den Verfolger und sagte zu Johann: „Jetzt sind sie hinter uns her! Ich mache mich zu einem verendeten Pferd und dich zu einem Hund. Und du schnupperst an dem toten Tier herum!" Sie waren sogleich verwandelt, und als der ausgesandte Diener herankam, fand er nicht die Gesuchten, worauf er umkehrte.

„Hast du nichts gesehen?" fragte ihn sein Herr, als er unverrichteter Dinge zurückkam. „Nur ein totes Roß und einen Hund habe ich gefunden", antwortete er. „Hättest du nur den Hund mitgenommen, das Roß wäre von selbst mitgegangen! Du bist zu dumm!"

Jetzt schickte der Schwarze einen anderen Diener nach, doch Rosl bemerkte ihn rechtzeitig und sprach: „Ich mache mich zu einem Blumengarten, und du hast einen Strohhut auf dem Kopfe und gießt mit einem Eimer Wasser auf die Blumen!" Der zweite Verfolger hielt bei dem Garten an und suchte nach den Geflüchteten. Weil er diese aber nicht fand, trat er ebenfalls den Rückweg an.

„Hast auch du nichts gesehen?“ fragte ihn der Schwarze. „Nur einen Garten habe ich gesehen und einen Mann, der die Blumen goß, aber die zwei habe ich dort nicht gefunden.“ — „Hättest du doch den Gärtner gepackt, so wäre der Garten auch mitgekommen! Du bist ein dummer Teufel!“

Nun machte sich ein dritter Diener auf die Jagd nach den Flüchtenden, das Mädchen aber ersah ihn früh genug und sprach: „Johann, jetzt kommt der dritte! Ich mache mich zu einer Kapelle an der Straße, und du stellst dich hinein und predigst: Heute ist Montag, morgen ist Dienstag, am Mittwoch ist der Zaubertag!“ Der Verfolger hielt an und schaute umundum, sah aber sonst nichts als die Kapelle und den Priester. Er gab es auf, weiterzusuchen und kehrte um.

Daheim fragte ihn der Böse, ob er niemanden gefunden habe. „Als einzigen Menschen traf ich in einer Kapelle einen Pfarrer, der predigte.“ — „Hättest du den mitgenommen, so wäre auch die Kapelle

mitgegangen! Aber nun ist es zu spät, wir können weiter nichts machen, denn die beiden sind erlöst."

Johann und Rosl setzten nun ungefährdet ihre Reise fort. Da er jetzt reichlich über Geld verfügte, kauften sie Roß und Wagen und kamen rasch vorwärts. Seine Eltern waren überglücklich, als ihr Sohn heimkehrte, von dem sie die ganze Zeit nichts gehört hatten. „Wenn du nur am Leben bist", sprachen sie und fragten, wer seine Begleiterin sei. „Die hat mir das Leben gerettet, ohne ihre Hilfe wäre ich nie zurückgekehrt", sagte Johann, „sie soll nun mein Weib werden!" Die Eltern nahmen Rosl freundlich auf und setzten schon nach einer Woche den Hochzeitstag an. Nach dem Festtage übergab der Vater sein Geschäft dem heimgekehrten Sohne, der sich alsbald den Ruf eines fleißigen und tüchtigen Kaufmannes erwarb.

10. Die drei Jägerssöhne

Ein Jäger hatte drei Söhne. Als sie herangewachsen waren, sprach der Vater: „Ihr könnt nicht länger daheim bleiben, ziehet aus, und versucht euer Glück in der Fremde." Er gab jedem zwei Hunde und ein Gewehr, und die drei Burschen machten sich auf den Weg.

Sie waren schon ein weites Stück gegangen, als sie zu einer Weggabel kamen und anhielten. Der älteste sagte: „Hier werden wir uns trennen. Jeder geht, wohin er will, seinem Lose entgegen!" Am Wegrande stand eine Trauerweide. Ehe sie voneinander schieden, öffneten sie ihre Taschenmesser und steckten sie in den Baumstamm: „Die Messer sollen uns ein Zeichen sein. Wessen Klinge verrostet, der ist in Not!"

Der älteste ging geradeaus weiter, der mittlere links, der jüngste rechts. Der älteste kam alsbald in eine Stadt, in der überall schwarze Fahnen ausgehängt waren. Er betrat ein Wirtshaus, aß und trank und fragte schließlich den Wirt: „Was gibt es denn in eurer Stadt? An jedem Hause hängen Trauerfahnen." — „Außer der Stadt haust ein Drache, der fordert alljährlich eine Jungfrau, sonst ist es um uns geschehen. Und jetzt ist die Königstochter an der Reihe. Wer sie zu retten vermag, kann sie heiraten, aber niemand wagt es, den Kampf aufzunehmen. Der Drache hat neun Köpfe."

„Einige Schädel haue ich ihm ab, und meine Hunde helfen mir", sagte der Jägerssohn. Und wirklich ging er hinaus vor die Stadt und wartete, was da komme. Die Königstochter wurde zu einer Kapelle auf einer nahen Anhöhe geleitet, wo sie ihr Schicksal erwartete. Sobald sich der Drache näherte, sprang der Bursche hervor und hetzte seine Hunde auf das Untier. Er ließ sein Gewehr beiseite und hieb mit einem langen Messer einen Kopf nach dem andern ab, bis er mit Hilfe seiner Tiere den Drachen vernichtet hatte.

Als er mit der geretteten Jungfrau in die Stadt zurückkehrte, herrschte große Freude. Man führte ihn zum Könige, der ihn freundlich empfing und sprach: „Ich halte mein Versprechen, du sollst meine Tochter zur Gemahlin erhalten!" Schon nach wenigen Tagen feierten sie Hochzeit, zu der Gäste von nah und fern herbeieilten.

In der zweiten Nacht wachte der junge König auf und erblickte in der Ferne ein seltsames Licht. „Was mag das sein?" fragte er seine Gemahlin. „Das ist oftmals zu sehen, wir wissen aber nicht, was es ist", entgegnete sie. „Ich muß dorthin", sprach er, „und nachschauen!" Vergeblich bat ihn seine Gemahlin, daheim zu bleiben, doch er ließ sich nicht halten und machte sich in der finsteren Nacht mit seinen Hunden auf die Suche.

Nachdem er ein langes Stück durch den Wald gegangen war, sah er ein Licht durch die Bäume schimmern, und wie er näher kam, merkte er, daß dies von einem Feuerstoß ausging. Er trat heran und erblickte bei dem flackernden Lichte Steine in menschlicher und tierischer Gestalt. Auf einmal schrie eine Stimme über ihm: „Husch, husch, kalt ist mir!" Er schaute empor, sah eine seltsame alte Frau auf einem Baume sitzen und antwortete: „Steig herab und wärme dich!" — „Ich getraue mich nur, wenn du mir von deinen Hunden einige Haare gibst", entgegnete sie. „Die kannst du schon haben", meinte er, rupfte seinen Hunden ein paar Haare aus und reichte sie auf den Baum hinauf. Jetzt stieg die Alte herab und gab ihm und den Hunden mit einem Stabe einen Schlag, worauf die drei zu Stein wurden.

Daheim wartete die junge Königin vergeblich auf die Rückkehr ihres Gemahles. Am Morgen berichtete sie ihrem Vater, was geschehen war. Der schickte seine Jäger aus, den Vermißten zu suchen, doch diese kehrten ohne Ergebnis zurück. Nacht um Nacht verging in Sorge und Erwartung, aber der junge König kam nicht wieder.

Unterdes überlegte der zweite Bruder, daß er einmal zur Weggabel wandern sollte, um zu sehen, wie es mit seinen Brüdern stehe. Er fand das Messer des ältesten ganz mit Rost überzogen und erkannte dadurch, daß dieser in großer Not sei. Rasch folgte er seiner Spur auf dem mittleren Wege und kam auf diese Weise in die gleiche Königsstadt. Er glich aber seinen beiden Brüdern aufs Haar, sie trugen auch das gleiche Gewand, und auch die Hunde waren von einander nicht zu unterscheiden. Als er im Gasthaus einkehrte, lief daher der Wirt davon und zum Königsschlosse, denn auf das Finden des Verlorenen war ein hoher Preis ausgesetzt. Mit Roß und Wagen holte man den Jägersburschen ab, doch er merkte sogleich, daß es mit seinem Bruder eine besondere Bewandtnis habe. Ich muß mich recht schlau verhalten und mich nicht zu erkennen geben, damit ich dahinter komme, dachte er.

„Gott sei Dank, daß du nur wieder da bist", sagte die junge Königin, „wir haben lange genug um dich gesorgt." Als er mit ihr zu Bette gehen sollte, erblickte er ebenfalls in der Ferne das Licht. „Was mag das sein?" fragte er. „Du bist ja erst von dem Licht zurückgekehrt, du mußt es doch wissen", entgegnete die Frau. Dort also finde ich wohl meinen Bruder, dachte er sich und sagte: „Ich muß sogleich dorthin schauen!" Es half kein Bitten und Reden, er brach mit seinen Hunden auf.

Als er zum Feuer kam, rief abermals eine Stimme von oben: „Husch, husch, wie kalt!" Er erblickte die Alte und sagte: „Steig herab und wärme dich!" — „Ich getraue mich nur hinab, wenn du mir von deinen Hunden ein paar Haare heraufreichst", entgegnete sie. Das kann ich schon tun, dachte er, und gab ihr die Hundehaare. Sogleich stieg die Alte herab und versetzte ihm und den Hunden mit einem Stab einen Schlag, worauf er und seine Tiere neben dem Bruder zu Stein erstarrten.

Abermals wartete die Königin in bitterer Sorge vergeblich Tage und Nächte hindurch auf die Heimkehr ihres Gemahls. Unterdessen wanderte der jüngste Bruder zur Weggabel zurück und fand dort die Messer der beiden anderen verrostet, besonders aber das des ältesten. Er folgte daher ebenfalls dem mittleren Wege und kam in die Stadt, in der abermals Trauerfahnen ausgehängt waren. „Wenn sie nur wieder da sind", sprach der Wirt und lief schnurstracks zum Königshofe. Sie spannten diesmal vier Rosse ein und holten festlich den Jüngsten ab. Er verhielt sich jedoch wie sein mittlerer Bruder, so daß die junge Königin sich abermals täuschte. Vor dem Schlafengehen erblickte er das Licht in der Ferne und fragte: „Was ist dort für ein Licht?" — „Fang nicht schon wieder von dem Licht an", bat sie in Angst, „du bist doch erst von dort zurückgekehrt!" Er dachte sogleich, vielleicht finde ich dort meine Brüder und sagte: „Ich muß rasch dorthin, ich komme aber bestimmt bald zurück!"

Als er das Feuer erreichte, rief die Alte wieder vom Baume herab: „Husch, husch, wie kalt!" — „Steig herab und wärme dich!" entgegnete er. „Ich getraue mich nur, wenn du mir von deinen Hunden ein paar Haare gibst“, sagte die Alte wieder. Jetzt wurde er mißtrauisch, denn zugleich erblickte er seine versteinerten Brüder und schrie: „Steig herab, sonst schieße ich dich herunter!“ Weil er ihr keine Hundehaare gegeben hatte, besaß sie keine Macht über ihn und seine Tiere, kroch herab, hielt sich aber beiseite. „Was hast du meinen Brüdern angetan, daß sie hier zu Stein erstarrt stehen?“ rief er zornig. „Wenn du sie nicht sofort erlöst, bist du des Todes!“ Darauf drehte die Alte ihren Stab um und schlug damit auf jeden Stein. Alsbald begannen sich Menschen und Tiere zu regen, die Versteinerten wurden lebendig wie ehedem. Die Brüder umarmten einander und erzählten, was sie erlebt hatten, die Hunde sprangen an ihren Herren voll Freude empor, dann jagten sie zu sechst in der Runde, und plötzlich fuhren sie auf die Alte los und zerrissen sie.

Nun aber sagte der älteste Bruder: „Die Stadt hat drei Tore, jeder von uns zieht bei einem anderen ein, und in der Mitte treffen wir uns auf dem Königshofe!“ Am frühen Morgen klopften sie an die Tore, und als die drei Wärter beim Öffnen den vermißten jungen König erblickten, eilten sie sogleich zum Schlosse, um die frohe Nachricht zu verkünden. Die Leute konnten sich vor Staunen nicht fassen, als drei zum Verwechseln ähnliche Männer mit ihren Hunden daherkamen. Die Königstochter wußte nicht, wem sie um den Hals fallen solle. „Wer ist nun mein lieber Gemahl?“ fragte sie, „gestern vermißte ich ihn, und nun sehe ich ihn dreifach wieder.“ Die Brüder aber schmunzelten nur und ließen sie und den König im ungewissen. Die Königstochter bewirtete alle drei gastfreundlich, abends aber verschloß sie sich in ihrem Schlafgemach. Das dauerte so einige Tage, bis sie schließlich den Rat ihrer Köchin befolgte. Sie steckte eine mit Blut gefüllte Schweinsblase unter ihr Kleid und sprach beim Mittagsmahle: „Wenn ihr mir jetzt nicht sagt, welcher von euch mein Mann ist, nehme ich mir das Leben!“ Als die drei Brüder wieder nur schmunzelten, stach sie durch ihr Kleid und ließ sich blutüberströmt vom Sitz herabgleiten. Sogleich sprang der älteste Bruder mit einem Schreckensrufe auf und zu ihr hin: „Ich bin es und habe jetzt deinen Tod verschuldet!“ — „Nun weiß ich, daß du es bist“, sprach sie zufrieden und richtete sich wieder auf.

Jetzt erst feierten sie ein rechtes Fest des Wiedersehens, dann holte der jüngste die Eltern der drei Brüder herbei. Der Jäger und seine Frau wurden freundlich aufgenommen und verlebten ihre alten Tage ohne Sorge auf dem Königshofe.

11. Der Zauberlehrling

Es war einmal ein armer Schneidermeister, der hatte einen einzigen Sohn. Als dieser das sechzehnte Lebensjahr erreicht hatte, sagte er eines Tages zu ihm: „Liebes Kind, du mußt dich auf Wanderschaft begeben, ich kann dich nicht länger ernähren!“

Der Sohn verabschiedete sich von seinen Eltern und ging auf die Reise ins Ungewisse. Er geriet in einen tiefen Wald, und obwohl er sich an den Weg hielt, begegnete ihm drei Tage lang kein Mensch. Erst am vierten Tage traf er gegen Abend auf ein Wirtshaus. Er trat ein und bat um eine Unterkunft. „Ich weiß, daß du drei Tage bis zu mir her ohne Obdach unterwegs warst“, sagte der Wirt, „du kannst gern hierbleiben.“ — „Herr Wirt, ich habe auch argen Hunger, jedoch kein Geld“, brachte der junge Wanderer zaghaft hervor. „Ich verlange von dir nichts, du kannst essen und trinken, solange du hungerst und dürstest“, antwortete der Wirt.

Am anderen Morgen gab er dem jugendlichen Wanderer Brot, Fleisch und eine Flasche Wein mit und sprach: „Du mußt noch drei Tage auf dem geraden Wege gehen, damit du wieder aus dem Walde herauskommst. Gib acht, damit du ihn nicht verfehlst, denn es zweigt auch nach links und rechts ein Steig ab!“

Der Bursche bedankte sich aufs beste und zog weiter, doch schon am zweiten Tage verlor er die Richtung und geriet in ein Dickicht voll Dornen, Mehlbeerstauden und Heckenrosen. Sein Gewand zerriß, und todmüde sank er schließlich nieder.

Wie er so lag, kam plötzlich ein Jäger daher und rief unter die Stauden hinein: „Was machst du denn da?“ — „Herr, ich kann nicht weiter, ich finde mich nicht zurecht!“ — „Komm nur heraus, ich werde dich führen“, sprach der Jäger. Der Bursche kroch aus dem Gestrüpp hervor und ging hinter dem Jäger nach. Es dauerte nicht lange, bis sie zu einem schönen, großen Schlosse kamen, das von einem prächtigen Garten umgeben war, in dem sich Hirsche, Rehe und Hasen tummelten.

„Du wirst jetzt mein Diener“, sagte der Jäger und führte ihn hinauf in das Schloß. „Hier hast du ein Zimmer, in dem du wohnen wirst, und ein Bett zum Schlafen. Wenn du hungrig bist, mußt du nur zu dem Tische sagen ,Tischl, deck dich!', dann stehen alle warmen Speisen darauf, die du gerne ißt. Im Garten ist eine Kegelstatt, da kannst du kegeln, wenn es dich freut. Du brauchst keinen Helfer, denn die Kegel stellen sich von selbst wieder auf, und die Kugeln rennen wieder zu dir zurück. Mit den Hirschen, Rehen und Hasen kannst du nach Herzenslust spielen, doch schlagen darfst du sie nicht!"

Nachdem der Bursche seinen Hunger und Durst gestillt hatte, nahm ihn sein Dienstgeber an der Hand und führte ihn in einen großen Saal. An allen Wänden waren Gestelle angebracht, die von Büchern schier überquollen. „Hier hast du einen Haarbesen", sagte der Herr, „mit dem staubst du die Bücher ab, soweit du täglich kommst. Mach deine Sache gut, ich muß jetzt fort, aber wenn das Jahr aus ist, bin ich wieder hier!"

Der Jäger war ein Zaubermeister, verschwand plötzlich und ließ den Burschen allein zurück. Dieser begab sich auf sein Zimmer, setzte sich auf den Stuhl und sagte: „Tischl, deck dich!" Sogleich

stand ein duftender Braten vor ihm, dazu Brot und Wein. Nachdem er sich sattgegessen hatte, legte er sich müde zur Ruhe. Am nächsten Morgen ging er nach dem Frühstücke an seine Arbeit. Während des Abstaubens öffnete er das erste Buch und merkte, daß es von Anfang bis zum Ende Zauberstücke enthielt. Er nahm das zweite zur Hand und sah es ebenfalls durch. Auf diese Weise reinigte er am ersten Tage nur wenig Bücher, es standen aber im Saale wohl ihrer Tausende. Er wäre sonst rascher mit seiner Arbeit vorwärtsgekommen, doch er prägte sich den Inhalt des Gelesenen sorgfältig ein. Als er endlich alle Bücher ein erstes Mal abgestaubt hatte, war das Jahr um, und der Zaubermeister kehrte zurück. „Du", sagte er, „dein Jahr ist um. Willst du noch ein Jahr bei mir bleiben?" — „Herr", entgegnete er, „es geht mir bei ihnen wohl gut, aber ich habe arme Eltern, denen möchte ich gern meinen Lohn schicken."

„In deinem Zimmer ist ein Koffer", sprach der Zaubermeister, „der enthält ein schönes Gewand für dich. Kleide dich an wie ein vornehmer Herr!" Der Meister nahm von der Wand eine Tasche und füllte sie ganz mit Geldscheinen. „So", sagte er, „das gehört jetzt dir. Du darfst nicht sagen, wo du dienst, du gibst den Eltern das Geld und sitzt sofort wieder auf den Wagen auf!"

Der Zaubermeister öffnete das Fenster und pfiff hinaus, und im Augenblicke kam ein Kutscher mit einem Wagen angefahren, den vier Rappen zogen, und hintenauf stand ein Diener. Der Bursche setzte sich in die Kutsche, und in einem Gedanken hielt diese schon vor dem Hause seines Vaters. Der Bediente stieg ab und sagte: „Wir sind beim Vaterhause!"

Der Schneiderssohn nahm die Ledertasche, stieg vom Wagen und trat bei seinen Eltern ein. Er begrüßte Vater und Mutter, öffnete die Tasche und warf den Haufen Geld auf den Tisch. Gleichzeitig sagte er: „Vater, ich habe nicht lang Zeit, ich muß wieder fort!"

Die Eltern konnten ihn nicht einmal fragen, woher er das Geld habe, so schnell war er wieder draußen. Er sprang in den Wagen, und schon war er den Blicken des Vaters entschwunden. Und auf einen Gedanken befand er sich wieder in dem Waldschlosse. Dort wartete der Alte bereits auf ihn. Sobald er abstieg, verschwanden Wagen, Kutscher und Rappen. Er ging in sein Zimmer und kleidete sich um. Dann setzte er sich auf seinen Stuhl und sprach „Tischl, deck dich!", denn durch die Reise war er hungrig und durstig geworden.

Wie er beim besten Essen war, kam der Zaubermeister herein. „Guten Appetit", sagte er, „laß es dir gut schmecken! Mach deine Sache so fort wie im ersten Jahre, und wenn das neue abgelaufen ist, werde ich wieder vor dir stehen!" Darauf verschwand er.

Der Bursche dachte, nach der Reise arbeite ich heute nichts! Heute gehe ich kegelscheiben! Er nahm sich dazu einen Krug Wein mit, denn der blieb immer zurück, wenn nach dem Essen der Tisch plötzlich wie leergefegt war. Schon beim ersten Schub warf er sechs Kegel um, diese stellten sich aber sogleich von selbst auf, und die Kugel rollte zu seiner Hand zurück. Das gefiel ihm so gut, daß er sich bis zum Abende damit unterhielt. Als er ins Schloß zurückging, rannten Hasen, Rehe und Hirsche ihn an, daß sie ihn fast umwarfen, er getraute sich jedoch nicht, sie zu schlagen, weil ihm dies verboten war.

Am nächsten Morgen ging er wieder in den Saal und begann von vorne an, die Bücher abzustauben. Dabei las er eifrig, so daß er bis zum Ende des zweiten Jahres alle Bücher durchgelesen hatte. Und sobald er das letzte Buch gesäubert und ausgelesen hatte, stand schon sein Herr vor ihm.

„Kind, dein Jahr ist aus", sprach der Zaubermeister. „Herr", bat er, „ich möchte meinen Eltern wieder meinen Lohn schicken!" — „Zieh dich an wie das erste Mal", sagte der Zaubermeister und füllte ihm die Ledertasche voll mit Talern. Ein Pfiff beim Fenster hinaus, und schon kamen die vier Rappen mit dem Wagen angetrabt, der Kutscher saß auf dem Bock, und der Diener stand hinten drauf. „Du darfst mit deinen Eltern nicht mehr reden wie das erste Mal", sprach sein Herr und entließ ihn. Kaum war er eingestiegen, als sie schon vor seines Vaters Haus standen. Der Bediente sprang ab und sagte: „Da sind wir, Herr!"

Der Bursche griff nach der Tasche, stieg vom Wagen und trat bei den Eltern ein. Diese bewohnten inzwischen schon ein stockhohes Haus, und vierundzwanzig Gesellen arbeiteten bei seinem Vater, so hatte dieser das Geld des Vorjahres zu nutzen gewußt. Der

Sohn grüßte Vater und Mutter, öffnete die Tasche und schüttete die Taler aus, die den ganzen Tisch bedeckten. Die Eltern wollten mit ihm reden, er aber sprang zur Tür hinaus und in den Wagen, und sogleich war er wieder im Schlosse.

Als er sich in seinem Zimmer zum Essen gesetzt hatte, kam wieder der Zaubermeister herein und sagte: „Laß es dir gut schmecken! Willst du noch ein Jahr bei mir bleiben?" — „Ja", sagte er, „Herr, ich bleibe noch." — „So mach deine Sache wie bisher!" Damit verschwand der Meister.

Am nächsten Tage nahm sich der Bursche wieder einen Krug Wein mit in den Garten und unterhielt sich die längste Zeit mit dem Kegelspiel. Abends rannte ihn das Wild fast um, doch er wagte nicht, sich dagegen zu wehren. Vom folgenden Morgen an war er tagein, tagaus mit den Büchern beschäftigt, dabei las er nochmals die Stellen durch, die er noch nicht gut im Kopfe hatte. Einen Tag vor dem Jahresende hatte er das letzte Buch abgestaubt, eher als sein Herr zurückkam. Dieser fragte ihn bei der Ankunft sogleich: „Deine Zeit ist aus, willst du aber nicht noch ein Jahr bei mir bleiben?"

„Ach nein, Herr! Drei Jahre habe ich gedient, und weiter will ich nicht. Wenn ich noch ein Jahr ausbleiben würde, könnten meine Eltern sterben, und ich würde nicht an ihrem Grabe stehen!"

„So kleide dich an, wie du es jedes Mal getan hast", sagte der Zaubermeister. Er füllte ihm die Tasche voll mit Dukaten, tat einen Pfiff, und schon fuhr die Kutsche vor. Der Bursche stieg ein, und in einem Gedanken waren sie vor dem Hause seines Vaters. Der Diener wünschte ihm zum Abschied Glück, und gesehen und nicht mehr gesehen hat er den Wagen.

Der Sohn trat bei seinen Eltern ein, begrüßte sie herzlich und sprach: „Vater, vor drei Jahren, ehe ich fortging, waren wir die ärmsten, und nun sind wir die reichsten Leute in der Stadt!" Er kaufte eine große Heide, berief einen Baumeister und ließ ein Schloß erbauen. Aber das Gebäude war erst zur Hälfte fertig, als ihm das Geld ausging. „Vater", sagte er jetzt, „ich verwandle mich in einen goldenen Ochsen mit goldenen Hörnern und goldenen Klauen, und auch die Haare sind von lauterem Golde. Sie dürfen mich aber nicht wohlfeiler verkaufen als um fünfmalhunderttausend Gulden!

Den Strick, an dem ich angehängt bin, dürfen sie aber nicht hergeben, sonst kann ich nicht mehr zurück!"

Sein Vater führte den goldenen Ochsen auf den Markt, wo die Viehhändler ihr Geschäft betrieben. Dort kamen sogleich zwanzig Händler auf ihn zu und fragten, was das Tier koste. Der Schneidermeister sagte: „Fünfmalhunderttausend Gulden", und die Käufer schlugen sofort zu. Sie mußten jedoch einen neuen Strick kaufen, denn den alten gab er nicht her und nahm er heim. Die Händler trieben den Ochsen in das nächste Dorf und gaben ihn in einen schönen Stall, damit er nicht schmutzig werde. Beim Wirt sagten sie: „Zwanzigtausend Gulden haben wir Profit gemacht!"

Als der Hausknecht mit einem Bündel Heu zu dem Ochsen kam, begann dieser zu sprechen: „Ich fresse kein Heu, aber ich möchte ein Stück Braten, dazu Brot und Wein! Fürchte dich nicht vor mir, und bring mir das!" Als der Hausknecht alles brachte, schüttelte sich der Ochse und wurde zu einem Menschen. „So", sprach er, „jetzt werden wir beide essen und trinken!" Nachdem sie sich sattgegessen hatten, sagte er: „Geh jetzt zu den Händlern, und berichte ihnen, daß der Ochse zu Mist geworden ist, sie sollen kommen!" Der Schneiderssohn entfernte sich rasch, der Knecht ging indes in die Wirtsstube und rief: „Meine Herren, euer Ochse wird zu Mist!" — „O weh, o weh!" schrien die Händler durcheinander, „lauft und helft!"

Als sie in den Stall kamen, guckte noch ein Stück goldenes Gehörn aus der Streu, und wie sie zugriffen, wurde auch das zu Mist. Der Bursche verwandelte sich in einen Spatzen, flog auf das Dach und machte tschrr, tschrr, lachte so die Händler aus und flog nach Hause, tat einen Schüttler und ging zu seinem Vater. „So", sagte er, „da bin ich wieder, jetzt können wir weiterbauen!"

Das Geld reichte jedoch nicht ganz aus, das Gebäude war noch ohne Fenster, als der letzte Kreuzer verbraucht war. „Vater", sagte jetzt der Zauberlehrling, „ich mache mich zu einem goldenen Rosse mit goldenen Haaren und goldenen Hufen. Jedes Hufeisen ist aus Gold und wiegt sieben Pfund. Du darfst jedoch das Halfter nicht verkaufen, und wenn man dir dafür zehnmal soviel gibt wie für das

Roß! Sonst komme ich nicht zurück und bleibe für immer ein Roß! Verlang für mich eine Million Gulden!“

Der Schneider führte das Roß auf den Markt. Wer aber kam daher? Der Zaubermeister näherte sich als Händler: „Was kostet das Roß?“ — „Eine Million.“ Der Händler zählte ihm das Geld auf, der Vater steckte es ein, riß aber zugleich dem Rosse das Halfter herab. Der Zaubermeister war jedoch geschwinder, faßte ebenfalls zu und warf als Preis hiefür zwei Millionen Gulden auf den Boden. Der Schneider gab nicht nach und mußte zusehen, wie die Marktleute vor seinen Füßen händeweise das Geld aufhoben und damit wegliefen. Inzwischen sprang der Zaubermeister auf das Roß, riß dem Schneider das Halfter aus der Hand und ritt davon. Der Überlistete sammelte noch auf, was die Leute übriggelassen hatten und ging heim.

Der Zaubermeister aber ritt drei Tage und drei Nächte durch Wald und Bach, über Berge und Felsen, bis das Roß alle vier Hufeisen verloren hatte. Am vierten Tage kam er zu einem Schmiede und befahl: „Beschlag mein Roß mit schweren Eisen!“ Sie hängten das Roß an, und der Zaubermeister ging mit in die Schmiede, um das Anfertigen der Eisen zu betrachten.

Unterdessen kam ein Schulknabe daher, stellte sich neben das Roß und sagte: „Dich werden sie übel behandeln. Das ist ein grober Schmied, der schlägt die Nägel alle ins Fleisch, wo es die Rosse schmerzt!“ Das Roß entgegnete: „Reiß mir das Halfter herab!“ Der Knabe tat es und lief fort, der Schmied kam mit dem glühenden Hufeisen heraus, es anzumessen. Das Roß machte einen Schüttler, wurde zu einer Taube und flog in die Höhe, der Schmied aber rannte zurück in die Werkstatt und rief dem Zauberer zu: „Euer Roß fliegt als Taube davon!“

Auf das hin sprang der Zaubermeister ins Freie, verwandelte sich in einen Geier und setzte der Taube nach. „Das ist ein Lumpenvolk“, sprach der Schmied, „wenn der Herr als Geier davonfliegt und das Roß als Taube!“

Die Taube flog in die Kronstadt. Dort sah die Prinzessin beim Fenster heraus. Sie liebte Tauben sehr und trat vom Fenster zurück, damit das Tier zu ihr hereinfliegen könne. Die Taube flüchtete wirklich in das Zimmer, und die Königstochter schloß sogleich das Fenster, so daß der Geier nicht folgen konnte. Die Taube schüttelte sich und stand als wunderschöner Prinz vor der Königstochter. „Ich mache mich jetzt zu einem goldenen Ringe“, sprach er zur Jungfrau, „den stecke dir an den Finger. Ein Jude wird kommen und dir dafür viel Geld bieten. Sobald er es auf den Tisch gebreitet hat, leg den Ring zu deinen Füßen!“

Kaum hatte sie den Ring an den Finger gesteckt, als auch schon der Zauberer in Gestalt eines Handelsjuden eintrat. Nachdem er das Geld aufgezählt hatte, warf sie den Ring zu Boden, worauf dort eine Menge Hirsekörner lagen. Der Jude verwandelte sich in eine Henne und begann, die Körner aufzupicken, doch plötzlich wurden diese zu einem Fuchs, der dem Huhn den Schädel abriß. Der Zauberlehrling hatte den Meister überwunden, er hatte noch mehr als dieser aus den Büchern gelernt.

Der Fuchs schüttelte sich, wurde wieder zu einem schönen Prinzen und fragte die Königstochter: „Willst du mich heiraten?“ — „Ich habe dich als Taube geliebt, als Prinz bist du mir noch viel lieber“, antwortete sie. Sie holte Vater und Mutter herbei und stellte ihnen den Prinzen vor. Dann erzählte sie, wie er als Taube geflogen gekommen war und sich zu verwandeln vermochte. „Wenn er das alles kann, wird er besser regieren als ich“, sprach der König. Schon nach wenigen Tagen wurde Hochzeit gefeiert, und der König übergab den Thron dem Manne seiner Tochter.

12. Der Schafhalter und die drei Riesen

Es lebte vor vielen, vielen Jahren ein armer Maurer, der hatte einen einzigen Sohn. Der Bursche fand keine Freude an der Arbeit seines Vaters, am liebsten war ihm ein Pfeiflein, auf dem er spielte, wann er nur Zeit hatte. Im Sommer mußte er mit seinem Vater als Maurer gehen, im Winter verdienten sie sich ihren Unterhalt als Steinbrecher. Bei dieser Tätigkeit taugte der Junge noch weniger als im Sommer, er klemmte sich die Finger ein, daß er Blutblasen bekam, und auch die wunde Haut schmerzte. „Was soll ich mit dir anfangen?" sagte bekümmert der Vater, „du bist zu keiner rechten Arbeit fähig und kannst nur bis zum Überdruß dein Pfeiflein blasen."

Als der Maurer wieder einmal in Kummer über den ungeratenen Sohn spät eingeschlafen war, träumte ihm, er solle seinen Hansl in die Fremde schicken. Am Morgen sagte er zu seiner Frau: „Was können wir machen, wir haben nur ein einziges Kind, das sollen wir in die Fremde geben? Dann haben wir zwei alten Leute niemanden mehr, der für uns sorgen könnte!" In der nächsten Nacht träumte indes der Mutter, daß sie den Sohn in die Fremde schicken sollten. Sie dachte, in Gottes Namen, sei es, wie es wolle, wir lassen ihn ziehen. Zugrunde gehen werden wir trotzdem nicht. Sie wusch seine kärglichen Kleidungsstücke und flickte sie, dann buk sie noch von ganz schwarzem Mehl ein Brot, und damit machte sich der Bursche auf die Reise.

Als er unterwegs hungrig wurde, setzte er sich auf einen Baumstumpf und verzehrte auf eins das ganze Brot. „Nun", sprach er zu sich selbst, „das Brot, das mir die Mutter mitgab, habe ich gegessen, was wird sein, wenn mich nochmals der Hunger plagt?" Er machte sich wieder auf die Strümpfe und kam nach einer Weile zu einem prächtigen Schlosse. Nachdem er dieses eine Zeitlang betrachtet hatte, ging er in den Hof, nahm sein Pfeiflein heraus und begann zu blasen. Die Gräfin hörte sein Spiel, trat ans Fenster und fand solchen Gefallen an seinem Liedlein, daß sie ihm einen Dukaten hinabwarf. Der Bursche bedankte sich höflich, hob das Geldstück auf und dachte: „Jetzt habe ich Geld und bin aus der größten Not. Dann setzte er wieder sein Pfeiflein an die Lippen und spielte fröhlich weiter. Das gefiel der Gräfin so gut, daß sie ihm einen zweiten Dukaten hinabwarf und zu ihrem Manne sagte: „Horch dir den Burschen an, wie schön das klingt.“ Der Graf ging zum Fenster und schaute hinab. „Der kann wirklich ganz besonders schön spielen!“ Auch er warf jetzt einen Dukaten hinunter, dann fragte er: „Bist du vielleicht hungrig?“ — „Ei freilich, gnädiger Herr, wenn ich bitten darf!“ — „Geh nur in die Küche hinein, dort geben sie dir zu essen!“ Weil er auch in der Küche sein Pfeiflein hervorzog und schöne Weisen ertönen ließ, setzten sie ihm Speise und Trank vor, bis er übersatt war. Dann bedankte er sich und zog zufrieden weiter.

Unterwegs dachte er, jetzt habe ich mit meinem Spiel schon Geld verdient. Wenn ich das meinem Vater und meiner Mutter geben könnte, die würden sich freuen, aber ich bin weit weg von ihnen. Wie er so ging, begegnete er einem alten Manne, der sprach ihn an: „Hörst du, Hansl, wo reist du denn hin?“ — „Mein lieber Herr“, antwortete er, „ich gehe, die Welt zu versuchen. Mein Vater ist ein alter Mann, im Sommer arbeitet er als Maurer, im Winter muß er Steine brechen, aber ich tauge dafür nicht. Und jetzt gehe ich schauen, ob ich sonst ein Geschäft für mich finde.“ — „Sieh nur zu“, sprach der Greis, „vielleicht hast du Glück auf der Welt!“ — „Alter Herr“, sagte der Bursche, „schauen Sie her, jetzt habe ich mir schon drei Kreuzer verdient, einen davon gebe ich Ihnen. Meinen Vater kann ich nicht erreichen, meine Mutter auch nicht, so gebe ich Ihnen das Geld.“ Der alte Mann bedankte sich für das Geschenk, es war aber nicht bloß ein Kreuzer, sondern ein Dukaten.

Nach einer halben Stunde begegnete Hansl wieder einem alten Manne. „Wo gehst du hin?“ fragte der. „Ich will die Welt versuchen“, antwortete er, „meine Eltern sind alte Leute, der Vater arbeitet als Maurer, doch ich eigne mich nicht für diese Arbeit. Ich habe mir unterwegs schon drei Kreuzer verdient; einen habe ich einem alten Manne gegeben. Sie sind auch nicht mehr jung, und weil ich das Geld nicht meinem Vater bringen kann, gebe ich Ihnen gleichfalls einen Kreuzer.“ — „Ich dank' dir schön, Burschl, und wünsche dir viel Glück“, sagte der Alte und entfernte sich.

Eine halbe Stunde danach begegnete der Wanderer wieder einem

Greise und führte mit ihm das gleiche Gespräch. „Drei Kreuzer habe ich schon verdient“, sagte er, „mein Vater und meine Mutter können das Geld nicht erhalten. Zwei Kreuzer habe ich schon an alte Leute verschenkt, den dritten gebe ich Euch!“ Wer war aber der unbekannte Greis? Unser Herrgott. Der sagte jetzt: „Bursch, weil du so gutartig und barmherzig bist, überreiche ich dir einen Stock. Alles, worauf du damit schlägst, ist sofort tot!“ Wenn das so ist, dachte Hansl, mehr als diesen Stock benötige ich nicht. Damit kann ich leicht in die Welt hinausreisen! Er bedankte sich bei dem alten Manne, nahm Abschied und zog des Weges.

Nach einer Weile kam er in einen Wald und sah auf einer Fichte eine Krähe sitzen. Kaum hatte er mit seinem Stecken auf den Vogel gedeutet, fing dieser zu flattern an und stürzte von Ast zu Ast auf den Boden herab. „Wenn der schon tot ist, weil ich nach ihm gedeutet habe, dann rührt sich wohl keiner mehr, sobald ich erst mit dem Stock zuschlage“, rief er vergnügt aus. Zuversichtlich wanderte er weiter und kam immer tiefer in den Wald hinein. Ehe die finstere Nacht hereinbrach, knickte er Zweige ab und bereitete sich ein dürftiges Lager.

Als der Morgen graute, stand er auf und merkte, daß er in die Nähe des Waldrandes gekommen war. Er ging auf die freie Fläche zu. Vor ihm dehnte sich eine weite Heide, auf der Schafe weideten. Er hatte diese Tiere sein Leben lang noch nicht gesehen, lehnte sich an einen Eichenbaum und schaute ihnen stundenlang zu. Der Schafhirte beobachtete ihn und dachte, was steht der Bursche seit dem Morgen, was betrachtet der denn? Die Schafe kamen näher zu Hansl her, mit ihnen ging der Hirt und sprach den Fremden an: „Hörst du, Burscherl, warum stehst du seit dem frühen Morgen hier?“ — „Ja, Herr, diese Viecherl und so viele habe ich noch nie gesehen. Mir gefällt das so, wie sie so schön weiden. Das wäre meine größte Freude, wenn ich die Schafe hüten könnte.“ — „Wenn du sonst nichts willst“, entgegnete der Schafhirte, „dazu kann ich dir verhelfen. Geh mit mir, ich will den Herrn König fragen, ob er dich vielleicht als Hirt aufnimmt!“ — „Das wäre meine größte Freude!“

Als der Hirt die Schafe heimtrieb, nahm er den Burschen mit und führte ihn zum König. „Majestät“, sagte er, „hier bringe ich einen neuen Schafhalter. Ich will nicht mehr Schafe halten, lieber wäre mir, wenn Sie mir ein Paar Ochsen oder ein Paar Rosse in die Hand gäben. Und der könnte der neue Schafhalter sein!"

„Wenn du Lust und Freude hast, nehme ich dich auf", sprach der König. „Aber das sage ich dir im voraus: Hundert Schafe gebe ich dir alle Tage mit, und neunundneunzig mußt du immer nach Hause bringen!" Ja, wem gehört dann das hundertste, dachte sich Johann, doch getraute er sich nicht zu fragen.

Als der Bursche am nächsten Morgen die Schafe austrieb, kamen der König und die Prinzessin in den Hof und zählten die Tiere ab. Hundert Stück bekam er mit. Er war noch nicht lange draußen auf der Weide, als ein Drache geflogen kam und sich in seiner Nähe niederließ: „Neuer Schafhalter! Der alte Schafhalter hat mir jeden Tag ein Schaf gegeben. Du mußt das auch tun!" — „Nun", antwortete Hansl, „geh hin und nimm dir eins!" Wie aber der Drache sich

dem schönsten Schafe näherte, schlug der Hirt mit seinem Stocke zu, so daß das Untier zusammensank. Nach einer Weile erholte es sich wieder und flog fort. „Das ist dein Glück", sagte der Hirt, „daß ich schon zu müde bin. Wenn ich nicht so matt wäre, hätte ich dich ganz erschlagen! Komm nur wieder!"

Gegen Abend trieb Hansl seine Schafe heim und tat, als wäre nichts vorgefallen. Die Königstochter stand schon erwartungsvoll da, um zu sehen, wieviel Tiere fehlten. Sie zählte besonders aufmerksam. Als sie merkte, daß alle heimgekommen waren, lief sie zum Könige und meldete: „Vater, komm her und zähl du die Schafe! Der Hansl hat alle hundert Stück zurückgebracht!" — „Das gibt es nicht", rief der König und machte sich selbst ans Zählen. „Es sind wirklich hundert Schafe", sagte er schließlich. „Ist heute der Drache nicht gekommen, oder hat sich der Hirt mit ihm verständigt? Da muß etwas los sein!"

Am nächsten Tage zählten Vater und Tochter beim Austriebe wieder die hundert Schafe ab, die er auf die Weide führte. Auch an diesem Vormittag kam der Drache geflogen. „Du neuer Schafhalter! Gestern hast du mir kein Schaf gegeben, heute mußt du mir dafür zwei Stück überlassen! Mein Hunger ist groß!" — „Geh nur hin und fang sie dir ab", sagte der Hirt, doch als der Drache auf die Tiere losfuhr, schlug er diesen wie am Vortage nieder. Nachdem sich das Untier erholt hatte, flog es ohne Schafe davon.

Abends stand schon der König mit seiner Tochter bereit, als Hansl mit seiner Herde daherkam. Sie zählten gemeinsam Stück für Stück. „Es sind wieder hundert", sagte der König. „Wie ist das möglich, da müssen wir dahinterkommen!"

Auch am dritten Tage erhielt er hundert Tiere, die er auf der Weide hüten sollte. Doch diesmal beauftragte der König den alten Schafhirten, nachzuschleichen und zu beobachten, was auf der Weide geschähe. Kaum hatte sich dieser auf die Lauer gelegt, als auch schon der Drache geflogen kam. „Du neuer Schafhalter, der vorige Hirt hat mir jeden Tag ein Schaf gegeben. Du hast mir vorgestern und gestern keins überlassen, so mußt du mir heute drei Stück geben!" — „Ich hab dir schon gesagt, geh hin und fange sie dir ab!" Der Drache, begierig vor Hunger, fuhr schneller denn je auf die Tiere los, doch der Hirt schlug ihn mit Wucht zu Boden, und der erste Schafhirt sah dies.

„Es ist dein Glück“, sagte der wackere Hirt, „daß ich vom Kampf so müde bin. Wenn ich jetzt ein Stück Butterbrot hätte und einen halben Liter Wein, dann ging es dir nicht gut! Dann erschlüge ich dich ganz, doch jetzt bin ich zu matt!“

Wie der erste Schafhirte das hörte, nahm er seinen Hut unter die Achsel, begann zu laufen, so schnell, wie er nur konnte, hin zum Könige. „Herr König“, rief er atemlos, „was ich gesehen habe! Hansl hat den Drachen niedergeschlagen, daß dieser liegt und zappelt. Jetzt ist er müde und sagt, wenn er ein Stück Butterbrot hätte und einen halben Liter Wein, dann könnte er den Drachen ganz erschlagen!“

„Schnell, schnell, bring ihm einen Laib Brot, ein Stück Butter und einen Krug Wein“, sagte der König. Der Koch mußte alles rasch herrichten, und der alte Hirt rannte, was er konnte, zurück auf die Weide. „Hansl, der König schickt dir Brot, Butter und Wein“, schrie er schon von weitem. „Wenn das so ist“, rief Hansl dem Drachen zu, „gehst du mir heute nicht mehr fort. Zapple nur dort!“ Er setzte sich hin, schmierte Butter auf das Brot und trank dazu den Wein. „Jetzt bin ich wieder frisch, jetzt werde ich die Sache angehen mit dir“, sagte er, stand auf und erschlug den Drachen ganz.

Der alte Hirt lief mit dem leeren Kruge wieder heim. „Herr König, der Hansl hat den Drachen umgebracht, kommt hin und seht selbst!“ — „Ihr haltet es miteinander“, sagte der König mißtrauisch, „ihr möchtet mich hinlocken, damit mich der Drache frißt!“ — „Nein, nein, er ist wirklich tot, Sie können mit dem Wagen hinausfahren auf die Weide!“ Der König befahl dem Kutscher, zwei feurige Rosse einzuspannen und setzte sich in den Wagen, fuhr aber nicht nahe heran, sondern schaute von weitem durch sein Fernglas. Erst als er sah, daß sich der Drache zwar hoch aufgebäumt hatte, sich jedoch nicht mehr regte, trat er näher. Er konnte sich nicht genug über den Mut seines jungen Hirten wundern und lobte ihn über die Maßen.

Von jetzt ab konnten die Schafe ungestört weiden, so daß Hansl am nächsten Tage sorglos stundenlang auf seinem Pfeifchen pfiff und dudelte, bis er merkte, daß seine Herde verschwunden war. Er sollte schon bald heimtreiben und machte sich auf, die Tiere zu suchen. Zu seinem Schrecken fand er sie in einem Garten, der war so schön, wie er noch nie einen gesehen hatte, dort fraßen und zertraten sie die Blumen. Der Garten gehört gewiß dem König, wenn der sieht, was geschehen ist, entläßt er mich aus dem Dienst, dachte er besorgt.

Plötzlich stapfte indes ein Riese daher und schrie: „Du Erdwurm, was machst du in meinem Garten? Deine Würmlein fressen meine Blumen und Baumblüten ab! Pack dich, sonst werfe ich dich neun Klafter tief unter die Erde hinein!" — „Was", entgegnete Hansl, „du neun Klafter hoher Lümmel, wirf nur deinen Stecken her!" Der Riese schwang seine Eisenstange, streifte jedoch einen Ast, so daß die Stange an einen Baumstamm prallte und zerbrach. Hansl sprang jetzt auf ihn zu und erschlug ihn. Er ließ die Schafe noch eine Weile weiden und schmückte vor dem Heimtreiben seinen Hut um und um mit den Blumen des Riesengartens.

Als er mit seiner Herde heimzog, wartete die Königstochter schon. Von weitem hörte sie ihn auf seinem Pfeiflein dudeln, und auf seinem Hute erblickte sie die leuchtenden Blumen. „Vater", rief sie, „komm und schau, was für schöne Blumen der Hansl heute auf seinem Hut stecken hat. Die möchte ich gern haben!" — „Geh hinunter", sagte der König, „vielleicht gibt er sie dir." Das Mädchen lief die Stiege hinab und dem Hirten nach: „Herr Hansl, ich bitte Sie, schenken Sie mir die Blumen!" —„Umsonst gebe ich sie nicht!" — „Ja, was wollen Sie denn von mir?" — „Einen Kuß!" — „Ohne meines Vaters Wissen und Willen darf ich das nicht tun. Da muß ich erst fragen gehen." Sie trippelte die Stiege hinauf und hin zum Könige: „Herr Vater, was glaubst du, daß der Hansl von mir will? Einen Kuß!" — „Na, so gib ihm einen, aber so, daß es kein Mensch sieht!" Sie lief die Stiege hinab, hin zum Hirten, guckte zuerst nach links und rechts, ob niemand sie sähe, und schmatzte ihm dann einen Kuß auf die Wange. Hansl dachte, jetzt habe ich schon von der Prinzessin einen Kuß erhalten, das ist etwas Besonderes! Und er war mächtig stolz darauf.

Am nächsten Tage trieb er sogleich seine Schafe zu dem Blumengarten hin. Beim Weiden bewegten sich die Tiere immer weiter vorwärts, und so kam seine Herde über einen Rain in einen zweiten schönen Garten. Plötzlich stapfte wieder ein Riese daher, der schrie wütend: „Du Erdwurm, was machst du in meinem Blumengarten! Glaubst du, weil du meinen Bruder ermordet hast, daß deine Würmlein auch meine Blumen auffressen werden? Pack dich hinaus, sonst werfe ich dich zehn Klafter tief in die Erde hinab!"

„Ho", antwortete Hansl, „der erste sagte neun Klafter und der sagt schon zehne! Wirf nur her und haue mich zehn Klafter tief unter die Erde!" Auch der zweite Riese verfing sich beim Ausholen mit seinem Eisenstabe, wodurch dieser an einen Baumstamm prallte und in drei Stücke brach. Jetzt sprang Hansl auf ihn zu und erschlug ihn mit seinem Stocke. Den habe ich auch überwunden, dachte er, wer weiß, wie viele noch daherkommen.

Am Abend steckte er noch viel schönere Blumen auf seinen Hut und trieb heim. Die Königstochter lauerte schon auf ihn. Plötzlich hörte sie „dudl, dudl, dudl", denn er spielte wieder vergnügt auf seinem Pfeifchen. „Ja, der hat heute noch viel schönere Blumen, die gefallen mir noch viel besser. Lieber Vater, komm her und schau, die muß ich bekommen!" — „Nun, so geh hinab", sprach der König, „wenn er sie dir gestern gegeben hat, wird er es heute auch tun." Sie lief hinab und redete den Hirten an: „Herr Hansl, bitte schenken Sie mir die Blumen!" — „Ja, ich geb sie schon her, wenn ich auch dafür etwas verlangen darf." — „Was wollen Sie denn?" — „Heute nacht in Ihrem Zimmer schlafen!" — „Ohne meines Vaters Willen darf ich das nicht tun, ich muß gehen und ihn fragen." — „Nun, dann gehen Sie und fragen Sie ihn!" Sie lief rasch hinauf: „Herr Vater, was glaubst du, was der Hansl heute von mir will? In meinem Zimmer schlafen!" — „Nun, laß ihn dort schlafen." Sie lief hinunter in den Stall und sagte: „Wenn du mir die Blumen gibst, darfst du abends heraufkommen." Die Blumen gefielen ihr aber noch viel besser als die aus dem ersten Riesengarten. Hansl versorgte seine Tiere, wusch sich sauber und legte ein besseres Gewand an, dann nahm er seine Decke und begab sich in das Schlafzimmer der Königstochter. Die Prinzessin lag schon im Bette, er aber breitete seine Decke auf dem Fußboden aus und legte sich darauf schlafen.

Am Morgen erhob er sich frühzeitig und ging wieder hinunter zu seinen Schafen. Seine Tiere weideten über den nächsten Rain hinweg und verwüsteten abermals einen Garten. Hier aber waren die allerschönsten Blumen. Auf einmal kam der älteste Riese daher und schrie: „Du Erdwurm, was glaubst du denn? Deine Würmlein fressen meine Bäumlein und Blümlein ab. Pack dich hinaus! Denkst du, weil du meine beiden Brüder getötet hast, du wirst auch mich besiegen? Pack dich fort, sonst werfe ich dich elf Klafter tief unter die Erde!" — „Ha, der erste sagt neun Klafter, der zweite zehn und der dritte gar elfe! Du elf Klafter hoher Lümmel, wirf nur her!" Wütend holte der Riese aus, verschurzte sich jedoch ebenfalls so, daß ein Stück des Eisenstabes abbrach und im Zurückspringen ihm eine Hand abschlug. Nun verzagte er schier und bat den Hirten: „Töte mich nicht, ich will dir alle unsere Schätze zeigen!" Hansl willigte ein, und der Riese zeigte ihm die drei Schatzkammern, voll Silber, Gold und Edelsteinen. Zuerst die Reichtümer seines neun Klafter hohen Bruders, dann die des Zehnklafterigen. Am kostbarsten waren jedoch die Schätze des ältesten Riesen. Dann besah er die Stallungen mit den Rossen und die Zimmer mit der Ritterrüstung. „Jetzt", sprach der Elfklafterige, „gehen wir in den Erdkeller! Ich werde dir zeigen, wo der Wein ist!"

Im Keller gab es viele Fässer mit Wein, eine besondere Sorte war jedoch in einer Ziegenhaut, ein sieben Jahre alter Wein. „Den kannst du trinken", sprach der Riese, doch der Hirt dachte, es könnte ein Schlaftrunk sein. „Trink du zuerst", sprach er deshalb, und der Riese nahm richtig einen Schluck. Kaum hatte der Hirt den Wein auf der Zunge, als er merkte, daß er ihn bis zur großen Zehe spüre. Das Getränk war stark wie Branntwein, daher setzte er rasch ab. Als sie die Kellerstiege wieder hinanstiegen, stieß der Riese plötzlich mit einem Fuße nach hinten, um den Hirten hinabzuschleudern, verfehlte ihn jedoch. „Ho, ho, so bist du", rief Hansl, „besser nur ein Herr statt deren zwei!" Er schlug mit seinem Stocke zu und tötete auch den dritten Riesen.

Im Garten steckte er sich die schönsten Blumen auf den Hut, holte seine Schafe zusammen und trieb sie heimwärts. Die Königstochter erwartete ihn schon sehnsüchtig und horchte auf sein Spiel.

Als sie ihn erblickte, rief sie: „Vater, der Hansl kommt und hat heute noch viel schönere Blumen, heute verschlägt es mir die Augen, so prächtige Blumen hat er auf seinem Hute stecken! Hat er sie mir vorgestern und gestern gegeben, so wird er es heute auch tun!" Schnell lief sie hinab und zu dem Hirten hin: „Herr Hansl, ich bitte Sie, schenken Sie mir die Blumen!" — „Umsonst gebe ich sie nicht, ich möchte auch etwas dafür haben." — „Was wollen Sie denn von mir?" — „Bei Ihnen schlafen." Wenn das nicht anders ist, kann er wieder in meinem Zimmer auf seiner Decke schlafen, dachte sie und sagte: „Aber meinen Vater muß ich doch wieder fragen." Eilends trippelte sie die Stiege hinauf: „Herr Vater, was glaubst du? Schlafen möchte er wieder bei mir!" — „Nun, dann laß ihn kommen", sprach der König. Abermals lief sie hinab zum Hirten: „Herr Hansl, geben Sie mir die Blumen, Sie dürfen abends kommen!" Der Hirt wusch sich sauber, legte sein gutes Gewand an und begab sich in das Zimmer der Prinzessin. Diesmal legte er sich aber zu ihr ins Bett.

In den nächsten Wochen trieb er wie vorher täglich seine Schafe aus, und weder ein Drache noch ein Riese behelligte ihn oder seine Herde. Der König aber ließ einen gläsernen Berg errichten und verkünden, wer diesen erreiten könne, bekomme seine Tochter zur Gemahlin. Nach allen Richtungen sandte er Boten aus, die jungen Prinzen und Grafen zum Wettkampfe zu laden. Am festgesetzten Tage kamen sie in großer Schar angerückt, und einer nach dem anderen versuchte sein Glück. Obwohl alle die Hufeisen ihrer Rosse mit scharfen Stollen versehen hatten, gelang es keinem, den Berg zu erklimmen. Die meisten erreichten kaum ein Viertel der Berghöhe und nur wenige die Hälfte.

Auf einmal kam ein Reiter wie der Wind daher, gesehen und nicht gesehen! Angeritten und schon oben auf dem Berge. Dort machte er kehrt, sauste herab — gesehen und nicht gesehen, und war verschwunden. „Wer war das?" fragte der König seine Tochter. „Vater, ich weiß es ja nicht", entgegnete sie. „Nein, so etwas", sprach der König, „so etwas habe ich noch nie erlebt. Das Roß flog dahin wie der Wind!" Hansl hatte die Schafe alleingelassen, war in die Schatzkammer des neunklafterigen Riesen gegangen und hatte eine Ritterrüstung angelegt. Auf dem Kupferrosse erreichte er im Nu den Glasberg, sprengte hinauf und wieder zurück. Das war so schnell geschehen, daß niemand wußte, wohin der kupferne Ritter verschwunden sei. Abends trieb er pfeifend seine Herde heim, als wenn nichts geschehen wäre, der König aber setzte für den nächsten Tag abermals ein Wettrennen an.

Hansl zog am frühen Morgen wie immer mit seinen Schafen aus und pfiff dazu fröhliche Liedlein. Diesmal legte er die silberne Rüstung an und holte den Schimmel aus dem Stalle. Die Fürsten- und Grafensöhne bemühten sich wie am Vortage vergeblich, den Glasberg zu erklimmen, keiner von ihnen erreichte die Höhe. Plötzlich kam ein Reiter dahergesaust, mehr in der Luft als auf der Erde, daß es ihnen die Augen verschlug. Zum Glasberge hin, und flugs war er schon am Ziele! Oben hielt er an, wendete sein Roß und gab ihm einen Schlag. Wie der Wind sauste er herab, und schon war er verschwunden.

„Jetzt war er wieder da, aber auf einem Schimmel", rief der König, „wer war das nur?" — „Vater, ich weiß es nicht", sprach die Prinzessin, und beide wußten sich keinen Rat.

Der König gab indes noch nicht auf und setzte auch für den dritten Tag ein Wettreiten an. Die Freier, die von weither gekommen waren, plagten vergeblich ihre Pferde, aber keinem gelang es, auch nur ein Stück höher zu gelangen als an den Vortagen. Hansl ließ seine Schafe allein und holte in goldener Rüstung das schönste Roß aus dem Stalle. Wie ein Blitz kam er daher, das Roß schien mit den Hufen den Berg kaum zu berühren, und schon waren sie oben. Während der Reiter wendete, zog der König seine Pistole, um den Unbekannten zu verletzen und dadurch anzuhalten. Der Schuß traf den Ritter an der großen Zehe, am Fuße des Berges zügelte er das Roß, und der König verband selbst die Wunde mit seiner golddurchwirkten Leibbinde. Im nächsten Augenblicke war er jedoch schon wieder dahin, ohne daß sie wußten, wer er sei.

Am späten Nachmittage kam der Hirt daher, doch heute spielte er traurige Liedlein, und auf einem Beine hinkte er. „Vater, schau her", rief die Königstochter, „der Hansl geht krumm, der hüpft ja mehr auf einem Beine!" Der König sah hinab: „Ja, und gerade auf dem Fuße, den ich angeschossen habe, hinkt er, er kann das doch nicht gewesen sein!"

Hansl brachte die Schafe in den Stall, machte dort noch Ordnung und befaßte sich mit seinen lieben Tieren. Auf einmal kam ein Diener zu ihm und sagte: „Herr Hansl, Sie sollen heute abend zum Herrn König auf sein Zimmer kommen!" — „Ja, was mache ich oben bei ihm?" — „Ihm beliebt es, daß Sie auf Ihrem Pfeiflein Liedlein spielen und etwas vordudeln." — „Heute bin ich nicht so gut aufgelegt, um hinaufzugehen und Liedlein zu dudeln." — „Ich habe die Weisung des Königs befolgt", sprach der Diener unmutig, „ich werde es unserem Herrn sagen, daß Sie nicht kommen wollen." Als der Diener die Botschaft überbrachte, befahl ihm der König: „Gehen Sie sofort hinunter und sagen Sie, daß er heraufkommen muß! Wer ist hier der Herr?" Der Bediente ging nochmals in den Stall: „Herr Hansl, Sie müssen hinaufkommen und dem Herrn Könige etwas vorspielen!" — „Ja, wenn es nicht anders ist", sprach Hansl, „dann muß ich eben gehen." Er machte sich zurecht, nahm sein Pfeiflein und humpelte die Treppe empor.

Er mußte auf dem Diwan Platz nehmen, und die Prinzessin setzte sich neben ihn. Während er seine Stücklein pfiff, hob er immer wieder den Fuß hoch, der ihm Schmerzen bereitete. Die Königstochter betrachtete ihn aufmerksam und fragte schließlich: „Was ist mit Ihrem Fuße, daß Sie ihn immer heben? Sie haben wohl Schmerzen?" — „Wie sollte ich denn Schmerzen haben, der Schuh hat mich gedrückt", entgegnete er ausweichend. „Ich habe ihn ohnedies eingebunden, doch es hilft nichts." — „Wir werden einen Arzt holen", sagte der König. „Den kann ich selbst auch holen", entgegnete der Hirt, „ich gebe mir über Nacht eine Salbe auf die Wunde." Weil er aber während des Spielens immer wieder mit dem Fuße zuckte, zog ihm die Prinzessin den Schuh aus. „Herr Vater", rief sie, „komm her und schau selber! Der Hansl hat deine Feldbinde als Verband!"

Jetzt sprang der König auf und fragte: „Bist du es gewesen, der dreimal den Glasberg erritten hat?" — „Ja, königliche Majestät, ich war es." — „Wieso ist das möglich?" — „Herr König, haben Sie einmal von den drei Riesen gehört?" — „Freilich weiß ich von ihnen." — „Die habe ich getötet", sagte der Hirt, ihr ganzes Gut gehört mir." — „Du hast den Glasberg bezwungen und darfst daher meine Tochter heiraten. Und nun weiß ich, daß du reicher bist als ich", sprach der König.

Alsbald feierten sie die Hochzeit, und der König übergab seinem früheren Hirten den Thron. Nach wenigen Jahren starb der alte König. Jetzt fragte seine Tochter ihren Gemahl: „Lieber Mann, ich weiß, daß du anderer Herkunft bist. Hast du keine Eltern mehr?" — „Ich glaube kaum, daß sie noch leben", antwortete er. Die Königin sagte: „Suche deine Eltern doch auf und bring sie her zu uns! Hier können sie alles haben, nur keine Vogelmilch, denn die gibt es nicht. Sie sollen es auch einmal gut haben!" Mit vielen Mühen brachten sie seine Eltern auf den Königshof, die sich über das unverhoffte Glück ihres Sohnes freuten, jedoch nach kurzer Zeit starben. Das Königspaar lebte in Eintracht und in Frieden, und wenn sie nicht gestorben sind, leben sie heute noch.

13. Kaiser Josef und der kluge Bauer

Kaiser Josef ging einmal mit vornehmen Herren seines Gefolges über Land. Wagen und Rosse hatten sie in einem Dorfe zurückgelassen, um zu Fuß die Gegend näher kennenzulernen. Unterwegs kamen sie zu einem Acker, auf dem ein alter Bauer mit seinen Ochsen pflügte. Der Kaiser ließ seine Begleitung halten, ging zu dem Ackernden, der sein Gespann anhielt, und grüßte. Als ehemaliger Soldat und Reservist erkannte der sogleich seinen Herrscher. „Wie weit ist die Weite?“ fragte dieser. „Gnädiger Herr“, antwortete der Bauer, „nur noch bis zu den Hörnern meiner Ochsen.“ — „Gut ist es“, sprach Kaiser Josef. „Und wie geht es sonst?“ — „Auf drei!“ — „Auch gut. Aber könntet Ihr einige alte Geißböcke melken?“ — „Jede Stunde“, entgegnete der Bauer.

Der Alte ackerte weiter, und der Kaiser ging mit seinem Gefolge ein Stück beiseite, damit er nicht mehr gehört werde. Er hielt an und sagte: „Meine Herren, wer von Ihnen mir das aufzulösen vermag, was ich mit dem Bauern gesprochen habe, erhält von mir ein herrschaftliches Gut!“ Die Fürsten und Grafen zerbrachen sich den Kopf, denn erstens hatten sie nicht alles gehört, und zweitens wußten sie es nicht zu deuten. Sie kehrten daher um und gingen zu dem Bauern zurück, der Kaiser aber setzte sich am Rande des Straßengrabens im Schatten eines Baumes nieder und wartete.

Die Höflinge befahlen dem Alten anzuhalten und nahmen ihn ins Verhör. Ihr Wortführer fragte: „Was haben Sie mit dem Kaiser geredet, was hat das für einen Sinn?“ — „Ja“, sagte der Bauer, „ja, meine Herren, das kostet für jeden von Ihnen zehn Dukaten!“ Ach, dachten sie, ein großes Herrschaftsgut ist mehr wert als die zehn lausigen Dukaten. Sie zogen ihre Goldfüchse heraus, und nachdem jeder zehn Dukaten aufgezählt hatte, mußte der Bauer die erste Frage beantworten. „Also, wie weit ist die Weite?“ — „Bis zu den Hörnern meiner Ochsen, ihr Herren! Früher sah ich es, wenn sich ein Sperling auf den Kirchturm setzte, doch heute sehe ich nicht weiter als bis zu den Hörnern meiner Pflugochsen.“ — „Aber so blöd“, rief einer der Höflinge aus, „daß wir da nicht selbst daraufgekommen sind!“

Also die zweite Frage! „Ja“, sagte er, „die kostet schon zwanzig Dukaten für jeden Herrn!“ — „Verflucht“, sagte einer, „ein Billiger bist du gerade nicht!“ Der Bauer dachte sich, die Gelegenheit muß ich ausnützen, und entgegnete: „Ja, anders tue ich es nicht!“ Sie überlegten und rechneten hin und her: Die Herrschaft ist doch noch mehr wert, ein großes Gut! Und so zahlten sie ihm auch noch die zwanzig Dukaten aus. „Und was heißt das“, fragte einer der Herren, „ich habe etwas gehört, es geht auf drei?“ — „Ja“, sagte der Bauer, „früher bin ich auf zwei Füßen gelaufen, aber heute muß ich einen Stock nehmen, jetzt geht es auf drei!“ — „Teufel noch einmal“, rief der Wortführer, „das ist noch ein blöderes Ding als das erste!“

Aber jetzt kam das Allerkitzlichste, das Allerschwierigste: „Ja“, sagte er, „meine Herren, das kostet für jeden hundert Dukaten!“ — „Sakrawalt nochmal!“ Sie überlegten nochmals hin und her. Aber das große Herrschaftsgut ist doch noch mehr wert! Dabei hätte doch nur der eine das Gut bekommen, die anderen waren nur die Leidtragenden, die hätten es nicht gekriegt! Sie steuerten die hundert Dukaten in Gottes Namen auch noch zusammen. Der Bauer steckte das Geld vorsorglich ein, dann sagte er: „Die dritte Frage war das: Euer Herr und Kaiser hat mich gefragt, ob ich einige alte Geißböcke melken könne, und ich habe geantwortet, zu jeder Stund. Und ich bitte schön: Die Geißböcke melke ich so, wie ich gerade die Herrschaften gemolken habe!“

14. Die Müllnermagd und die Räuber

In einer einsamen Mühle hatten die Müllersleute eine fleißige und redliche Dienstmagd, die sie wie ihre eigene Tochter hielten. Als am Heiligen Abend die Vorbereitungen zum Mettengang getroffen wurden, sprach der Müller zu dem Mädchen: „Pepi, wir gehen heute zur Kirche in die Mette, getraust du dich nachts allein daheim zu bleiben?" — „Oh ja", antwortete die Magd. „Dann werde ich dir eine Waffe geben, denn in der Heiligen Nacht ist schon oft geraubt worden. Gib acht, wenn du etwas hörst." Er legte ihr einen geladenen Revolver auf den Tisch und ging mit seiner Frau zur Mette. Das Mädchen nahm sein Gebetbuch, setzte sich damit an den Tisch und betete, wie es in der Weihnacht Brauch war.

Um Mitternacht hörte sie plötzlich ein Klopfen draußen an der Mauer. Sie stand auf und horchte: Richtig, es stemmte jemand ein Loch aus! Räuber wollten eindringen. Mit dem Revolver konnte sie bei so vielen Männern nichts ausrichten, deshalb nahm sie eine scharfgedengelte Sense und stellte sich innen an die Mauer neben das Loch. Nach einer Weile fragte der Räuberhauptmann den ersten: „Ist das Loch schon groß genug?" — „Ja", antwortete der andere. „Dann schlief hinein!" Das Mädchen gab scharf acht, und sobald der erste zur Hälfte herinnen war, schnitt sie ihm mit der Sense den Kopf ab, zog den Leichnam ganz herein und warf ihn in den Mühlgraben. Ehe der zweite Räuber hineinschloff, fragte er: „Bist du drinnen?" — „Ja", entgegnete die Dienstmagd mit verstellter Stimme. Der Räuber ließ sich täuschen, kroch hinein, wurde so rasch wie sein Vorgänger getötet. Jetzt fragte der dritte, ob der andere schon drinnen sei, und sie sagte wieder ja. In ihrer Todesangst nahm sie alle Kräfte zusammen und tötete nach und nach vierundzwanzig Räuber. Als letzter folgte jetzt der Hauptmann und fragte wieder: „Bist du drinnen?" Und sie antwortete wieder: „Ja." Diesmal aber hieb sie zu frühe zu und schnitt ihm nur die Haut von der Kopfplatte ab. Der Hauptmann wälzte sich erschrocken zurück, fiel in den Mühlgraben und flüchtete.

Als die Müllersleute heimkamen, erzählte ihnen die Magd, was sie Furchtbares erlebt hatte, und zeigte ihnen die Leichname der Räuber. Weil sie aber den letzten nicht erwischt hatte, ahnten alle schlimme Folgen. Der Hauptmann eilte zurück in das Räuberhaus, wo die anderen Männer seiner Bande schon warteten, weil er so lange nicht zurückgekommen war. „Was ist los, daß du allein kommst?“ fragten sie. „Die anderen sind alle tot“, antwortete er. „In der Mühle ist ein Mädchen, das hat unsere vierundzwanzig Genossen umgebracht, mich aber hat sie nur auf der Kopfplatte erwischt.“ Und voll Haß fügte er hinzu: „Die werden wir schon kriegen, die entkommt uns nicht!“

Nachdem die Kopfwunde geheilt war, verdeckte der Hauptmann sie mit einem Pflaster und begab sich mit seiner zweiten Bande in die Nähe der Mühle. Seine Leute blieben im Walde zurück, er aber ging zu den Müllnersleuten und sagte, er habe gehört, daß sie so ein fleißiges, tüchtiges Mädchen hätten. „Ich besitze ein großes Gut und suche eine gute Wirtschafterin, sie könnte auch meine Frau werden.“ Die Dienstmagd überlegte, daß sie doch nicht immer ledig bleiben könne und es gut sei, wenn sie heiraten könne. „Du kannst sogleich mitkommen“, sagte der Räuber, „packe deine Sachen und kleide dich um!“ Die Müllnersleute wollten dem Glück ihrer Dienstmagd nicht im Wege sein und entließen sie mit freundlichen Worten.

Das Mädchen bestieg den Wagen des unbekannten Mannes. Der Weg führte durch einen großen Wald und schien kein Ende zu nehmen. „Sind wir noch nicht bald auf deinem Gut?“ fragte sie. „Nein“, sagte er, „wir haben noch nicht den halben Weg hinter uns. Jetzt kommen wir erst in den ganz wilden Wald!“ Und es ging immer tiefer und tiefer in den Wald hinein. Auf einmal kamen sie zu einem schönen grünen Wiesenfleck. Der Räuberhauptmann hielt an und sagte: „Hier werde ich das Roß rasten lassen, und wir werden uns niedersetzen, und du wirst mich lausen!“ Sie stiegen ab, das Mädchen setzte sich nieder, und der Räuber legte seinen Kopf in ihren Schoß. Als sie ihm seinen hohen Hut abnahm, sah sie die Wunde auf seiner Kopfplatte. Mit einem Schlage wußte sie, wen sie vor sich hatte, und die Tränen rannen ihr über die Wangen. „Warte nur, du Rabenvieh“, sagte er, „jetzt habe ich dich, freu dich nur auf das, was dir bevorsteht!“ Sobald das Roß ausgeruht war, bestiegen sie wieder den Wagen, und weiter ging es, bis der Wald sich lichtete und sie zu einem großen Gasthause kamen. Das war aber das Räuberwirtshaus. „Dort schau hin“, sagte der Hauptmann, „das ist unsere Heimat.“ Als er mit dem Wagen vorfuhr, standen die Leute seiner Bande schon draußen und warteten, und er deutete: „Ich habe sie schon!“ Die Räuber drängten sich herzu, um die Gefangene zu sehen! Unter ihnen waren zwei Männer, die hatten noch nichts Böses angestellt. Den beiden gefiel das hübsche Mädchen so gut, daß sie sich sogleich in sie verliebten.

„Was sollen wir mit dem Rabenvieh anfangen?“ fragte der Hauptmann. „Aufhängen“, schrien einige, „erschießen“, sagten andere. „Das ist ein leichter Tod“, erwiderten die beiden Verliebten, „wir müssen sie lange leiden lassen!“ — „Ihr sollt recht haben“, sprach der Hauptmann. Die Räuber hatten als Köchin eine alte Frau, die konnte mehr als Birnen braten, die konnte künsteln. Zu der sagte er jetzt: „Das Luder soll sich einige Tage recht kränken. Danach laß sie Wasser herbeitragen in den Kessel, heize fest an, und wir werden sie dann in den Kessel werfen und darin sieden, damit sie recht leidet!“

Als die Räuber wieder auf Beute aus waren, mußte das Mädchen der Köchin bei allen Arbeiten helfen. Während dieser Verrichtungen weinte und weinte es immerzu. „Warum weinst du denn so?“ fragte die Alte. „Ja, weil ich mein junges Leben verliere.“ — „Du mußt es nicht verlieren, du darfst mich aber nicht verraten, wenn sie dich vielleicht nochmals erwischen! Du gehst jetzt wieder mit dem Schaff zum Brunnen um Wasser. Dort machen wir eine Figur aus Stroh, ziehen ihr dein Kleid an und stellen sie auf den Brunnenkranz. Du aber läufst ganz leicht bekleidet so schnell wie möglich davon!“

Das Mädchen war sofort bereit, kleidete sich aus und stellte mit Hilfe der Alten eine Strohgestalt her. Mit der Strohwaberl und dem Schaffe ging sie wieder zum Brunnen, zog ihr Kleid aus und über die Figur auf dem Brunnenkranz und lief in Hemd und Unterkittel barfuß davon. Die Alte hatte ihr angesagt, welchen Weg sie nehmen solle, um sicher zu sein, nicht erreicht zu werden. Das Mädchen lief über alle Gräben und unwirtliche Stätten, daß ihre Haare flogen, bis die Nacht hereinbrach.

Unterdessen kehrten die Räuber nach Hause zurück. Sie fragten die Alte: „Wo ist das Rabenvieh?" — „Der Kessel ist noch nicht ganz voll, sie ist nochmals zum Brunnen um Wasser gegangen. Dort steht sie!" Die Räuber blickten hin, einer schoß, und die Strohpuppe stürzte in den Brunnen. „Lassen wir sie eine Weile saufen", sprachen sie, dann aber gingen sie mit einem Feuerhaken zum Brunnen, um das Mädchen heraufzuziehen. Erst jetzt merkten sie, daß sie getäuscht worden seien, und setzten der Fliehenden nach. Als das Mädchen die Rufe der Verfolger vernahm, kletterte es auf eine kleine Fichte, hoch kam sie nicht hinauf. Es war inzwischen so finster geworden, daß man einem anderen an das Maul greifen konnte, ehe man ihn sah. Die Räuber streiften über den Wiesenwald und hackten in den Stamm jeder Fichte ein Kreuz, um später zu sehen, wo sie schon gesucht hatten. Dabei hackte einer dem Mädchen die große Zehe ab, doch es zuckte nicht und blieb still. Als die Räuber bei ihrer Streife sich wieder entfernten, stieg die Verfolgte vom Baume herab und hob die abgehackte Zehe auf. Sie hatte im Räuberhause zusehen müssen, wie die Schurken ein geraubtes Mädchen töteten, ihr die Augen ausstachen und die Zunge abschnitten und hatte diese Zeichen des Verbrechens bei der Flucht mitgenommen. Jetzt ging sie langsam weiter, und als der Morgen graute, kam sie an den Waldrand und auf eine Straße. Vorsichtig blickte sie umher, ob die Räuber in der Nähe wären, doch sie sah nur drei Fuhrleute, die auf ihren Wagen Fichtenrinde geladen hatten. Sie ging auf den ersten zu und sagte: „Bitte lade ab und versteck mich unter der Rinde! Die Räuber sind hinter mir her!" — „Ich kann das nicht tun, das kostet mein Leben", antwortete der Fuhrmann. Nun bat sie den zweiten: „Nimm mich mit, die Räuber suchen mich!" Aber auch er sagte: „Das kann ich nicht tun, es kostet sonst auch noch mein Leben." Der dritte jedoch erbarmte sich und sprach zu ihr: „Geh her, greifen wir geschwind zusammen und leeren wir den Wagen ab!" In Eile warfen sie die Rindenstreifen herunter, das Mädchen legte sich auf den Wagen, und der Fuhrmann lud so vorsichtig geschlichtet wieder auf, daß die Versteckte nicht erdrückt wurde. Dann schnalzte er den Rossen mit der Geißel eins über und beeilte sich, die beiden anderen einzuholen.

Er hatte sie kaum erreicht, als auch schon die Räuber aus dem

Walde hervorbrachen, zu dem ersten Wagen hinliefen und ihn anhielten. „Ableeren“, riefen sie. „Ja, warum denn?“ fragte der Fuhrmann. „Ableeren!“ schrien sie noch lauter. Dem Manne blieb nichts anderes übrig, als dem Befehl Folge zu leisten und die ganze Fuhre bis auf den letzten Rindenstreifen vom Wagen zu nehmen. Nun machten sie sich an den zweiten Fuhrmann heran und schrien wieder: „Ableeren!“ Der kam sogleich ihrer Aufforderung nach, aber auch bei ihm fanden sie nichts. Jetzt kam der dritte an die Reihe: „Ableeren!“ Der Fuhrmann entsprach zögernd ihrem Befehl, und bald waren drei Viertel der Rinde vom Wagen herunten. Die beiden Räuber, denen das Mädchen so gut gefallen hatte, wußten jetzt schon, daß die Gesuchte unter den letzten Rindenstreifen steckte, und sagten: „Da ist sie nicht, wir müssen sehen, daß wir weiterkommen und sie erwischen!“ Jetzt fragte der Fuhrmann: „Wen sucht ihr eigentlich?“ — „Eine Närrische ist uns ausgekommen!“ — „Ja, vor einer halben Stunde ist eine vorbeigelaufen, im Unterkittel, über alle Gräben hinweg, und ihre Haare flogen bei dem Rennen. Ist es die vielleicht?“ — „Wohin ist sie denn gerannt?“ fragte der Räuberhauptmann. „Dorthin“, sagte der Fuhrmann, und die Räuber liefen in die von ihm gezeigte Richtung. Jetzt legte er rasch die Rindenstreifen wieder auf, versetzte seinen Rossen einen Schnalzer, und dahin ging es im Trab. Daheim lud er rasch ab, denn er fürchtete, daß das Mädchen schon erstickt sei. Es guckte jedoch ganz munter drein, nur die Zehe blutete noch.

„Was machen wir jetzt?“ fragte der Rindenführer. „Ich gehe wieder zur Mühle zurück“, meinte die Magd. „Allein darfst du nicht auf die Straße“, sagte er. „Ich gehe jetzt zum Müllner und frage ihn, ob er mir einen Sack Weizen mahlen möchte, solange mußt du warten, bis ich zurück bin!“ Der Müllner saß in tiefer Betrübnis, als der Fuhrmann bei ihm eintrat und fragte: „Kannst du mir einen Sack Weizen mahlen?“ — „Nein“, entgegnete der Müller, „ich arbeite nicht!“ — „Ja warum denn nicht, ich brauche Mehl!“ — „Ich bin in großer Bangnis wegen unserer Dienstmagd. Mir träumt jede Nacht, daß sie unter die Räuber gekommen ist. Seit sie der Mann weggeholt hat, haben wir von ihr nichts mehr gehört.“ Entgegnete der Fuhrmann: „Ich bring dir gerade so eine Dienstmagd wieder!“

— „Das gibt es nicht, so ein ehrliches, fleißiges Mädchen, ein solches gibt es nicht mehr." — „Und gerade dasselbe bring ich dir wieder, aber meinen Weizen mußt du mir mahlen." — „Nun ja", sagte der Müllner, „so bring ihn her!"

Der Fuhrmann ging heim, steckte das Mädchen in einen Sack, legte es auf den Wagen, gab einige Decken darüber und fuhr in die Mühle. Als er hinkam, nahm er den Sack vom Wagen, trug ihn in die Mühle und stellte ihn an die Wand. „Nun geh her und schau", sagte er zum Müllner, „ob der Weizen schön ist!" Der Müllner kam her und öffnete den Sack, jetzt schauten Haare heraus. Er fuhr erschrocken zurück und fragte: „Was hast du denn da drinnen, du hältst mich wohl zum Narren!" — „Nein", entgegnete der andere, „zieh den Sack nur herunter!" — „Ich", sagte der Müllner, „greif da nichts an, wer weiß, was da drinnen ist!" Nun trat der Fuhrmann hin, zog den Sack herunter, und die Dienstmagd stand vor dem Müllner! Wie der sich freute: „Das ist ja — Frau, komm her", rief er, „schau, wer da ist!" Die Müllnerin kam gelaufen und war außer sich vor Freude. „Siehst du, ich habe sie dir gebracht", sprach der

Fuhrmann, „aber wenn ich sie nicht unter den Rinden versteckt hätte, wäre sie nicht mehr am Leben!“

Jetzt setzten sie sich zum Tische, aßen und tranken, und das Mädchen erzählte, was es alles erlebt hatte. Der Fuhrmann begab sich nach Hause, und die Müllnermagd blieb in ihrer alten Heimstatt. Die Müllnersleute sagten: „Mädel, gib acht, der wird wiederkommen!“ — „Das weiß ich schon, der bleibt nicht aus. In vierzehn Tagen oder drei Wochen ist er bestimmt da. Aber er ist erkennbar, und ich habe ihn mir genau angeschaut!“

Nun gut, nach zwei Wochen, an einem Freitage sitzen sie beisammen. Auf einmal klopft es an der Tür. Sie rufen herein, und ein fein angezogener Herr kommt in die Stube und bleibt stehen. Erst als sie ihm einen Sitz antragen, nimmt er Platz. „Was er will?“ — „Ja“, sagt er, „er habe ein großes Gut, er braucht eine Wirtschafterin. Die könnte auch seine Frau werden, denn er sei noch ledig. Ob sie ihn nicht zum Manne haben möchte?“ — „Oh ja“, sagt die Müllnermagd, „warum nicht?“ Ewig könne sie nicht ledig bleiben, einmal müsse auch sie heiraten. So jung und hübsch sei sie auch nicht mehr. „Ja“, sagt er, „gut!“ Sie solle sich sogleich anziehen und mitfahren! Sie aber sagt, das geht nicht so schnell, sie hat viel Arbeit, morgen ist Samstag, da gibt es viel aufzuräumen. Er soll am Sonntag kommen. Dann fährt sie mit! Nun gut, der Fremde verabschiedete sich und ging fort.

Die Müllnermagd benachrichtigte noch am gleichen Tage Militär und Gendarmerie und bestellte sie für Sonntag. Schon am frühen Morgen wurde die Mühle von Soldaten besetzt. Kurz vor dem Mittagessen kam der verkleidete Räuberhauptmann wieder und fragte die Magd, ob sie schon zur Fahrt bereit sei. „Oh ja“, sagte sie, „aber setzen wir uns noch alle zusammen, wir wollen noch ein wenig erzählen!“ Auch die Müllnersleute setzten sich an den Tisch. „Jetzt muß ich meinen Traum erzählen“, sprach das Mädchen. Der Räuber lachte: „Ja, was denn?“ — „Ich habe geträumt, daß ich unter Räubern sei. Ich mußte zusehen, wie sie zwei Menschen ermordeten, ihnen die Augen ausstachen und die Zunge abschnitten. Und mir haben sie die Zehe weggehackt!“ — „Ein Traum ist eine Freude“, sagte der Räuber, „träumt man etwas Schlechtes, dann freut man

sich, wenn man munter wird, daß es nicht wahr ist. Und träumt man etwas Gutes, freut man sich schon im Traum!“ Jetzt aber sagte sie scharf: „Es ist keine Freude, es ist kein Traum, es ist die bittere Wahrheit!“ Dabei warf sie Augen, Zunge und Zehe auf den Tisch und sprang zur Türe hinaus. Der Räuber wollte nachschießen, doch es war schon zu spät.

Das Mädchen aber schrie draußen laut. Jetzt brachen die Soldaten hervor, erschossen den Räuberhauptmann und vernichteten seine ganze Bande, die im Hintergrunde lag. Das Mädchen war für immer frei. Es blieb in der Mühle, und wenn es nicht gestorben ist, lebt es heute noch.

15. Der Dreißgerl

Es waren einmal ein Vater und eine Mutter, die hatten neunundzwanzig Söhne. Als noch ein Knabe zur Welt kam, wußten sie keinen Namen mehr für ihn, weshalb sie ihn Dreißgerl nannten. Nachdem auch der Jüngste herangewachsen war, sagte der Vater, er könne sie nicht mehr ernähren, sie müßten ihr Brot selbst verdienen gehen.

Die Brüder machten sich miteinander auf, und Dreißgerl, der jüngste von ihnen, führte sie an. Auf ihrer Wanderung kamen sie in einen großen Wald. Es dunkelte schon, und sie hatten nichts mehr zu essen. Dreißgerl sagte: „Jetzt müssen wir schauen, wo ein Haus ist, damit wir darin übernachten können." Er stieg auf einen hohen Baum, blickte nach allen Richtungen und sah in der Ferne ein Licht. Nachdem er wieder herabgeklettert war, gingen sie dem Lichte zu und kamen zu einem großen Hause. Dreißgerl guckte durch das erleuchtete Fenster hinein und bemerkte eine Frau, die am Herde stand und kochte. Weil sie schon sehr hungrig waren, gingen sie sogleich hinein und fragten, ob sie etwas zu essen haben könnten. Die Frau sagte jedoch: „Hier könnt ihr nicht bleiben, das ist ein Räuberhaus!" Die Brüder aber waren hungrig und müde, aßen und blieben dort, obwohl die Frau abermals mahnte: „Geht jetzt fort, denn die Räuber werden bald kommen und euch ermorden!" Sie aber folgten der Warnung nicht und legten sich schläfrig auf den Boden.

Als der Räuberhauptmann mit seinen Gesellen heimkam und so viele Burschen antraf, tat er ihnen kein Leid an. Er sagte: „Ich habe dreißig Töchter, für euch ist nur Platz, wenn jeder sich zu einer von ihnen ins Bett legt!" Vor dem Schlafengehen setzte er jeder Tochter eine Kappe auf, damit er sie im Dunklen nicht verwechsle, denn er wollte nachts den Brüdern den Kopf abschneiden.

Dreißgerl aber hatte gehört, wie sich der Hauptmann mit seinen Töchtern besprach. Als alle schliefen, weckte er seine Brüder und sagte jedem, er solle seiner Schlafgenossin die Kappe abnehmen und diese selbst aufsetzen. Die Brüder folgten seiner Weisung, und das war gut für sie. Denn um Mitternacht kam der Räuberhauptmann herein und schnitt mit einem großen Messer allen, die keine Kappe aufhatten, den Kopf ab. Dreißgerl weckte zeitig früh seine Brüder, damit sie flüchten konnten, ehe der Hauptmann erwachte. Er schrieb noch außen an die Tür: „Lustig wohlan, das hat der Dreißgerl getan“, dann lief auch er fort.

Morgens stand der Räuberhauptmann auf und ging nachschauen. Jetzt sah er zu seinem Schrecken, daß er den eigenen Töchtern den Kopf weggeschnitten und nicht die Brüder ermordet hatte. Beim Öffnen der Türe las er, was Dreißgerl geschrieben hatte, und jetzt packte ihn nach dem Schmerz auch noch die Wut. „Den Kerl werden wir bald fangen“, schrie er. Dreißgerl aber zog mit seinen Brüdern weiter, bis sie zu einem Grafen kamen, der allesamt als Arbeiter auf seinem Gut anstellte. Der Jüngste war so fleißig, daß ihn der Graf zum Verwalter machte.

Dreißgerl erzählte seinem Herrn das Abenteuer im Räuberhause und erfuhr bei dieser Gelegenheit, daß der Hauptmann einen wunderbaren Vogel besitze. Wer diesen singen höre, brauche nicht zu sterben. Dreißgerl erbat sich drei Tage Zeit zum Überlegen, denn er wollte sogleich den Vogel stehlen. Vergeblich warnte ihn der Graf vor diesem gefährlichen Unterfangen, er käme nie mehr zurück, doch er ließ sich davon nicht abbringen.

Nachts machte er sich auf und ging so lange, bis er zum Räuberhause kam. Er schlich hinzu und schaute beim Fenster hinein; kaum aber war er im Gebäude drinnen, als ihn zwei Räuber packten, die schon gelauert hatten, und ihn in einen Käfig sperrten. Als der Hauptmann mit den anderen Raubgenossen heimkam, freute er sich, daß sie endlich den schlauen Dreißgerl gefaßt hatten. Er befahl, den Gefangenen recht gut zu füttern, damit er fett genug würde, um ihn schlachten zu können. Dreißgerl bekam nun Speise und Trank genug, konnte sich aber nicht aus dem Käfige befreien. Eines Tages sagte der Räuberhauptmann, ehe er mit seiner Bande auszog, zur Köchin: „Heute hackst du dem Dreißgerl den Kopf ab und bereitest ihn für uns zur Mahlzeit vor!“ Die Köchin nahm die Hacke zur Hand und öffnete den Käfig, doch Dreißgerl entriß ihr die Hacke und erschlug sie damit. Dann nahm er den Vogel an sich, schrieb wieder an die Tür: „Lustig wohlan, das hat der Dreißgerl getan“ und eilte heim zum Grafen.

Der Gutsherr hatte schon geglaubt, sein Verwalter lebe nicht mehr, weil er so lange aus gewesen war. Er freute sich sehr über den kostbaren Vogel und ließ für die dreißig Brüder ein eigenes großes Haus errichten. Dreißgerl aber leitete als Verwalter alle Arbeiten.

Einmal erzählte der Graf, daß der Räuberhauptmann ein Roß besitze, das so schnell laufe wie der Blitz. Es sage auch die Uhrzeit an und könne sprechen. „Das hole ich mir“, sprach Dreißgerl. Er nahm einen Sack, füllte ihn mit Fetzen und alten Tüchern und ging zum Räuberhause. Dort guckte er vorsichtig beim Fenster hinein und sah, daß alle beim Essen waren. Nun schlich er in den Stall und versteckte sich hinter einem Streuhaufen. Spät abends kam ein Räuber herein und streute den Rossen neu ein. Dabei stach er Dreißgerl mit der Gabel an, doch der tat keinen Muckser. Der Räuber fragte: „Liesl, wie spät ist es?“ und ein Roß antwortete:

„Zehn Uhr." Jetzt wußte Dreißgerl, welches das sprechende Roß war. Sobald der Räuber wieder ins Haus ging, stand er auf, verband dem Roß die Hufe mit den Tüchern und führte es leise hinaus. Dann schrieb er an die Stalltür: „Lustig wohlan, das hat der Dreißgerl getan!" und ritt blitzschnell davon.

Der Räuberhauptmann und seine Bande gerieten außer sich vor Wut, als sie den Verlust des Rosses entdeckten. Dreißgerl war inzwischen längst daheim. Der Graf konnte sich nicht genug wundern über die Schlauheit seines Untergebenen und versprach, ihn und seine Brüder ohne Arbeit für immer freizuhalten. Er gab jedem von ihnen ein Roß und Sattelzeug, damit sie nach Belieben herumreiten konnten.

Nach einer Weile sagte Dreißgerl, jetzt bringe er den Räuberhauptmann selbst. Er holte sich einige Zimmerleute und einen Schmied. Mit einem großen Wagen fuhren sie hinaus in den Wald bis in die Nähe des Räuberhauses. Er hatte sich so verkleidet, daß ihn der Räuberhauptmann nicht erkennen konnte, und bat diesen um Erlaubnis, einen dicken Baum fällen zu dürfen. Es sei ein König gestorben, der hätte verfügt, daß er nur in einem ausgehöhlten Baumstamme begraben werden dürfe. Nirgends aber gäbe es so dicke Bäume wie hier. „Deshalb bin ich hierher gefahren", sagte er, und bitte um einen solchen Baum. „Ich will ihn gut bezahlen." — „Ohne weiteres kannst du einen Baum haben", entgegnete der Räuber und blieb stehen, um bei der Arbeit zuzusehen.

Die Zimmerleute fällten den Baum und begannen ihn auszuhöhlen, wie sie es in gleicher Weise von den Brunntrögen her in Übung hatten. Als sie schon fast fertig waren, sagte Dreißgerl zum Räuberhauptmann: „Jetzt habe ich das Maß vergessen, wie groß der König war. Er hatte fast Ihre Größe. Könnten Sie sich vielleicht einen Augenblick in den hohlen Baum legen?" — „Warum nicht", antwortete der Räuber und legte sich in den Stamm. Nun gab Dreißgerl ein Zeichen, die Zimmerleute warfen rasch den Deckel auf die Höhlung, und der Schmied schlug große Nägel ein. Dann faßten alle an und schoben den schweren Stamm auf den Wagen. Der Graf wunderte sich noch viel mehr als bisher, als sie mit der Fuhre daherkamen. Dreißgerl fragte den Gutsherrn, welches Urteil er spreche.

Der Räuberhauptmann wurde aus dem Baumsarg befreit, er durfte jedoch nicht mehr in den Wald zurückkehren, sondern mußte auf dem Gutshofe bleiben und hier arbeiten. Seine Genossen konnte er nie mehr wiedersehen. Er lebte aber noch lange auf dem Hof und Dreißgerl auch. Und wenn sie nicht gestorben sind, werden sie heute noch leben.

16. Die vertauschte Braut

Eine verwitwete Bäurin hatte zwei Kinder, einen Sohn und eine Tochter. Die Geschwister waren noch nicht erwachsen, als die Mutter starb. Weil sie sich allein mit der Wirtschaft nicht zurechtfanden, verkauften sie ihren Besitz und begaben sich auf die Suche nach einer Arbeit. Sie reisten ein ganzes Jahr von Dorf zu Dorf und von Stadt zu Stadt, doch nirgends wollte man sie in Dienst nehmen. Eines Tages kamen sie außerhalb einer Königsstadt zu einem Wirtshause und kehrten dort ein, um für die wenigen Kreuzer, die ihnen noch verblieben waren, etwas zu verzehren.

Die Wirtin war jedoch eine Zauberin. Sie behielt das Mädchen sogleich bei sich und sagte: „Du bleibst hier als Abwaschmädchen", und zum Burschen sagte sie: „Du gehst in die Stadt, der König sucht einen Kutscher!"

Der König nahm den Burschen auf und vertraute ihm vier Rosse an. Ein ganzes Jahr versah der neue Kutscher seinen Dienst, dann schrieb er seiner Schwester, sie möge einmal in die Stadt kommen, weil er sie schon so lange nicht gesehen habe. Die Geschwister gingen zu einem Maler, und jedes ließ sich ein Bild anfertigen. Der Bursche behielt das Bild seiner Schwester, und sie nahm seines mit, weil sie auf diese Weise ihre Sehnsucht, einander zu sehen, ein wenig stillen konnten.

Als der Kutscher einmal im Stalle das Bild seiner Schwester hervornahm und küßte, kam gerade der König herein. „Gib her das Bild", sprach er, „wer ist das Mädchen?" — „Herr König, das ist meine Schwester", antwortete der Bursche. „Wenn das deine Schwester ist, dann spannst du morgen vier Schimmel ein und holst sie mir her!"

Am nächsten Tage fuhr der Kutscher mit einem prächtigen Wagen hinaus vor die Stadt zu dem Wirtshause. Dort hielt er an, ging in die Küche und sagte: „Liebe Schwester, du mußt mit mir zum Könige fahren!" Ehe das Mädchen antworten konnte, rief die Wirtin dazwischen: „So einen Patsch wird man doch nicht zum König führen!" Sie hatte eine häßliche Tochter mit spannenlanger Nase, die mußte er neben seiner Schwester mit in die Kutsche nehmen und in die Stadt führen.

Auf dem Wege kamen sie durch die Furt eines Flusses. Währenddessen rief die Wirtstochter: „Mädel, ducke dich, daß dich der Regen nicht anspritzt und die Sonne nicht anblitzt! Sonst bist du des Todes!“ Als sich die Schwester duckte, gab ihr die Langnasige einen Stoß, so daß sie aus dem Wagen ins Wasser stürzte. Das Mädchen ertrank aber nicht, sondern wurde zu einer Ente, die davonschwamm. Jetzt bedrohte die Häßliche den Kutscher auf das ärgste und befahl ihm, zu sagen, daß sie seine Schwester sei.

Der König wartete schon bei der Schloßeinfahrt auf das schöne Mädchen. Sobald der Wagen hielt, öffnete er selbst den Schlag. Als aber zu seiner Überraschung die Häßliche ausstieg, sah er sie gar nicht weiter an, sondern ließ sie durch einen Diener in ein Zimmer führen und ihr Kammerjungfern zuweisen. Sobald der Kutscher ausgespannt hatte, fragte er ihn: „Ist das deine Schwester?“ — „Ja“,

sagte der Bursche zögernd, „ja.“ Dreimal fragte ihn der König, und jedesmal bejahte er die Frage. Schließlich sprach der König: „Wenn das deine Schwester ist, kommst du in das ärgste Gefängnis!“ Dann ließ er den Kutscher in ein finsteres Loch sperren, wo er ein Jahr bei Wasser und Brot zubrachte.

Eines Morgens kam die Schwester in Gestalt einer Ente in die Burg, rief „Kwa, kwa, kwa“ und sprach den Pförtner bei seinem Namen an: „Guten Morgen, Herr Klingawein!“ Der aber antwortete: „Schönen Dank, meine liebe Jungfrau fein!“ — „Was macht mein liebes Brüderlein?“ fragte die Ente. „Er sitzt im allertiefsten Turme drein“, antwortete er. „Jetzt komme ich noch zweimal“, sagte die Ente und entfernte sich wieder.

Am nächsten Tage kam die Ente abermals und sprach: „Guten Morgen, Herr Klingawein!“ — „Schönen Dank, meine liebe Jungfrau fein“, entgegnete er. „Was macht mein liebes Brüderlein?“ fragte sie wieder. „Er sitzt im allertiefsten Turme drein.“ — „Jetzt komme ich noch einmal“, sagte die Ente, und wieder war sie fort.

Nun aber ging der Pförtner zum Könige und berichtete ihm, was er erlebt hatte. „Die Ente kommt morgen das letzte Mal, hat sie gesagt.“ In seinem Zweifel suchte der König den Erzbischof auf und fragte ihn, ob es keine Hilfe gäbe. „Oh, ja“, sprach dieser, „wir haben ein hundertjähriges Tuch auf dem Altar. Wenn man das über die Ente wirft, ist sie erlöst.“ Der König empfing das Tuch und begab sich am nächsten Tage zeitig am Morgen zum Pförtner. Dort hörte er aus dem Hintergrunde das Gespräch mit der Ente. Als diese sich wieder entfernen wollte, warf er über sie das Tuch, und sogleich stand das wunderschöne Mädchen vor ihm. Der König nahm sie in seine Arme und führte sie in sein Schlafzimmer. Dort fragte er sie, ob sie die Schwester des Kutschers sei. „Ja“, antwortete sie, „aber die Wirtin hat mich verwunschen gehabt.“

Als der König dies vernahm, befahl er, sogleich den unschuldigen Kutscher aus dem Gefängnis zu befreien und zu ihm zu führen. „Warum hast du gesagt, daß die Wirtstochter deine Schwester sei?“ fragte der den Bruder der Schönen, „du hättest dir viel Leid ersparen können.“ Die Geschwister waren überglücklich, nun für immer beisammen zu sein. Der König feierte bald Hochzeit mit der rechten Braut und hielt Zeit seines Lebens deren Bruder in Ehren. Die böse Wirtin aber und deren Tochter ließ er der verdienten Strafe zuführen.

17. Das Gesundheitswasser

Es war einmal ein König, der hatte drei Söhne. Der König war kränklich, und sein Augenlicht wurde immer schwächer. Eines Tages erfuhr er, daß in weiter Ferne ein Königsschloß sei, in dessen Garten aus einem Brunnen das Gesundheitswasser rinne. Wer von diesem trinke, werde alsbald von seinen Leiden geheilt. Auf die Frage des Vaters, wer bereit sei, nach diesem Heiltranke auszuziehen, meldete sich sogleich der älteste Sohn. Der Bursche versah sich reichlich mit Geld und Nahrung, holte sein Roß aus dem Stalle und ritt davon.

Er hatte schon ein gutes Stück Weges hinter sich, als er am Straßenrande einen alten Mann sitzen sah. Dieser bat ihn um ein Almosen, doch der stolze Reiter sagte: „Geh arbeiten, damit du dir etwas verdienst, statt hier zu sitzen und zu betteln!“ Auf seinem weiteren Ritte kam er zu einem Wirtshause, aus dem schon von fern Tanzmusik und Lärm zu vernehmen war. Hier mußt du einkehren, dachte er, und mußt schauen, was los ist. Er hielt an, stieg vom Rosse und band es an einen Pfahl. In der Wirtsstube wurde er fröhlich begrüßt. Nach dem Essen und Trinken mischte er sich unter die Tanzenden, die Nacht verging mit Trinken und Spielen, und als der Morgen anbrach, war er sein ganzes Geld los und hatte dazu sein Reitpferd verpfändet. Er mußte als Hausknecht bleiben und sollte nicht eher wieder fort dürfen, bis er seine Schulden bezahlt hatte.

Daheim aber wartete der alte König vergeblich auf seinen Ältesten. Nach einer Zeit erbot sich der zweite Bruder, auszuziehen. „Ich will schauen, ob ich den Bruder finde, und werde das Gesundheitswasser bringen“, sagte er. Aber auch ihm erging es nicht besser. Abermals saß der greise Bettler am Wege und bat vergeblich um ein Almosen. Und der Versuchung, in dem Wirtshause einzukehren, aus dem die Tanzmusik erscholl, und dort sein Hab und Gut leichtfertig zu verprassen, konnte der mittlere Bruder ebenfalls nicht widerstehen.

Als auch er nicht zurückkam, sagte der jüngste Sohn zum Könige: „Vater, die beiden lassen nichts von sich hören, ich werde schauen, wo sie geblieben sind. Ich werde auch das Schloß suchen, aus dessen Brunnen das Gesundheitswasser fließt, denn du mußt gesund werden, lieber Vater!" — „Zieh aus", sprach der König, „aber daß du mir nicht auch noch wegbleibst!"

Der Jüngste zog richtig los, und als er auf der Waldstraße ritt, saß dort wieder der Bettler und bat ihn um eine Gabe. Der Königssohn hielt an und sagte: „Ja, komm nur her, alter Mann, du kannst dir nichts mehr verdienen, ich gebe dir gern etwas!" Und er reichte ihm Lebensmittel und Geld vom Rosse herab. Der Greis bedankte sich, dann aber sprach er: „Weil du barmherzig bist, wirst du dein Glück machen. Du wirst über einen Teich fahren, greif jedoch kein Ruder an. Und kaufe unterwegs kein Menschenfleisch!" Der Jüngling versprach, den Rat zu befolgen, und ritt weiter. Er ließ sich nicht durch Musik und Jubel, die aus dem Wirtshause drangen, verleiten, sondern behielt sein Ziel im Auge und strebte vorwärts.

Nach einer langen Wegstrecke kam er an den Teich, von dem der Alte geredet hatte. Am Ufer lag ein Kahn, in dem ein Mann saß. „Bitte, führe mich an das andere Ufer", bat er ihn. „Ja schon, aber du mußt selbst rudern!" Der Jüngling gedachte jedoch der Mahnung des Greises und sagte: „Ich kann nicht rudern, das mußt schon du tun, ich werde dich dafür gut bezahlen! Ich bin noch auf keinem Wasser gefahren." Der Fährmann ließ ihn einsteigen und brachte ihn über den Teich. Auf der anderen Seite stand das Schloß. Der Jüngling sah keinen Menschen, doch viele Tiere gingen im Garten herum, und im Roßstall waren keine Pferde, sondern wilde Tiere. Keines davon tat ihm jedoch etwas zuleide, auch als er zu dem Brunnen trat. Er füllte seinen Krug mit dem Gesundheitswasser, dann aber dachte er: „Hier ist ein so prächtiges Schloß, lebt denn hier kein menschliches Wesen? Ich will doch ein bißchen nachschauen!"

Er trat durch das Tor in die Eingangshalle, stieg die Treppe empor und ging durch einige Zimmer, ohne jemanden zu finden. Auf einmal kam er zu einer Türe, vor der ein schwerer roter Vorhang hing. Er zog diesen zurück, und als er eintrat, fand er in einem Bett ein bildschönes Mädchen. Eine Weile betrachtete er die Schlafende, dann legte er sich eine Zeit zu ihr. Ehe er sich wieder entfernte,

schrieb er unter dem Bette seinen Namen hin. Wenn sie das einmal lesen, dachte er, wissen sie, wer hier gewesen ist.

Am Ufer wartete schon der Überführer mit seinem Boot. Der Mann wollte abermals, daß der Königssohn das Ruder in die Hand nähme, denn er war verwunschen und konnte von hier nur fortkommen, wenn ein anderer ruderte und dadurch zurückbleiben mußte. Der Königssohn war jedoch auf der Hut und kam glücklich über den Teich. Auf dem Heimwege wurde er so müde und hungrig, daß er bei dem Wirtshause anhielt und einkehrte. Zu seiner Verwunderung fand er seine beiden Brüder vor, die gerne mit ihm fortgezogen wären. Der Wirt jedoch sagte: „Die sind so viel schuldig, daß sie nicht von hier weg dürfen!" — „Dann werde ich die zwei auslösen", entgegnete er, „denn das sind meine Brüder!" Er dachte nicht an die Warnung des Greises, Menschenfleisch zu kaufen, und kaufte die zwei samt ihren Pferden und Krügen frei, mit denen sie ausgezogen waren.

Die beiden Brüder besprachen sich untereinander und überlegten:

„Was werden wir jetzt tun? Wenn der Vater daheim hört, daß wir alles verlumpten und in Schulden steckten, wird er uns zum Teufel jagen! Wir werden die Krüge vertauschen!“ Das taten sie heimlich auch, ohne daß es der Jüngste merkte.

Daheim trafen sie den Vater schwer krank an, und sein Augenlicht war stark getrübt. Der König nahm mit Freuden den Krug des Jüngsten entgegen, doch als er zu trinken begann, setzte er sogleich wieder ab und sagte zornig: „Das ist ja schlechter als unser Brunnenwasser!“ Auch das Wasser aus dem Kruge des mittleren Bruders schmeckte schlecht. Jetzt trat der Älteste hervor und sprach: „Hier ist das Gesundheitswasser, das habe ich gebracht! Ich war in dem verwunschenen Schlosse.“ Schon beim ersten Schluck verspürte der König die wunderbare Wirkung. Je mehr er trank, um so besser sah er, und nachdem er ausgetrunken hatte, fühlte er sich ganz gesund.

Seinem Jüngsten rief er jetzt aber zu: „Scher dich fort, und komm mir nie mehr unter die Augen, du hast mich zu täuschen versucht und übles Wasser gebracht!“ Der Betrogene entfernte sich traurig und ging in den Wald zu einem der königlichen Förster, der ihn freundlich aufnahm, denn sie hatten früher oftmals gemeinsam gejagt.

Die Königstochter in dem verwunschenen Schlosse gebar eines Tages einen Knaben. Durch die Geburt dieses Kindes wurden alle erlöst, die Menschen, die im Hofe und Garten als Tiere herumgelaufen waren, erhielten ihre menschliche Gestalt wieder, die wilden Tiere im Pferdestall wurden wieder zu Rossen. Das ganze Schloß erstand zu seinem früheren Dasein.

Der Knabe lernte schon als kleines Kind lesen und schreiben. Als einmal im Spiele sein Ball unter das Bett der Mutter rollte, kroch er ihm nach. Beim Zurückschliefen stieß er sich den Kopf an, schaute, woran er sich gestoßen hatte, und erblickte die Schrift. Laut las er: „Hier war der Königssohn um Gesundheitswasser, auch in diesem Zimmer.“ — „Was sagst du da“, rief seine Mutter, „lies nochmals!“ Als das Kind den Satz wiederholte, sprach sie: „Jetzt werden wir fortreisen, um deinen Vater aufzusuchen!“

Sie ließ sogleich alle Vorbereitungen treffen und reiste mit ihrer

Heeresmacht in das Reich des Königs, der seine Söhne nach dem Gesundheitswasser ausgeschickt hatte. Weit weg von dessen Schloß machte sie Halt und ließ einen langen Teppich ausbreiten, damit der Vater ihres Kindes auf diesem zu ihr reite. Dann sandte sie Botschaft in das Schloß und befahl, daß derjenige Königssohn, der das Gesundheitswasser geholt hatte, sofort zu ihr komme. Mit Unbehagen bestieg der älteste der drei Brüder sein Roß, doch wagte er nicht, dieses auf den Teppich zu lenken, sondern er ritt daneben langsam zu ihr hin. „Was wünschest du, werte Frau?", fragte er. „Warst du im Schlosse um Gesundheitswasser? In meinem Schlosse?" — „Ja." — „Was hast du dort gemacht?" — „Ich habe Wasser geschöpft und bin wieder zurückgereist." — „Ist das wahr?" — „Ja." — „Schau, daß du fortkommst, und schick mir den, der wirklich bei uns war!"

Der Älteste ritt bedrückt heim. Nun mußte es sein Bruder versuchen, doch auch der ritt neben dem Teppich und wurde schmählich zurückgeschickt. „Scher dich fort und sag daheim, wenn der Rechte nicht bald kommt, wird euer Schloß in Grund und Boden geschossen", befahl ihm die Schloßherrin vom Gesundheitswasser. Jetzt war die Not groß. Als der Förster das merkte, eilte er zum Jüngsten und brachte ihn zum Könige. „Vater, was gibt es?" fragte er, und der Herrscher vergaß allen Gram und sagte: „Es ist eine fremde Frau hier mit vielen Soldaten. Sie fordert den zu sich, der in ihrem Schlosse um Gesundheitswasser war. Wenn der nicht bald kommt, vernichtet sie uns alle."

„Dann werde ich mich melden", sagte der Jüngste. Er nahm sein altes Roß, das immer noch im Stalle stand, setzte sich auf und sprengte mitten auf dem Teppich im Galopp auf die Herrin des Gesundheitswassers zu. „Was wünschest du, edle Frau?" fragte er. „Warst du in meinem Schlosse um Gesundheitswasser?" — „Jawohl!" — „Was hast du dort gemacht?" — „Ich habe mir das ganze Schloß angesehen", sagte er. „Überall sah ich Tiere, im Hof und auch im Pferdestall." — „Nun und dann?" — „Dann habe ich mir das ganze Schloß angesehen, ich kam auch zu einer Türe, vor der ein schwerer roter Vorhang hing." — „Und dann?" — „Dann sah ich dort hinein. Im Zimmer lag ein wunderschönes Wesen, es sah gerade so aus, als wären sie es gewesen!" — „Nun, und dann?" — „Dann bin ich bei ihnen geblieben, habe danach meinen Namen unter das Bett geschrieben und mich eilends auf den Heimweg begeben, denn mein Vater war sterbenskrank und bald blind. Jetzt aber ist er gesund durch das Wasser, das ich gebracht habe."

„Endlich haben wir dich gefunden", rief die Schloßherrin freudig und umhalste ihn. „Du wirst jetzt mein Mann!" Sie zog mit ihm in seines Vaters Schloß ein und wurde in allen Ehren empfangen. Die beiden älteren Brüder wurden verjagt, der jüngste aber hielt Hochzeit, erbte das Reich seines Vaters und gewann zugleich das seiner Gemahlin.

18. Die betrunkene Wallfahrerin

Einmal ging eine ganze Schar wallfahren, und ein altes Mütterlein war auch dabei. Als dieses sah, wie die anderen überreichlich Speisen und Getränke mit sich trugen, sagte sie: „Ach, die heutige Zeit! Das ist wallfahren? Wir sind immer mit Wasser und Brot gegangen, und jetzt packt ihr ein, als wenn ihr eine Vergnügungsreise machen würdet! Das ist ja keine Wallfahrt mehr."

Sobald die Schar im Wallfahrtsorte ankam, ging sie für eine Weile in die Kirche. Dann aber strömten alle in das Wirtshaus, das gegenüber von der Kirche lag, und bestellten, was es nur gab, um Hunger und Durst zu stillen. Das Mütterlein schaute ihrem Treiben zu und dachte, wenn ich mir etwas anschaffe, dann wirklich nur das Allerkleinste; weil diese Prasserei, das ist keine Wallfahrt! Jetzt bemerkte sie, daß ein Kellner aus einer Flasche etwas in ein ganz kleines Gläschen einfüllte, und dachte: Haltaus, das ist das Wenigste, da ist nur ein bißchen drinnen, und kosten wird es auch nicht viel; das schaffe ich mir an! „Herr Kellner", sagte sie, „kommen Sie ein wenig her! Haben Sie für mich auch so etwas, was Sie da eingeschenkt haben?" — „Aber ja, Mutterl", sagte er und brachte ihr sogleich ein Gläschen voll heller Flüssigkeit. Das war aber Schnaps, und der schmeckte ihr so gut, daß sie ihn hinunterstürzte. „Ha, jetzt ist mir sogleich anders", sprach sie vergnügt, „der Magen ist ja ganz leer. Könnte ich noch so etwas haben?" — „Aber freilich, Mutterl!" — „Was kostet denn das?" — „Ja", sagte er, „weil Sie es sind, einen Schilling, um einen Schilling kriegen Sie es!" — „Ja, das wäre nicht viel", sagte sie, „da täte ich keinen großen Aufwand machen. Da würde mir die Gnadenmutter verzeihen." Und so trank sie nach und nach neun solche Gläschen aus.

Auf einmal aber sagte sie: „O weh, o weh! Jetzt habe ich mich richtig zu lange vertrunken da! Aber es hat mir geschmeckt. Doch jetzt muß ich geschwind in die Kirche gehen, damit ich dort noch allein bin. Weil sonst stören mich dann die anderen."

Sie bezahlte, ging über den Platz hinüber zur Kirche und kniete vor dem Gnadenaltare nieder. Als sie eine Weile kniete, fing sie laut an zu sprechen: „Ja, ist das eine Gnade, ja, ist das eine Gnade!" Je länger, je lauter rief sie: „Ist das eine Gnade, ja, ist das eine Gnade!" Inzwischen kamen schon alle anderen Wallfahrer herein, der Reihe nach, und schauten sie an. Und sie rief immer: „Ist das eine Gnade, nein, so eine Gnade! Ja, wie und womit ich mir das verdient habe! Ja, so eine Gnade!"

Endlich faßte sich doch einer der Wallfahrer ein Herz, ging zu ihr hin und schüttelte sie: „Base, ja, was haben Sie denn heute?" — „Ja, mein Lieber, so eine Gnade! Seit ich wallfahren gehe, bin ich immer um den Gnadenaltar herumgerutscht. Und heute geht die Himmelmutter mit mir herum, um mich rundherum!"

19. Die schwarze Frau

Es lebte ein Schuster mit seiner Frau in großer Armut. Wenn ich einmal so viel einnehme, sprach er zu sich, daß ich davon auch noch einen Strick kaufen kann, um mich zu erhängen, dann tue ich es. Eines Tages erübrigte er das bißchen Geld, erwarb ein Stück Strick und ging hinaus in den Wald, seinem Leben ein Ende zu machen. Als er einen Baum erkletterte, stand jedoch plötzlich eine Frau darunter und rief hinauf: „Schuster, was tust du denn?" — „Aufhängen will ich mich!" — „Versprich mir, was du in deinem eigenen Hause nicht weißt, dann bekommst du Geld genug!" — „Was ich daheim nicht weiß, kannst du wohl haben", entgegnete der Schuster und ließ von seinem Vorhaben ab. „Jetzt gehst du heim, nimmst einen Besen und fegst die ganze Stube aus, ohne dabei auch nur ein Wort zu sprechen. Dann hast du Geld, mehr als genug. In zehn Jahren komme ich aber und hole das, was du nicht weißt!"

Der Schuster stieg vom Baume herab und ging eilends heim. Ohne ein Wort zu sagen, ergriff er den Besen und begann vor den Augen seiner Frau die Stube auszukehren. „Was tust du denn da?" fragte sie verwundert, doch er antwortete nicht. Erst als er am Ende einen Haufen Geld zusammengekehrt hatte, begann er zu sprechen und erzählte, was ihm widerfahren war. „Weißt du denn nicht, daß wir ein Kind erwarten", sprach die Frau. „Nein, das habe ich nicht gewußt." — „Jetzt hast du unser Kind verkauft", sagte sie traurig, „denn was gibt es sonst, was hätten wir denn, was du im Hause nicht weißt!"

Mit dem vielen Gelde, das plötzlich in ihr Haus gekommen war, hatten die Leute keine Freude, und als die Frau ein Mädchen gebar, das sie Nanni hießen, lebten sie von Anfang an in Sorgen. Die Jahre vergingen, das Kind wuchs heran und ging zur Schule. Die Eltern vertrauten ihren Kummer dem Pfarrer an, der versprach, seine Schülerin vor Unheil zu bewahren. Doch was nützte es, daß er das Mädchen segnete und mit geweihten Bildchen und anderem zu schützen versuchte? Als die Zeit um war, kam in einem vornehmen Wagen eine schwarze Frau gefahren und sprach: „Ich hole jetzt das, was du mir vor zehn Jahren verkauft hast!“ Es half keine Widerrede, das Kind mußte einsteigen und mit ihr fortfahren.

Die schwarze Frau bewohnte weit weg im Walde ein schönes Haus. Dem Kinde ging es recht gut, es wuchs allmählich heran und durfte sich frei bewegen. Nur in ein Zimmer zu blicken, ward ihm streng verboten. Die schwarze Frau blieb auch die meiste Zeit in seiner Nähe, nur eine Stunde war sie verschwunden. Dem Mädchen wurde es mit der Zeit langweilig und immer langweiliger. Als es schon sechzehn Jahre zählte, konnte es seine Neugier nicht mehr bezwingen und guckte durch das Schlüsselloch in das verbotene Zimmer. Was aber sah sie dort zu ihrem Schrecken? Der Raum war voll Wasser, und darin schwamm die Frau, zur Hälfte in Menschengestalt, zur Hälfte als Fisch! Hätte Nanni ein wenig ausgeharrt, so wäre die schwarze Frau erlöst gewesen, jetzt aber stand sie plötzlich vor dem Mädchen und fragte: „Warum hast du hineingeschaut?“ — „Ich habe nicht hineingeschaut“, suchte das Kind zu leugnen. „Lüg nicht! Zur Strafe wirst du jetzt stumm und mußt fort!“

Draußen machte es brrrr, Nanni flog durch die Luft und fiel hin-

unter in einen hohlen Baum. Um diese Zeit hatte der König eine Jagd angesetzt, und seine Leute streiften durch den Wald. Auf einmal verhofften die Hunde, bellten und gingen von dem Baum nicht mehr weg. Schließlich erklomm ein Jagdknecht den Stamm und fand die Verborgene darin. Dem Könige gefiel das schöne Mädchen, obwohl es nicht sprechen konnte, über die Maßen. Er nahm es heim, und nach kurzer Zeit entschloß er sich, die Stumme zu seiner Gemahlin zu machen.

Um die Zeit, da die junge Königin ihr erstes Kindlein erwartete, mußte der König in den Krieg ziehen. In der Nacht, in der das Kind zur Welt kam, erschien plötzlich die schwarze Frau und fragte: „Nanni, warum hast du hineingeschaut? Wenn du es mir nicht sagst, nehme ich dir dein Kind weg und beschmier deine Lippen mit Blut!" Der Königin war für den Augenblick die Sprache wiedergegeben, sie entgegnete indes: „Ich habe nicht hineingeschaut!" Da machte die schwarze Frau ihre Drohung wahr und verschwand mit dem Säugling. Als die Mutter des Königs das Gemach betrat, fehlte zu ihrem Schrecken das Neugeborene. Sie schrieben dem Herrscher, was sich ereignet hatte, doch als er heimkam, verzieh er seiner stummen Gemahlin.

Als aber auch das zweite Kind auf die gleiche Weise verschwand, stellten sie einen Wächter auf, doch vergeblich. Sobald dieser für kurze Zeit hinwegging, erschien die schwarze Frau und fragte: „Nanni, warum hast du hineingeschaut?" und als die Königin dies wieder leugnete, nahm die Schwarze auch das dritte Kind mit sich.

Auf das hin konnte der König den Vorstellungen seiner erzürnten Mutter nichts mehr entgegenhalten. Er mußte nachgeben und ließ einen Scheiterhaufen errichten, auf dem seine Gemahlin verbrannt werden sollte. Sie führten die junge Königin hinaus zur Richtstätte, und schon sollte sie den Holzstoß besteigen, als in großer Eile ein Wagen gefahren kam, in dem saß die ehemals schwarze Frau, nun aber ganz weiß, und brachte zur großen Freude des Königs die drei Kindlein mit. „Jetzt bin ich erlöst, weil du so standhaft warst", sprach sie zur Königin, „und hier sind deine Kinder!" Der glücklichen Mutter war damit auch ihre Sprache wiedergegeben, und so feierten sie erst jetzt eine richtige, große Hochzeit.

20. Die Katzenmühle

Es lebte einmal ein Mann allein mit seinem Töchterlein, denn seine Frau war gestorben. Weil er dem Kinde wieder eine Mutter geben wollte, heiratete er nochmals. Seine zweite Frau war eine Witwe und brachte zwei Töchter mit in die Ehe. Während die Stiefmutter ihren eigenen Kindern alles Gute tat, hatte sie für die Tochter des Mannes indes nur böse Worte und Schläge, und auch die beiden Stiefschwestern schlugen und schmähten das Mädchen.

Als dieses siebzehn Jahre alt geworden war, sagte die Stiefmutter eines Tages zu ihm: „Uns ist das Herdfeuer ausgegangen, du mußt in die Katzenmühle, um Glut zu holen!" Das Mädchen fürchtete sich wohl vor der verwunschenen Mühle, aber es getraute sich nicht, zu widersprechen, sondern nahm zwei irdene Deckel und machte sich auf den Weg. In der Mühle aber waren seltsame Wesen mit menschlichem Leibe und Katzenköpfen, und eine der Katzen war die oberste von allen.

Als das Mädchen zur Mühle gekommen war, klopfte es zaghaft an die Tür. Da schnurrten die Katzen: „Raun, raun, was willst du denn?" — „Meine lieben Frauen", entgegnete das Mädchen, „bei uns ist das Feuer ausgegangen, die Stiefmutter hat mich um Glut hergeschickt." Nun ließen sie das Mädchen ein und führten es zur alten Katze: „Raun, raun, die da will Feuer haben!"

„Sie bekommt es", sagte die Alte, „aber zuerst muß sie mir die Läuse vom Kopfe suchen!" Die oberste Katze hatte einen Schädel, so groß wie ein Sechs-Eimer-Faß, und in ihren wirren Haaren wimmelte es von Kröten, Schlangen, Mäusen und Ottern. Diese bissen auf das Mädchen los, das aber fürchtete sich nicht und säuberte die Alte. „Raun, raun?" fragte die, „hast du etwas gefunden, mein Kind?" — „Nicht viel, nur einige Läuse und Nisse", sprach das Mädchen. „Raun, raun, weil du so folgsam bist, will ich dir etwas schenken", sagte die Katze, holte einen Beutel voll Gold und Silber und befahl ihrem Hausgesinde, Glut zwischen die beiden Deckel zu geben und dem Mädchen das Geld heimzutragen.

Als die Stieftochter wohlbehalten heimkehrte und nicht nur die Glut brachte, sondern noch so viel Gold und Silber, daß sie für ihr

Leben genug hatte, schickte die Stiefmutter schon am nächsten Tage ihre ältere Tochter um Feuer zur Katzenalten.

Die Tochter ging zuversichtlich zur Mühle und polterte an die Türe. „Raun, raun, wer ist denn draußen?“ rief das Gesinde. „Ihr verfluchten Katzen, fragt nicht lang und laßt mich ein, ich will Feuer haben“, rief das Mädchen. Die Katzen öffneten und führten die Tochter zur Alten: „Raun, raun, die will Feuer haben!“

„Zuerst muß sie mir die Läuse absuchen, dann bekommt sie Feuer“, sagte die Katzenalte. „Was glaubst du, alter Katzenschädel, ich soll die Läuse suchen?“ rief das Mädchen unwillig. Und wie es näher zusah, bäumten sich schon die Nattern und Schlangen auf dem Haupte der Katze. „Such dir selbst dein Ungeziefer, du üble Katze“, schrie das Mädchen, die Alte aber rief ihrem Gesinde zu:

„Raun, raun, zerreißt sie!“ Die Katzen fielen über sie her und zerrissen sie im Nu.

Als die ältere Tochter nicht heimkam, schickte die Mutter ihre jüngere nach. Auch diese polterte heftig an die Tür. Das Gesinde öffnete, und sie trat ein. Wie sie jedoch merkte, daß ihre Schwester zerrissen worden war, schrie sie: „Ihr verreckten Katzen, wie könnt ihr meine Schwester zerreißen!“ Sogleich fielen die Tiere auch über sie her, und es erging ihr ebenso wie ihrer Schwester.

Weil alle beiden Töchter ausblieben, machte sich die Stiefmutter selbst auf den Weg und kam zur Katzenmühle. Sie klopfte und begehrte zornig Einlaß. „Ihr verfluchten Katzen“, schrie sie, „wie könnt ihr meine Töchter zerreißen!“ Alsbald fielen die Tiere über sie her und töteten auch sie.

Jetzt lebten Vater und Tochter wieder allein wie ehedem in Eintracht und Frieden. Einmal fuhr ein Graf des Weges, und als er das schöne Mädchen erblickte, hielt er an und stieg vom Wagen. Er trat vor den Vater und sprach: „Gebt mir eure Tochter zur Gemahlin, und zieht mit auf mein Gut!“ Vater und Tochter willigten ein, verkauften ihr Häuschen, und bald wurde Hochzeit gefeiert.

21. Die Reise nach Schönbrunn

Als Kaiser Josef einmal in Verkleidung über Land wanderte, kam er bei einem Bauern vorbei, der Obstbäume veredelte. Es war ein alter Mann, der noch nie in Wien gewesen war und seinen Herrscher gesehen hatte. Der Kaiser sprach den Alten an und sagte: „Du, Bauer, laß mich auch Bäume pelzen!" — „Ha", entgegnete der Angeredete, „so ein Bettler wie du, der würde sie nur beschädigen!" — „Nein", sagte der Kaiser, „manchmal hat so ein Mensch wie ich auch Glück!" — „Nun gut, so pelze halt ein, zwei Bäume; wenn sie eingehen, ist auch nicht viel um!"

Der Herrscher nahm das Messer und pfropfte die Edelreiser auf zwei Bäume. Dann sagte er: „Du, Bauer, wenn die zwei Bäume gedeihen und Äpfel tragen, dann komm nach Wien und bring die Äpfel in Schönbrunn zum Pepperl!" — „Wie soll ich mich denn in Wien zurechtfinden", antwortete der Bauer, „ich bin ja noch nie in Wien gewesen!" — „Bring sie nur hin", sprach der Kaiser, „wenn du Wien noch nie gesehen hast, dann schau es dir an!" Er schrieb noch auf einen Zettel „Schönbrunner Pepperl" und verabschiedete sich.

Drei Jahre darauf trugen die Bäume erstmals Äpfel. Der Bauer pflückte sie ab und dachte, die Zweige hat der Bettler aufgepfropft, die sollst du nach Schönbrunn bringen, zum Pepperl! Wien habe ich ohnedies noch nie gesehen, so schaue ich es mir bei der Gelegenheit an. Er band die Äpfel in ein Tuch und sagte zu seiner Frau: „Du, Alte, ich habe Wien noch nie gesehen. Ich werde jetzt nach Wien fahren und die Äpfel hinbringen zum Pepperl!" Und so fuhr er in die Hauptstadt.

Als er in Wien ausstieg, schaute er um sich. Jetzt lief auf ihn ein Jude zu und fragte, warum er so herumschaue. „Ja", sagte er, „was soll ich nicht schauen, ich habe noch nie so große Häuser gesehen." — „Was suchst du denn?" — „Oh", sagte er, „ich will zum Schönbrunner Pepperl! Der hat gesagt, ich soll ihn aufsuchen!" — „Nein, nein, da findest du nicht hin", meinte der schlaue Mann, „aber wenn du mir die Hälfte von dem gibst, was du dort bekommst, dann führe ich dich hin!" Er dachte, der Bauer bekommt wohl ein gutes Trinkgeld, daran will ich auch verdienen. Der Alte aber wußte nicht, was der andere beabsichtigte und sagte: „Nun ja, du kannst schon mitgehen, und wenn ich etwas kriege, gebe ich dir die Hälfte."

Als die beiden zum Schloß Schönbrunn kamen, wurden sie nicht eingelassen. Die Burgwache ging zum Kaiser Josef und meldete, daß zwei unten seien, ein Jude und ein alter Vetter, die hinaufwollten. Es gäbe aber doch keinen Einlaß. Jetzt schaute der Kaiser beim Fenster hinunter, erkannte in dem alten Manne mit dem Bündel den Bauern und befahl: „Laßt den Alten ein und bringt ihn zu mir!"

Der Bauer trat vor den Kaiser und fragte: „Ich weiß nicht, bin ich da recht, ich will zum Schönbrunner Pepperl!" — „Ja, ja", antwortete dieser, „es ist schon recht." — „Nein", sagte der Bauer, „da sieht es ja nicht so aus, wie wenn ich beim Schönbrunner Pepperl wär, der hat ja ganz anders ausgesehen, wie er mit mir geredet hat und ich die Bäume gepelzt hab! Und", sagte er, „da bringe ich jetzt die Äpfel, aber ich weiß nicht, bist du's oder bist du's nicht?" — „Ja", antwortete Kaiser Josef, „ich bin es wohl." — „Nun, dann hast du hier deine Äpfel!"

Der Kaiser nahm die Äpfel in Empfang und fragte den Überbringer: „Was ist jetzt dein Wunsch, Bauer, was soll ich dir dafür ge-

ben?“ — „Ja“, antwortete er, „ich täte nichts verlangen, aber ein Kamerad, der mich dahergeführt hat, sagt, ich soll ihm die Hälfte von dem geben, was ich bekomme.“ — „Nun, und was verlangst du?“ — „Ich mag den Kerl nicht, weil er so zudringlich ist und die Halbscheit haben will. Ich verlang fünfzig auf den Hintern, aber ihm geben sie es zuerst!“

Jetzt ließ der Kaiser den Juden heraufholen, der unten ungeduldig wartete, und fragte nochmals: „Nun, Bauer, was verlangst du für die Äpfel?“ — „Was ich schon gesagt habe, fünfzig auf den Hintern. Und meinem Kameraden geben sie seine fünfundzwanzig zuerst!“ Darauf mußten Diener dem Juden die fünfundzwanzig aufzählen. Jetzt sagte der Bauer: „Herr Pepperl, geben Sie ihm meinen Teil auch noch!“

22. Das schwarze Schloß

Ein armer Mann hatte drei Söhne. Sobald sie groß und stark genug waren, um sich etwas verdienen zu können, sprach er zu ihnen: „Es ist jetzt an der Zeit, daß ihr die Welt versucht und euren Lebensunterhalt verdient. Geht auf die Wanderschaft, und bringt etwas heim. Wer das meiste Geld bringt, dem soll das Haus gehören!"

Die Brüder ließen sich das nicht zweimal sagen und waren sogleich bereit. Die Mutter flickte ihnen noch ihr Gewand, wusch die Wäsche und bereitete ihnen eine Wegzehrung. Danach machten sie sich auf und gingen auf die Reise.

Unterwegs kamen sie in einen großen Wald und fanden darin ein Wirtshaus. Sie kehrten ein und tranken Wein, um sich zu laben, dann sagte der Älteste: „Von hier aus gehen drei Wege, einer rechts, einer links und der dritte geradeaus. Jetzt werden wir mit Hölzchen losen, welchen Weg jeder einzelne geht!" Es traf sich so, daß Franzl, der älteste Bruder, den mittleren Weg, Michel den linken und Hansl, der jüngste, den rechten Weg unter seine Füße nehmen sollte. Beim Abschiede bestimmte Franzl: „Jetzt gehen wir in Gottes Namen jeder auf seinem Wege, und heute über ein Jahr kommen wir um die gleiche Zeit in dem Wirtshause wieder zusammen!" Danach trennten sie sich und zogen fort.

Die beiden älteren Brüder kamen jeder bald in eine Stadt, wo sie Arbeit fanden. Hansl aber mußte noch lange auf den Beinen sein, bis er endlich zu einem schwarzen Schlosse kam. Weil er schon müde und hungrig war, dachte er: „Da gehst du hinein und versuchst dein Glück!" Er puffte ans Tor so lange, bis ihm endlich aufgemacht wurde. Ein Diener empfing ihn und fragte nach seinem Begehr. „Ich möchte gerne eine Arbeit übernehmen!" Der Diener sprach weiter kein Wort, sondern führte ihn nach hinten in den Hof und zeigte ihm, was er das Jahr über zu tun habe.

Hansl arbeitete die ganze Zeit recht fleißig. Als das Jahr um war, trat unversehens eine Frau vor ihn, die nur von den Fersen bis zu den Kniehöhlen weiß war, sonst aber ganz schwarz. Sie nahm ihn bei der Hand, führte ihn in die Schatzkammer des Schlosses und zahlte ihm seinen Lohn aus. „Nimm das", sprach sie, „und fahre damit zu deinen Eltern. Komm aber wieder hierher zurück!" Hansl bedankte sich und begab sich zur Ruhe, als aber der Tag anbrach, sah er, daß das schwarze Schloß von unten auf schon zu einem Viertel weiß geworden war.

Schon am frühen Morgen machte er sich auf den Heimweg. Im Wirtshause warteten seine Brüder schon auf ihn. Als sie sahen, daß er noch sein altes und jetzt schon zerlumptes Gewand anhatte, während sie sich für die Heimkehr neu eingekleidet hatten, sagte der eine: „Gehen wir fort, sonst müssen wir für ihn die Zeche auch noch zahlen!" Sobald Hansl in die Wirtsstube eintrat, erhoben sich die Brüder und sagten: „Wir gehen voraus, laß dir nur Zeit, du wirst uns schon noch einholen!" Der Jüngste war damit einverstanden, setzte sich zum Wirtshaustische und tat sich gütlich. Trotzdem holte er seine Brüder gerade beim Elternhause noch ein.

Die Eltern freuten sich von Herzen, als ihre drei Söhne auf ein-

mal bei ihnen eintraten. Nachdem alle gegessen und getrunken hatten, fragte der Vater seinen Ältesten, was er mitgebracht habe. Franzl legte solch eine Menge Geld auf den Tisch, daß der Alte meinte, er werde wohl das Haus kriegen. Aber auch Michel konnte einen schönen Schüppel Geld vorweisen. Als Hansl an die Reihe kam, lachten alle, denn sie dachten, daß der Zerlumpte nicht viel mitgebracht haben könne. Der aber ging hin zum Tische und sagte: „Tut weg euer Geld, ich habe ja zum Hausbau nur Nägel gebracht!“ Franzl rieb sich froh die Hände und dachte, das Haus gehört schon mir! Als aber Hansl seinen Sack ausschüttete, waren die Nägel alle Gold! Jetzt schauten sie alle, und der Vater sagte: „Da bleibt nichts anderes übrig, Hansl muß das Haus bekommen!“ Das gefiel den Brüdern aber gar nicht, und sie sagten: „Gehen wir nochmals auf die Reise!“

Am nächsten Tage zogen sie daher nochmals los, kamen wieder zu dem Wirtshause, und Hansl wanderte zu dem Schlosse. Der Diener empfing ihn wieder, geleitete ihn zu seiner Arbeit und sagte: „Diesmal ist es ein wenig mehr, aber du wirst es schon schaffen!“ Hansl machte sich unverdrossen an sein Werk, und so verging ihm das Jahr rascher als er gedacht. Am letzten Tage kam wieder die Frau, doch jetzt war sie schon bis zur Brust weiß. Sie führte ihn wieder in die Schatzkammer, zahlte ihm seinen Lohn aus und ermahnte ihn, bald wiederzukommen.

Diesmal erwarteten ihn die Brüder im Wirtshause und gingen mit ihm zugleich heimwärts. Zu Hause fragte der Vater wieder, was sie mitgebracht hätten. Franzl und Michel breiteten abermals eine Menge Geld auf dem Tische aus. Als die Reihe an Hansl kam, sagte er: „Schuhnägel habe ich gebracht, damit der Vater Stiefel anfertigen kann!“ Jetzt lachten alle wieder, doch das verging ihnen bald, denn Hansl sprach: „Tut euren Mist weg“ und schüttete seinen Sack aus, und auch diesmal war es reines Gold.

Wie das der Vater sah, entschied er: „Ich kann euch nicht helfen, Hansl muß das Haus bekommen!“ — „Das können wir nicht gelten lassen, daß der Jüngste das Haus erbt! Gehen wir nochmals in die Fremde!“ schrien die anderen.

So zogen sie nochmals los. Hansl kam wieder in das Schloß, wo er noch mehr Arbeit aufgetragen bekam, als in den Vorjahren. Vor der vorletzten Nacht kam der Diener und sagte: „Am letzten Tage wird im Schloß alles rumpelig werden. Die Rosse im Stall werden wiehern und ausschlagen, und alles wird sich in der Luft umdrehen. Fürchte dich aber nicht, denn es wird alles wieder gut!"

Der Tag brach an, und es ging so zu, wie der Diener vorhergesagt hatte. Als das Rumpeln und Wiehern, das Brausen und Seufzen vorbei waren, kam wieder die Schloßherrin. Jetzt aber war sie ganz hell und weiß und schön wie eine Rose, und auch das Schloß war ganz weiß. Die schöne Frau sprach: „Hansl, jetzt fährst du mit meinem Prunkwagen heim und holst deine Eltern hierher. Du hast stets fleißig gearbeitet und mich erlöst, daher will ich dich heiraten!" Dann gab sie ihm noch ein vornehmes Gewand und verabschiedete sich.

Hansl fuhr mit dem prächtigen Wagen heimwärts zu, doch kurz vor dem Wirtshause ließ er halten, zog sein altes Gewand an und setzte sich hinten auf den Preller des Wagens. Vor dem Wirtshaus sprang er vom Wagen ab und ging zu Fuß weiter. Zu den Brüdern sagte er: „Heute bin ich schnell dahergekommen." — „Wir haben dich ohnedies auf dem Preller hocken gesehen", spotteten die Brüder. Franzl fügte noch hinzu: „Wenn aber der Kutscher dich gesehen hätte, der hätte dir eins mit der Geißel über die Ohren geschnalzt, daß du genug gehabt hättest, und verdient hättest du es auch!"

Die Brüder schämten sich, mit Hansl beisammen zu sein, weil er gar so zerlumpt aussah, und eilten sogleich fort. Er aber machte sich nichts daraus, zog sein schönes Gewand an und aß und trank gut mit seinem Kutscher. Dann setzte er sich in den Wagen und fuhr den Brüdern nach. Gerade in dem Augenblicke, als die Brüder in das Elternhaus eintreten, fährt ein prächtiger Wagen vor, und ein vornehmer Herr springt heraus. „Aha!" schrien die Brüder, die aus der Stube durch das Fenster den Herrn erblickten, „der kommt wegen des frechen Hansl, weil der sich hinten auf den Preller gesetzt hat, das gibt ein Unglück!" Wie aber die Tür aufgeht, sehen sie, daß dieser Herr ihr Bruder Hansl ist.

Die Eltern freuten sich, daß ihr Jüngster ein so vornehmer Herr geworden war, doch die Brüder sahen ihn nur neidisch von der Seite an. Nach einer Weile fragte der Vater: „Wie sieht es denn aus mit eurem Verdienst?“ Darauf legten die beiden älteren wieder einen Schüppel Geld auf den Tisch. Als die Reihe an Hansl kam, sagte der: „Vater, ich brauche das Häuschen nicht, ihr könnt es den Brüdern geben! Ihr, Vater und Mutter, fahrt jetzt mit mir und bleibt immer bei mir in meinem Schlosse, wo ich meine Hochzeit feiern werde!“

23. Die zwölf Hirsche

Die Frau eines Jägers schenkte ihrem Manne dreizehn Kinder. Eines davon, das jüngste, war ein Mädchen, alle übrigen waren Knaben. Als diese heranwuchsen, nahm der Vater abwechselnd jeden Tag ihrer sechs mit in den Wald, um sie in den Jägerberuf einzuführen. Während der Vater im Walde weilte, zankten und rauften die Daheimgebliebenen mit ihrer Schwester. Eines Tages war der Streit besonders heftig gewesen, und als der Vater seine Tochter in Tränen aufgelöst fand und sein Weib über das schändliche Treiben der Söhne klagte, jagte er die sechs aus dem Hause. Als sich der Zorn des Vaters etwas gelegt hatte, reute ihn sein Schritt, doch warf er jetzt auch den anderen ihr Verhalten vor. Diese packten daraufhin ihre Habseligkeiten und verließen ebenfalls das Vaterhaus. In einem großen Walde holten sie ihre Brüder ein. Alle freuten sich, und sie beschlossen, beisammenzubleiben.

Eines Abends, als sie ermüdet nach einem Rastplatz Ausschau hielten, erblickten sie in der Ferne ein Licht. Sie eilten darauf zu und merkten bald, daß es aus einem Hause leuchtete. Ein Einsiedler hauste hier einsam inmitten des Waldes. Die zwölf Brüder baten den alten Mann um ein Nachtlager, und er nahm sie mit Freude auf. Die Zwölf gefielen dem Alten so gut, daß er sagte: „Ihr könnt bei mir bleiben, denn ich bin alt und müde. Bald kommt die Zeit, da ich sterben werde. Das Haus soll euer Eigentum sein. Wenn ich gestorben bin, macht aus Baumrinde einen Sarg, legt mich hinein und begrabt mich im Garten." Die Brüder waren froh, eine Heimstatt gefunden zu haben und dankten ihm für seine Güte.

Nach einiger Zeit führte der Einsiedler die Brüder in den Garten, wo herrliche Rosen blühten. In der Mitte der Rosenstöcke stand einer, der die kostbarsten Rosen trug. Bei diesem Stocke blieb der Greis stehen und sprach: „Von allen anderen Rosenstöcken im Garten könnt ihr Blüten pflücken, nur von diesem einen Stamm dürft ihr keine nehmen! Denn wenn ihr davon welche brecht, werden eure Lieben in Hirsche verwandelt und können nur erlöst werden, wenn das Wesen, das die Rosen gepflückt hat, sieben Jahre kein einziges Wort spricht!" Kaum hatte der Einsiedler diese Worte gesprochen, als er umfiel und starb. Die Brüder aber fertigten, wie befohlen, aus Baumrinde einen Sarg und begruben den Greis im Garten.

Nachdem die Söhne ausgezogen waren, wurde dem Jäger, der an ihnen sehr hing, bang zumute. Er überhäufte jetzt die Tochter mit Vorwürfen, so lange, bis das Mädchen eines Tages heimlich das Haus verließ und in die unbekannte Fremde wanderte. Auf ihrem Wege kam sie zu dem Hause des Einsiedlers, schlich leise hinzu und blickte durchs Fenster hinein. Sie erschrak mächtig, denn sie erblickte ihre Brüder, die ihr so manche böse Stunde bereitet hatten. Leise ging sie weg und versteckte sich in der Nähe. Am Morgen, kaum daß die Sonne aufging, bemerkte sie, daß elf Brüder mit ihrem Gewehr auszogen, um zu jagen. Der zwölfte mußte daheim bleiben, um die Hausarbeiten zu verrichten und das Mittagessen fertigzukochen. Sie verspürte schon argen Hunger, und als sie beobachtete, daß der Zwölfte ausging, um Holz aus dem Walde zu holen, schlich sie in die Küche, nahm eine Gabel und holte sich ein Stück Fleisch aus dem Topfe.

Mittags trug der Koch das Essen auf und gab jedem ein Stück Fleisch, doch für ihn blieb nichts übrig. Da lachten seine Brüder und hänselten ihn, daß er gierig sei und das Essen nicht erwarten könne. Er aber beteuerte fest: „Ich habe noch nichts gegessen. Eine Katze oder ein anderes Tier muß das Fleischstück weggeholt haben!“ Am nächsten Tage blieb ein anderer daheim, um die hauswirtschaftlichen Arbeiten auf sich zu nehmen. Ihm erging es aber ebenso wie seinem Bruder, und auch den dritten ereilte das gleiche Mißgeschick. Jetzt sagte der Älteste: „Heute bleibe ich daheim, ich werde die Katze schon fangen!“

Als er um Holz ging, gab er auf den Topf einen Deckel und kam auch sogleich zurück. Da bemerkte er, daß sich hinter dem Gebüsch etwas regte, und rief: „Heraus, oder ich schieße!“ Ängstlich trat nun sein Schwesterlein hervor, und als der Bruder sie erkannte, rief er voll Freude: „Komm nur her, es soll dir nichts geschehen! Du kannst uns von jetzt ab die Wirtschaft führen!“ Dann versteckte er sie so lange, bis die Brüder nach Hause kamen. Deren erste Frage war: „Hast du die Katze erwischt?“ — „Ja, freilich!“ war die Antwort. „Dann bring sie her!“ riefen alle wie aus einem Munde. „Ich zeige sie euch unter der Bedingung, daß ihr ihr nichts zuleide tut", entgegnete er.

Nachdem sie ihm das versprochen hatten, ging er hinaus und führte an der Hand die Schwester herein, die alle freudig begrüßten. Jeder Groll war in dieser Stunde vergessen. Die Schwester übernahm alle häuslichen Arbeiten, und schon am nächsten Tage zogen alle zwölf Brüder gemeinsam aus. Als sie schon ein Stück gegangen waren, sagte einer von ihnen plötzlich: „Mir ist eingefallen, daß wir unsere Schwester nicht davor gewarnt haben, von dem schönsten Rosenstocke eine Blüte zu pflücken!" Alle zwölf kehrten um und liefen eilends ihrer Behausung zu, doch zu ihrem Schreck erblickten sie im Zimmer eine der prächtigen Rosen. Da sprach der Älteste: „Liebe Schwester, du hast eine der Rosen gepflückt, die nicht angerührt werden dürfen. Zur Strafe werden wir zwölf jetzt in Hirsche verwandelt, du kannst uns aber erlösen, wenn du sieben Jahre lang kein einziges Wort redest. Kannst du uns das versprechen?" — „Ja, das kann und will ich", entgegnete das Mädchen.

Kaum hatte sie dies gesagt, als die Brüder zu Hirschen wurden und zur Tür in den Wald hinaussprangen. Die Schwester jammerte und weinte, doch das half ihr nichts. Sie blieb noch im Hause, solange die Vorräte reichten, dann machte sie sich auf, um irgendwo Arbeit zu finden. Bei Tage irrte sie im Walde umher und aß Beeren, über Nacht schlief sie in einem hohlen Baume. Eines Tages ritt der königliche Prinz mit großem Gefolge und einer Meute von Hunden auf die Jagd aus. Als das Mädchen den Lärm vernahm, verbarg es sich eilends, doch die Hunde spürten es auf und lockten den Prinzen zu ihr. Er sprach sie an, aber sie antwortete nicht und sah ihn nur mit traurigen Augen an. Das wunderschöne stumme Mädchen gefiel ihm so gut, daß er es in den Sattel hob und mit in die königliche Burg nahm. Dort erklärte er seiner Mutter, daß er die Fremde zu seiner Gemahlin nehmen werde.

Die alte Königin und die Hofdamen ärgerten sich nicht wenig über den Entschluß des Prinzen, eine Dahergelaufene heiraten zu wollen, und suchten ihn davon abzubringen, doch nichts half. Der Prinz feierte Hochzeit mit dem unbekannten Mädchen. Nach einem Jahre mußte der Prinz in den Krieg ziehen, da Feinde das Land bedrohten. Während seiner Abwesenheit schenkte seine Gattin einem Knaben das Leben. Die übelgesinnte alte Königin befahl jedoch den Hofdamen, den Säugling im Walde auszusetzen und ihrer Schwiegertochter einen kleinen Hund ins Bett zu legen. Dann berichtete sie ihrem Sohne, seine Gemahlin habe kein menschliches Wesen, sondern einen Hund zur Welt gebracht. Trotzdem hielt der Prinz fest an seiner Gemahlin, als sich das gleiche Geschehen jedoch noch zweimal wiederholte und seine Frau erneut verleumdet wurde, wandelte sich sein Sinn. Bei der Heimkehr fand er die wehrlose Stumme durch die üble Behandlung ganz entstellt. Er ließ sie gefangensetzen und befahl, auf dem großen Anger einen Scheiterhaufen zu errichten, auf dem sie verbrannt werden sollte.

Am Tage der angekündigten Hinrichtung führten sie die wehrlose Frau zum Scheiterhaufen. Als aber die Fackeln angezündet wurden, um den Scheiterhaufen zu entfachen, sprengten auf schneeweißen Rossen zwölf Reiter daher und riefen schon von weitem um Gnade. Die Menge stob auseinander, die Reiter hielten bei der jungen Königin an und sprachen: „Liebe Schwester, du hast uns durch dein Schweigen erlöst, nun darfst du endlich wieder reden!“

Jetzt begann die junge Königin ihr Geschick zu erzählen und berichtete, wie sie in den sieben Jahren mißhandelt und verleumdet worden war und daß man ihr die Kindlein geraubt habe. Als der Prinz dies vernahm, holte er selbst seine Frau vom Scheiterhaufen herab und bat sie um Vergebung. Seine Mutter aber ließ er ins Gefängnis werfen, und die falschen Hofdamen wurden auf dem Scheiterhaufen verbrannt, den sie der Königin zugedacht hatten. Die drei Kinder waren nicht umgekommen, denn ein Förster hatte sie aufgefunden und in Pflege genommen. Jetzt kannte die Freude keine Grenzen. Die zwölf Brüder behielt der König für immer bei sich. Sie enttäuschten ihren Herrn nie und erwiesen sich als die tapfersten und getreuesten Gefolgsleute.

24. Getreu und Ungetreu

Eine Bäuerin hatte einen einzigen Sohn, der hieß Getreu. Als der Knabe herangewachsen war, fand sich ein Fürst bereit, ihn zur Firmung zu führen und übergab ihm als Geschenk nichts anderes als einen silbernen Türschlüssel.

Nach dem Tode seiner Mutter verkaufte der Bursche Hab und Gut und begab sich auf die Wanderschaft. Er war schon ein ganzes Jahr gereist, als er in einen großen Wald kam. Obwohl die Nacht hereinbrach, ging er weiter und weiter, bis er nach Stunden auf ein herrschaftliches Gebäude traf. Auf sein Klopfen öffnete niemand, weshalb er versuchte, ohne Erlaubnis einzutreten, doch das Tor war versperrt. Da fiel ihm plötzlich der silberne Schlüssel ein, den er von seinem Firmpaten geschenkt erhalten hatte und den er stets bei sich führte. Er zog ihn aus der Tasche, steckte ihn in das Schloß, und sogleich sprang das Tor auf.

Zu seiner Überraschung stand in der Eingangshalle ein gesattelter Schimmel, der ihn ansprach: „Setz dich auf, setz dich auf!“ Getreu folgte der Aufforderung, und der Schimmel sprengte mit ihm fort durch den Wald. Als sie diesen hinter sich hatten, graute der Morgen, und der Jüngling sah von ferne ein Feuer leuchten. Beim Näherkommen merkte er jedoch, daß das Leuchten von einer wunderbaren Vogelfeder ausging, die auf dem Boden lag. Getreu hielt an und sagte: „Die muß ich haben!“ Der Schimmel aber sprach: „Nimm sie nicht!“ Er stieg indes trotzdem ab und steckte die Feder in seine innere Rocktasche.

Am gleichen Tage führte ihn der Ritt zu einem Königshofe, wo er um einen Dienst anhielt. Der König sagte: „Ja, ich kann dich als Reitknecht gebrauchen. Du darfst dein Roß mit einstellen und mit unserem Heu füttern. Wie aber heißt du?“ — „Ich heiße Getreu“, antwortete der Bursche.

Auf das hin schrie der König seinen Kammerdiener an und sprach: „Da ist ein Reitknecht, der heißt Getreu, und du heißt Ungetreu. Das gefällt mir, mir scheint, ihr seid so, wie eure Namen lauten.“

Schon am ersten Abend nahm der neue Reitknecht im Stalle die

Feder aus der Tasche und befestigte sie an der Wand. Die Feder leuchtete weit heller, als er es zur Arbeit benötigte, sie strahlte so stark, daß es der Kammerdiener von weitem sah und zum Könige ging: „Der hat Hunderte von Lichtern angezündet, Majestät", sagte er. „Laß ihn nur tun", antwortete der König, „wenn er das Licht nicht brauchte, würde er es nicht anzünden!"

Am zweiten Abend ging der Kammerdiener in den Stall nachsehen. Jetzt erst bemerkte er, daß dort nicht hundert Lichter strahlten, sondern der Schein von einer einzigen Vogelfeder ausging. Sofort lief er zum König und rief: „Majestät, der Kerl ist ein Dieb! Der hat eine goldene Feder, die leuchtet. Er muß Ihnen die Feder geben!" Dann ging er in den Stall zum Reitknecht: „Gib die Feder her, die ist für den König!" Der Kammerdiener nahm die Feder, trug sie zum Herrscher und sagte: „Wenn er die Feder hat, dann soll er den Vogel auch bringen, von dem sie stammt!" — „Wie soll er den Vogel fangen können, vielleicht hat er die Feder gefunden?" meinte begütigend der König, doch Ungetreu lief in den Stall und sagte zu Getreu: „Du mußt den Vogel bringen, von dem die Feder ist!"

Wie der Reitknecht das hörte, begann er bitterlich zu weinen. Jetzt begann der Schimmel wieder zu sprechen: „Habe ich dir nicht gesagt, du sollst die Feder liegen lassen? Doch sei getrost, morgen früh holen wir den Vogel!"

Kaum brach der Tag an, als der Schimmel sprach: „Sattle mich, und setz dich auf!" Auf dem wunderbaren Rosse gelangte Getreu alsbald in ein anderes Königreich. Dort hatte der Vogel im Burggarten sein Nest mit vier Jungen. Der Reitknecht nahm den schlafenden Vogel, wickelte ihn in ein Tuch und bestieg wieder den Schimmel. Ehe drei Tage vergangen waren, brachte Getreu den seltenen Vogel seinem Herrn. Doch der Vogel fraß nicht und ließ seinen Kopf hängen. Nun stachelte Ungetreu den König abermals auf und sagte: „Der Reitknecht soll das Futter bringen, nach dem der Vogel verlangt, und zugleich das Nest samt den Jungen!"

Als Getreu den neuen Auftrag erhielt, begann er wieder zu weinen. „Habe ich dich nicht gewarnt?" sprach der Schimmel. „Jetzt mußt du hundert Klafter Schnur nehmen und das Ende dem Vogel an das Bein binden!“ Am anderen Morgen ritt Getreu aus und ließ den Vogel vor sich an der Schnur fliegen. „Wenn wir in das andere Land kommen“, sagte der Schimmel, „dann gib acht, wohin sich der Vogel setzt und was für Sachen er frißt!“ Getreu befolgte den Rat und ließ den Standort der Pflanze nicht aus den Augen und steckte deren Samen in die Reittasche, sobald der Wundervogel wieder aufflog. Dieser trug inzwischen Futter zu seinen Jungen, aber auf dem Schimmel kam Getreu noch rechtzeitig zum Nistbaume. Während der Fütterung breitete er ein Tuch über Vögel und Nest, dann nahm er alles zu sich auf den Schimmel und ritt eilends zurück zu seinem Herrn.

Der Kammerdiener ärgerte sich mächtig, als Getreu auch diesen schwierigen Auftrag erfüllte. „Majestät“, sagte er, „wenn der Kerl den Königsvogel bringen konnte, hätte er die Prinzessin auch sogleich mitbringen sollen! Dann hätten sie eine würdige Braut und könnten heiraten!“ Der König antwortete: „Wie soll denn er die Prinzessin bringen, dazu ist er doch nicht imstande!“ Aber Ungetreu ging in den Stall und sagte zum Reitknecht: „Der König befiehlt, daß du ihm die Prinzessin holst!“ Getreu erschrak ob dieser Nachricht, doch der Schimmel sprach: „Sei getrost! Geh zum Könige, und verlange, daß er dir sein Paradegewand leiht. Das zieh an, dann hält man dich für einen König!“

Getreu setzte sich auf seinen Schimmel und erreichte bald das andere Königreich. Die Prinzessin hatte schon viele Freier abgewiesen, doch Getreu gefiel ihr im ersten Augenblick, so daß sie sich bereit erklärte, ihm in sein Land zu folgen. „Du kannst auf meinem Schimmel mitreiten, er trägt uns beide“, sprach er. Die Prinzessin zog ihr schönstes Kleid an, nahm ihren kostbarsten Schmuck zu sich und folgte dem jugendlichen Freier.

Als dieser jedoch im Hofe seines Herrn einritt, warteten der König und der Kammerdiener schon auf ihn. Sie nahmen ihm das Paradegewand ab, und der König sagte zur Jungfrau: „Ich bin in Wahrheit der König, und du mußt jetzt mich heiraten!“ Das mißfiel der Prinzessin so, daß sie antwortete: „So einen häßlichen Menschen wie dich nehme ich nie zum Gemahl!“ Sie schloß sich in ein

Zimmer ein, ließ sich dorthin Speise und Trank bringen und weigerte sich, den König auch nur zu sprechen.

„Wir müssen den Kerl aus der Welt schaffen", sagte Ungetreu, „damit die Prinzessin ihn auch vom Fenster aus nicht mehr sehen kann!" — „Wie soll das geschehen?" fragte der König, der begierig war, die schöne Prinzessin zu heiraten. „Laß einen Kessel voll Öl sieden, in den muß er hineinspringen", riet der böse Kammerdiener. Auf Befehl des Königs mußte ein riesiger Kessel herbeigeschafft und mit Öl gefüllt werden. Eine Leiter wurde angelegt, die sollte Getreu besteigen, um in die Flüssigkeit zu springen. „Sei getrost", sprach wieder der Schimmel zu ihm, „wenn du hineinspringen sollst, sag nur, dein Schimmel sei überall mit dir gewesen, er solle es auch jetzt sein!" Getreu befolgte auch diesen Rat. Als er zum Kessel mit dem kochenden Öl geführt wurde, waren die Holzscheite schon niedergebrannt. Der König und seine Minister standen alle in der Nähe und warteten auf die Hinrichtung. Getreu hielt seinen Schimmel mit der rechten Hand am Zügel und stellte ihn neben den Kessel

hin. „So“, sagte jetzt der Kammerdiener, der stets angab, was geschehen sollte, „nun steigst du hinauf bis zur letzten Leitersprosse und wartest auf meinen Befehl. Ich zähle bis drei, und wenn ich drei sage, mußt du in das siedende Öl springen!“

Aber sobald er drei rief und Getreu in die kochende Flüssigkeit springen wollte, blies der Schimmel, und mit einem Blaser war das Feuer aus und der Kessel kalt. Getreu aber stand unversehrt im Kessel und sah viel stattlicher und schöner aus, als er vorher gewesen war. Da griffen die Umstehenden zu und halfen ihm heraus.

Jetzt wollte der König ebenso schön werden wie sein Reitknecht. Der Kammerdiener befahl, den Kessel nochmals zu heizen und ließ des Königs Schimmel herbeiführen. Als das Öl brodelte, bestieg der König die Leiter, und Ungetreu zählte: „Eins, zwei, drei!“ Kaum war der König in die siedende Flüssigkeit gesprungen, als sein Leib sich darin auflöste und eine herausschlagende Welle auch noch sein Roß tötete. Als dies die Minister sahen, erklärten sie den bösen Kammerdiener für schuldig am Tode ihres Herrn und ließen ihn in den Kessel werfen. Dann aber wählten sie Getreu zum neuen Könige und trauten ihm die Prinzessin an, die er mitgebracht hatte.

Als sich Getreu nach der Hochzeit zu seinem Schimmel in den Stall begab, sprach dieser: „Jetzt bist du König, jetzt will ich auch meinen Teil haben!“ — „Was soll ich tun?“ fragte Getreu. „Du reitest jetzt mit mir dorthin, wo du aufgesessen bist!“ Der junge König verabschiedete sich für kurze Zeit von seiner Gemahlin, bestieg den Schimmel und ritt darauf zu dem Herrschaftsgebäude. „Steig ab“, sprach jetzt der Schimmel, „und öffne wieder die Tür!“ Getreu stieg vom Rosse, zog den silbernen Schlüssel aus der Tasche und schloß auf. „Öffne die Tür der Kammer. Darin hängt an der Wand das Schwert meines Vaters. Das nimm herab, denn damit mußt du mir den Kopf abschlagen“, sprach das Roß. „Aber, ich bitte dich“, sagte der junge König, „lieber Schimmel, für deine Guttaten soll ich mich so undankbar erweisen?“ — „Warum nicht? Ich als dein Firmpate kann das von dir verlangen!“ Jetzt erschrak Getreu noch mehr. „Ich habe unrechtes Gut an mich genommen“, sprach das Roß, „davon mußt du mich erlösen. Das Fürstentum ist auf Getreu geschrieben und gehört dir. Von dem Geld, was hier im Schlosse ist, gib viel an die Armen!“

Der junge König nahm das Schwert, zog es aus der Scheide und hieb dem Schimmel das Haupt ab. Im Augenblick ward das Roß zu Asche, und eine schneeweiße Taube flog zum Himmel und dankte ihm noch. Getreu kehrte zu seiner Gemahlin zurück und regierte lange Zeit glücklich als König und Herr des Fürstentums.

25. Das Gebet um hundert Gulden

Es war ein armer Kirchenvater, der hatte fünf Kinder, doch weder Geld noch Brot. Weil er sich in seiner Not nicht zu helfen wußte und auch das Amt des Mesners versah, ging er allabendlich in die Kirche. Dort kniete er vor dem Altar nieder und betete: „Lieber Gottvater, bitte, schicke mir hundert Gulden!" Mit der Zeit fiel dem Pfarrer auf, daß sein Mesner jeden Abend so lang in der Kirche blieb. Er stellte sich deshalb hinter den Altar, um zu lauschen. Der Kirchenvater kam wieder herein, kniete nieder und bat den lieben Gott um hundert Gulden. Warte, dachte der Pfarrer, dir werde ich es zeigen!

Am nächsten Tage legte er auf den Altartisch neunzig Gulden. Als der Mesner kam, sein alltägliches Gebet zu verrichten, erblickte er das Geld und sagte freudig: „Gottvater hat mich schon erhört, das Geld ist schon da!" Hin zum Altar und das Geld nehmen war eins. Er zählte nach: „Neunzig Gulden. Nun, macht nichts, Gottvater hat eben nicht mehr gehabt", sagte er und steckte das Geld ein. Jetzt trat aber der Pfarrer hervor und sprach: „Oho, langsam!" — „Ja, wieso?" — „Das ist mein Geld!" — „Herr Pfarrer", sagte der Mesner, „das gibt es nicht. Drei Wochen bete ich schon zum lieben Gottvater, er soll mir hundert Gulden schicken. Er hat mir zwar nur neunzig geschickt, doch das macht nichts, ich bin damit auch zufrieden." Und damit ging er heim.

Der Pfarrer wußte sich nicht recht zu helfen. Er konnte doch dem Kirchenvater nicht neunzig Gulden schenken und zeigte ihn daher bei Gericht an. Der Mesner bekam die Vorladung zugestellt: Den und den Tag ist die Verhandlung bei Gericht. Sogleich ging er zum Pfarrer und sagte: „Herr Pfarrer, wenn Sie sich nicht schämen, daß ich in meinem lumpigen Gewand mit Ihnen gehe, ein gutes habe ich nicht. Ich gehe schon hin zu Gericht", sagte er, „mir macht das nichts." — „Ich leihe dir eins", entgegnete der Pfarrer. „Ist gut." Der Pfarrer lieh dem Kirchenvater einen schönen schwarzen Anzug und ging mit ihm zu zweit zu Gericht.

Zuerst kam der Pfarrer an die Reihe. Der brachte dem Richter bei, daß er dem anderen die neunzig Gulden hingelegt habe, weil er immer darum gebeten hatte. „Ja", sagte der Richter, „der andere soll auch hereinkommen!" Jetzt trat auch der Kirchenvater herein. „Herr Richter", sprach er, „drei Wochen bitte ich den lieben Gottvater, er solle mir hundert Gulden schicken, aber er hat mir nur neunzig geschickt. Vielleicht hat er die hundert nicht gehabt. Aber der Herr Pfarrer ist imstande und sagt, der Anzug, den ich anhabe, gehört auch ihm!" — „Freilich gehört der mir", rief der Pfarrer dazwischen. „Sehen Sie, Herr Richter, sogar das will er mir abstreiten, nicht einmal meinen Anzug will er mir lassen!" Auf das hin scheuchte der Richter beide fort.

Wie die zwei wieder in ihre Ortschaft kamen, dachte der Kirchenvater bei sich: Heute vergönne ich mir ein Viertel Wein. Er ging hinein zum Gemeindewirt und trank dort ein Viertel um das andere. Zur Sperrstunde um zwölf Uhr mußte er den letzten Schluck tun und heimgehen. Der Pfarrer dachte sich, dich erwische ich

noch, du wirst mir das Geld wiedergeben. Er nahm ein Leintuch, hüllte sich darein und stieg vor Mitternacht auf die Friedhofsmauer. Dort wippte er auf und nieder. Als der Kirchenvater in seinem Dusel vorbeikam, erblickte er das Gespenst und sagte: „Wer bist denn du obenauf?" — „Ich bin der Sohn Gottes." Sprach der Mesner: „Wenn du der Sohn Gottes bist, dann sage deinem Vater, daß er mir noch zehn Gulden schuldig ist." Damit wankte er nach Hause, und der Pfarrer hatte das Nachsehen.

26. Kaiser Josef und der Prälat

Kaiser Josef war einmal allein unterwegs. Als er bei einem Kloster vorbeiritt, fand er außen die Inschrift: „Wir leben ohne Sorgen." Was, dachte der Kaiser, ich habe mehr Sorgen als genug, und die hier leben ohne Sorgen. Er hielt an, stieg vom Roß und band es an einen Zaun. Dann betrat er das Kloster und klopfte an eine Tür. Wer heraustrat, war niemand Geringerer als der Prälat selbst. Dieser fragte den Fremdling, was er hier wünsche. „Wie steht es bei Ihnen?" war die Gegenfrage des Kaisers. „Wir leben ohne Sorgen", sprach der Prälat.

„Nun gut", sagte der Kaiser, „wenn ihr keine Sorgen habt, dann werde ich euch solche bereiten!" Jetzt gab er sich zu erkennen und setzte fort: „Vor eurem Kloster stehen drei große Lindenbäume. Als erstes will ich wissen, wieviel Blätter auf den Bäumen sind. Zweitens will ich wissen, wie groß der Unterschied zwischen arm und reich ist. Und drittens müßt ihr mir sagen, wie tief das Meer ist. In drei Tagen komme ich wieder, dann müßt ihr mir antworten!"

Jetzt hatte der Prälat auf einmal Sorgen genug. Er rief alle seine Mönche zusammen und erzählte ihnen, was sie alles in drei Tagen wissen müßten. Zuerst begannen sie, die Lindenblätter zu zählen, aber bald erkannten sie, daß dies unmöglich sei. „Das bringen wir nicht zusammen, es ist unmöglich, das können wir nicht", sagten sie. „Und was ist der Unterschied zwischen Armen und Reichen?" — „Das bringen wir auch nicht zustande!" Und einer von ihnen sagte: „Wie können wir denn das Meer messen, das ist ganz unmöglich!"

Der Prälat ließ alles liegen und stehen und verließ das Kloster, die anderen blieben daheim. Wie der Prälat grübelnd seines Weges ging, kam er auf eine Heide, wo ein Halter Schweine hütete. Der Sauhalter kannte den Prälaten gut, ging hinzu, küßte ihm die Hand und fragte ihn, wo er hinwolle. „Mein Lieber", sprach der Prälat, „ich kann mir nicht helfen, und auch du kannst mir nicht helfen. Ich gehe morgen meiner Wege." — „Herr Prälat", entgegnete der Schweinehalter, „ich habe schon manchem geholfen, vielleicht kann ich es Ihnen auch!" — „Nein, das ist unmöglich." — „Wohl, wohl, Herr Prälat."

Jetzt erzählte ihm der geistliche Herr, in welcher Not er sei. „Herr Prälat", sagte der Sauhalter, „bleiben Sie hier, und halten Sie die Säue, und ich werde Prälat sein!" Der Prälat war einverstanden, und sie tauschten ihr Gewand. Er blieb als Sauhalter zurück, der Schweinehirt aber begab sich ins Kloster und war jetzt dort der höchste Herr.

Am dritten Tage kam Kaiser Josef wieder ins Kloster und klopfte an. „Wie geht es", fragte er den vermeintlichen Prälaten. „Herr, wir leben ohne Sorgen", entgegnete der Sauhalter. „Nun gut", sprach der Kaiser, „wenn ihr das wißt, könnt ihr ohne Sorgen weiterleben. Erstens: Wie viele Blätter sind auf den Lindenbäumen?" — „So viele wie Blattstengel", antwortete der Schweinehirt. „Und zweitens: Welcher Unterschied ist zwischen arm und reich?" — „Gestern bin ich noch Sauhalter gewesen, und heute bin ich Prälat!" — „Gut", sagte der Kaiser, „aber wie tief ist das Meer?" — „Einen Steinwurf bis zum Grunde." — „Es ist gut", sprach der Kaiser, „du sollst Prälat bleiben, und der Prälat soll Schweinehirt bleiben!"

27. Der dumme Franzl gewinnt die Königstochter

Es war einmal ein Bauer, der hatte drei Söhne. Er besaß eine große Wiese, auf der in einem Frühjahre besonders viel Gras wuchs. Zu viert mähten sie, und zum Trocknen stapelten sie das Heu in sorgfältig gereihten Schobern auf. Am nächsten Morgen merkte der Bauer, daß über Nacht zwei Heuschober verschwunden waren. Als auch an den nächsten Tagen immer zwei oder drei Heuhaufen fehlten, beauftragte der Bauer seinen ältesten Sohn, über Nacht das Heu zu hüten und den Dieb zu fassen.

Der Älteste machte sich zwar abends auf den Weg, doch statt auf die Wiese zu gehen, kehrte er im Wirtshause ein und trank dort bis zum Morgen. Dann ging er heim und tat nichts dergleichen. Der Vater ging auf das Feld nachschauen und sah, daß abermals einige Schober Heu gestohlen worden waren. Zornig ging er heim und sagte: „Du, Hansl, wo warst du heute nacht? Es fehlt schon wieder Heu!" — „Ja", entgegnete der Älteste, „Vater, ich habe mich in einen Schober hineingelegt und verschlafen."

Am nächsten Abende schickte der Bauer den zweiten Sohn aus. Der tat es aber nicht besser als sein Bruder, und statt das Heu zu hüten, drehte er die Nacht im Wirtshause durch. Als der Vater am Morgen nachschauen ging, waren schon wieder einige Schober weg.

Der jüngste Sohn galt als der dumme. Er saß immer oben auf dem Ofen und wärmte sich. Jetzt aber sprach er: „Vater, heute gehe ich hinaus!" — „Ha!" sagte der, „dich kann ich nicht hinausschicken, dich stehlen sie samt dem Heuschober. Bleib daheim!" — „Nein, Vater", entgegnete der dumme Franzl, „diesmal gehe ich hinaus, ich werde aber auf der Hut sein!"

Und wirklich ging der Jüngste auf die Wiese, versteckte sich in einem Heuschober und lauerte auf die Diebe. Nach elf Uhr nachts kamen drei Wagen gefahren. Von jedem stieg ein Mann ab und lud Heu auf. Einer erwischte den Schober, in dem der dumme Franzl lag, und rief dem zweiten zu: „Hörst du, komm her, ich habe da einen Heuhaufen, den kann ich kaum aufheben." Jetzt ging der andere herzu, und zusammen spießten sie den Schober auf ihre Gabeln und luden ihn mitsamt dem Lauscher auf. Die Männer be-

stiegen wieder ihre Wagen und fuhren los. Es ging eine lange Strecke durch den Wald, bis sie endlich vor einem Schlosse hielten. Dieses gehörte aber Räubern, die von dem verborgenen Wohnsitze aus ihr Unwesen trieben. Der Anführer sagte zu seinen Gesellen: „Steigt ab, zum Abladen ist es heute schon zu spät.“ Sie spannten die Rosse aus, führten sie in den Stall und warfen ihnen noch Futter vor, dann legten sich alle schlafen.

Als es still geworden war, kroch Franzl aus dem Heu hervor und spähte umher, ob die Luft rein sei. Überall war es finster, und kein Mensch rührte sich. Zuerst schloff er in den Stall und merkte, daß dort drei mächtige Rosse standen. Dann schlich er ins Schloß und kam in ein Zimmer, in dem die Räuber auf ihren Betten lagen und schnarchten. An einem Pfeiler erblickte er im Dämmerschein ein großes Schwert. Er hob es herab und tötete damit die Schlafenden. Im Weitergehen kam er durch alle Räume, aber nirgends traf er einen Menschen an. Ehe er sich auf den Rückweg machte, warf er den Rossen noch rasch Futter vor.

Zu Hause tat er, wie wenn nichts geschehen wäre, und hockte sich wieder auf den Ofen hinauf. Als der Vater auf das Feld nachsehen ging, mußte er zu seinem Schrecken entdecken, daß abermals Heu gestohlen worden war. „Hörst du, Franzl“, sagte er, „du hast mir versprochen, dich auf die Lauer zu legen, und heut nacht ist noch mehr Heu verschwunden als gestern!“ — „Ach, Vater“, entgegnete Franzl, „sei nicht böse! Ich habe mich in einen Heuschober gelegt und darinnen verschlafen. Ich habe niemanden gehört und nichts gesehen.“ — „Das habe ich ohnedies gewußt“, sprach der Bauer, „daß sie dich auch noch stehlen, wenn ich dich wohin schicke!“

Eines Tages wurde kundgetan, daß die Königstochter ein Wettreiten veranstalten und den besten Reiter zum Manne erwählen werde. Als die Brüder das vernahmen, kroch Hansl vom Ofen herunter und ging in das Räuberschloß. Dort kleidete er sich um, holte ein Roß aus dem Stalle und sprengte zu dem Berge, der um die Wette überritten werden sollte. Es waren aber vor ihm schon an die hundert Reiter zur Stelle gewesen und hatten den halben Berg hinter sich, als er daherkam. Mit seinem schnellen Rosse überholte er sie bald, und als erster erreichte er das Ziel. Dann ritt er um das Königsschloß, gab sich jedoch nicht zu erkennen und sauste im Galopp wieder davon. Er stellte das Roß ein, fütterte die anderen Pferde und machte sich sogleich auf den Heimweg. Seine Brüder hatten das Wettreiten mit angesehen und erzählten daheim: „Du, Vater, einer war dort, der kann am allerbesten reiten, der wird die Königstochter heiraten!“ — „Und wer ist das?“ fragte der Alte. „Wir beide haben ihn nicht gekannt“, entgegneten die Brüder.

Weil der Sieger sich nicht gestellt hatte, wurde für den nächsten Tag abermals ein Wettreiten angesetzt. Franzl stieg wieder vom Ofen herunter und holte sich ein Roß, das das erste noch an Schönheit übertraf. Als er am Fuße des Berges ankam, hatten die anderen schon einen großen Vorsprung, er aber überholte sie alle und erreichte als erster das Ziel. Dann wendete er und sprengte davon, führte den Renner zurück in den Stall und ging nach Hause. Dort hörte er den Brüdern zu, die dem Vater berichteten: „Heute war der gleiche Reiter dort und wieder als erster oben, aber niemand weiß, wer das ist.“

Die Königstochter überlegte, wie sie den fremden Ritter einfangen könne. Sie ließ einen Draht spannen und mit elektrischem Strom aufladen, dann rief sie nochmals zum Wettreiten auf. Am dritten Tage nahm Franzl das schönste Roß und einen prächtigen Sattel. Die anderen Reiter waren schon wieder den halben Berg hinaufgelangt, als er dahersprengte, sein Roß anspornte und vor allen das Ziel erreichte. Diesmal konnte er jedoch nicht entwischen, denn der Draht versperrte ihm den Weg. Die Königstochter trat vor ihn und verlangte, daß er sich zu erkennen gebe. Jetzt müsse er hierbleiben. Er erbat sich noch einen Tag Zeit und versprach, danach mit Roß und Wagen wiederzukommen. Daraufhin durfte er fortreiten, und die Vorbereitungen zur Hochzeit begannen.

Daheim erzählten die Brüder, was sie beobachtet hatten: „Du, Vater, denjenigen, der so gut reiten kann, haben sie heute erwischt. Der wird jetzt König!" — „Kennt ihr ihn nicht?" fragte der Bauer. „Nein", sagten sie, „aber er hat ein so schönes Reitroß gehabt, wie wir vorher noch nie eines sahen." Franzl aber saß auf dem Ofen und hörte ihnen zu, ohne ein Wort fallenzulassen.

Am nächsten Morgen aber ging er in den Wald und holte sich aus dem Schlosse einen prächtigen Wagen, spannte zwei Rosse vor und begab sich zur Königstochter. Diese nahm ihn freundlich auf, und schon in kurzer Zeit feierten sie ihre Hochzeit. „Du hast keinen armen Mann geheiratet", sagte er zu ihr, „ehe ich dir aber meinen Reichtum zeige, fahren wir zu meinen Eltern." Vater und Mutter waren nicht wenig erstaunt, als ihr Franzl als junger König mit seiner Gemahlin in einer prächtigen Kutsche daherkam. Erst jetzt erzählte er, wie er nachts die Räuber belauscht und getötet und dadurch im Futterstall des Schlosses die drei Rosse gewonnen hatte, mit denen er sein Glück machte. „Vater und Mutter", sagte er, „gebt die Wirtschaft auf, und überlaßt sie den Brüdern! Ihr müßt euch im Alter nicht mehr plagen!" Die Eltern stimmten gern zu, übergaben seinen Brüdern Haus und Hof und fuhren mit ihrem Jüngsten und seiner Frau in das Schloß. Dort lebten sie noch lange ohne Not und Sorge.

28. Alles glaubt der König doch nicht

Ein König hatte eine Tochter, um die sich viele angesehene und mächtige Jünglinge bewarben. Der Vater sagte jedoch, er suche keinen Schwiegersohn, der großen Reichtum in die Ehe mitbringe, sondern einen, der mit Mutterwitz begabt sei. Nur wer so zu lügen verstehe, daß er ihm nicht glauben könne, erhalte die Hand seiner Tochter.

Königssöhne, Fürsten und Grafen versuchten ihr Glück, aber was sie auch Unmögliches ersannen, der König antwortete allen auf ihr Flunkern: „Ja, das glaube ich." Einer nach dem anderen mußte unverrichteter Dinge wieder nach Hause ziehen.

Endlich meldete sich ein Feldwebel, der als der größte Witzvogel in seiner Kompanie bekannt war. „Herr König", sprach er, „ich werde Ihnen erzählen, was wir Soldaten erlebt haben! Einmal marschierten wir im Juli bei größter Hitze, die Sonne brannte herab, und wir verdursteten schier, aber wir fanden keinen Brunnen an unserem Wege. Unversehens stieg eine Wolke auf, dann eine zweite, und plötzlich brach ein arges Gewitter los. Wo aber einen Unterstand finden auf dem weiten Feld? Doch da stand ein riesiges Krauthäuptel! Wir liefen darauf zu, und die ganze Kompanie fand einen Unterstand gegen den prasselnden Regen."

Wenn der Soldat glaubte, damit genug gelogen zu haben, so sah er sich getäuscht. Der König entgegnete nur: „Nun ja, das kann schon sein."

Die erste Lüge hat mir nichts geholfen, dachte der Feldwebel, aber er gab sein Vorhaben noch nicht auf. „Als das Gewitter zu Ende war", erzählte er, „marschierten wir wieder weiter. Nach einer Weile kamen wir in eine Stadt, dort sahen wir eine Schlosserwerkstatt, in der fünfzig Gesellen an einem Stück arbeiteten." — „Nun, und was haben die dort gemacht?" fragte der König. „Sie hämmerten alle an einem Kessel, der war so groß, daß einer den anderen bei seinem Klopfen nicht hörte." — „Und wozu fertigten sie den Kessel an?" — „Damit darin das Häuptel Kraut gekocht werde, unter dem wir Schutz vor dem Regen gefunden hatten." — „Freilich", meinte der König, „wenn das Kraut so groß war, mußte der Kessel noch größer sein, das glaub ich schon."

Auch die zweite Lüge war also nicht faustdick genug, überlegte der Feldwebel, aber ich werde dich schon noch überlisten! „Königliche Majestät", sagte er, „wir sind dann abermals weitergezogen, wieder mußten wir unter Hitze und Durst leiden. Zu unserem Glücke kamen wir zu einem großen Kirschbaum, und ich übernahm es, den Baum zu ersteigen und die Kirschen herabzuholen. Ich kletterte und kletterte, kam aber bis in die Wolken hinauf, ohne die Früchte erreicht zu haben. Majestät, der Baum war so hoch, was glauben Sie, was ich zu sehen bekam?" — „Nun, was haben Sie gesehen?" fragte der König. „In den Himmel habe ich hineingesehen!" — „Und was sahen Sie im Himmel?" — „Im Himmel habe ich gesehen — Herr König, ich getraue mich nicht, es zu sagen!" — „Sie müssen es aber sagen", entgegnete der Herrscher jetzt neugierig. „Im Himmel sah ich Ihren Herrn Großvater als Schweinehirt!" —

„Das glaube ich nicht“, rief der König zornig, „daß mein Großvater im Himmel Schweinehirt ist, das glaube ich nicht!“

„Wenn ihr es nicht glaubt, dann habe ich gewonnen“, sagte der Feldwebel vergnügt. Der König aber mußte Wort halten und dem schlauen Soldaten seine Tochter zur Gemahlin geben.

29. Einer schlägt zwölf

Es lebte einmal ein König, der hatte eine wunderschöne Tochter. Von weither kamen die Freier gezogen, doch sie wollte nicht heiraten. Sie ließ sich von jedem ein Rätsel aufgeben, und wenn sie es erraten konnte, verfiel der Wagehals dem Tode und wurde gehenkt. So verlor einer nach dem anderen sein Leben.

Auch der Königssohn des Nachbarreiches hörte von der seltsamen Jungfrau und beschloß, sein Glück zu versuchen. Weil er aber wußte, daß seine Eltern diesem Vorhaben abhold sein würden, teilte er es nur einem alten Diener mit, der nichts verraten sollte. Der Alte meldete jedoch voll Besorgnis dem Könige, daß sein Sohn schon am nächsten Tage ausziehen wolle, um die Jungfrau zu gewinnen. Darauf ließ der König seinen Sohn rufen und versuchte, ihn umzustimmen, doch vergeblich. Weil er nun befürchten mußte, daß der Jüngling, wie alle seine Vorgänger, die es gewagt hatten, um die stolze Königstochter zu werben, den schmachvollen Tod durch Henkershand sterben müsse, beschloß er in seiner Verzweiflung, ihn eher selbst zu vergiften.

Am nächsten Morgen wollte der Prinz die Burg verlassen, ohne seinem Vater Lebewohl zu sagen. Da trat der König aus der Tür und reichte ihm zum Abschiede einen Becher. Der Jüngling aber goß mißtrauisch das Getränk über den Kopf des Rosses hinab, rief seinem Vater einen Gruß zu und ritt in Begleitung seines Dieners davon.

Sie waren schon einige Tage gereist, als sie in einen großen Wald kamen, der kein Ende zu nehmen schien. Auf einmal machte das Roß des Königssohnes einen Satz, daß er abstürzte. Zugleich brach aber das Tier tot zusammen, denn das Gift hatte ihm Kopf und Hals durchgefressen. Von jetzt ab mußten sie sich daher mit einem einzigen Pferde behelfen.

Als sie auf eine Waldlichtung kamen, erblickten sie eine Schar wild aussehender und schwer bewaffneter Männer, die um eine Grube herumstanden. Ehe sie zurücktreten konnten, hatten die Kerle sie bemerkt, und einer kam auf sie zu und fragte freundlich, wohin die Reise gehe. Als die Räuber die Antwort vernahmen, lachten sie und sprachen: „Bleib lieber bei uns! Eben jetzt haben wir unseren Hauptmann begraben, und wenn du willst, kannst du an seine Stelle treten!“ Wer weiß, wozu das gut ist? dachte er und ging auf diesen Antrag ein. Darauf wählte ihn die Bande von neunundvierzig Männern zu ihrem neuen Oberhaupte.

Danach nahmen sie ihn und seinen Diener in ihre Mitte und führten die beiden durch dick und dünn, bis sie endlich in ein Wildtal kamen und vor einem Felsblocke stehenblieben. Sobald ein Räuber auf eine geheime Feder drückte, drehte sich der Stein und machte den Einlaß zu einem schmalen Gange frei. Bald aber wurde der Weg immer weiter und weiter und wurde von vielen Lampen und Fackeln erleuchtet. Sie gelangten in eine geräumige Höhle, von der aus sich viele Gänge verzweigten. In der großen Halle stand ein Tisch, der reich mit Speisen und Getränken gedeckt war. Die Männer setzten sich mit den Neuankömmlingen daran, aßen und tranken nach Herzenslust und verteilten sich dann auf ihre Gemächer. Einige blieben bei dem neuen Hauptmann, um ihm ihre Reichtümer zu zeigen. Sie führten ihn in die Schatzkammer und wiesen ihm die Waffensäle und Stallungen. Dann mußte er noch schwören, sie nie mehr zu verlassen.

Am anderen Tage machten sich die Räuber auf, um ihrem Handwerk nachzugehen. Der Königssohn und sein Diener durften zurückbleiben, weil sie noch recht müde waren. Dem treuen Alten war nicht recht wohl zumute, so daß er die Höhle verließ, seinem Herrn aber zuvor versprach, bald wiederzukommen. Wie er so umherstrich, traf er auf die Stelle, wo der tote Gaul lag. Neben dessen Kopfe fand er zwölf Raben hingestreckt, die wohl von dem vergifteten Fleische genossen hatten und daran verendet waren. Wie er das sah, dachte er: „Vielleicht kann ich uns von der sauberen Gesellschaft freimachen, wenn es gelingt, die Räuber zu vergiften.“ Er zog sein Weidmesser heraus, schnitt die vergifteten Teile vom Rosse und steckte sie samt den Raben in seine Jagdtasche. Dann machte er sich eilig nach der Höhle auf und bereitete von dem Mitgebrachten ein Mahl; den Königssohn aber warnte er, davon zu essen.

Bald darauf kamen die Räuber heim und waren lustig und wohlauf, denn sie hatten einen guten Fang getan. Müde setzten sie sich zu Tische und ließen es sich gut schmecken. Doch sobald sie gegessen hatten, verspürten sie heftige Schmerzen. Der Königssohn und sein getreuer Helfer stellten sich, als ob auch sie Schmerzen litten, bis nacheinander alle Räuber dem Gifte erlegen waren. Nun warfen sie die Leichen in einen nahen Wildbach, wählten sich gute Rosse und versorgten auch die anderen noch reichlich mit Futter; dann machten sie sich wieder auf den Weg.

Bald erreichten sie das Ende des Waldes, und jetzt sahen sie endlich auch die Stadt vor sich liegen, nach der sie ausgezogen waren. Sie ritten nach dem Schlosse, und der Prinz ließ sich durch seinen Diener beim Könige melden, der ihn freundlich aufnahm. Als aber der Jüngling sein Anliegen vorbrachte, wurde der Herrscher traurig und bat ihn, von seinem Vorhaben abzusehen. Der Königssohn war jedoch nicht zu überreden, und so führten sie ihn schließlich zu der wundersamen Jungfrau, damit er ihr ein Rätsel vorlege. Er fragte sie: „Sage mir, was heißt dies: einer schlägt zwölf, zwölf schlagen neunundvierzig?"

Das wußte sie nicht zu beantworten, weshalb sie sich eine Frist von drei Tagen erbat, damit sie das Rätsel überdenken könne. Damit

war er einverstanden. Man räumte ihm einige Gemächer ein und gab auch seinem Diener eine Stube zum Aufenthalt. Die Königstochter aber suchte inzwischen durch ihre Leute den treuen Helfer zu betören. Sie schickte ihren schlauen Kammerdiener, damit er ihn überliste und alles in Erfahrung bringe. Der Alte ließ sich dadurch nicht beirren, daß der andere einen großen Krug starken Weines mitgebracht hatte. Er trank den zierlichen Mann unter den Tisch, schnitt ihm den Knebelbart ab und prügelte ihn noch weidlich durch, so daß der durchtriebene Kundschafter schließlich froh war, mit heiler Haut zu entkommen.

Nun schickte die Jungfrau ihren Kutscher, einen riesigen Kerl, mit dem nicht zu spaßen war. Doch auch dem erging es nicht besser, denn der alte Diener war trinkfest wie wenige, band den Berauschten und schor ihm den Kopf kahl.

Jetzt beschloß die Königstochter, selbst zu versuchen, dem Diener sein Wissen zu entlocken, doch dieser erfuhr von ihrer Absicht und berichtete davon dem Prinzen. Dieser begab sich nun selbst an die Stelle seines Helfers, um die Jungfrau genauer sehen zu können. Als sie ihn aufsuchte, war er von ihrer Schönheit so ergriffen, daß er ihr seine ganze Geschichte und damit auch die Auflösung des Rätsels erzählte. Der treue Diener kam jedoch hinzu, ergriff eine Peitsche und maß ihr einige Streiche auf, obwohl sein Herr ihn abzuwehren suchte. Dann nahm er ihr noch den Ring vom Finger.

Am festgesetzten Tage fand sich der Königssohn bei ihr ein. Sie sagte: „Dein Rätsel weiß ich zu lösen. Du bist ein Prinz und solltest von deinem Vater vergiftet werden, du aber gossest das Gift über dein Roß, das daran starb. Von dem Pferde fraßen zwölf Raben, die darauf verendeten, und mit diesen bereitet ihr ein Mahl für neunundvierzig Räuber, um sie zu vergiften und dich zu befreien. Habe ich recht geraten?"

„Ja", entgegnete er und war auf alles gefaßt. Jetzt aber trat sein treuer Diener vor und sagte, die Königstochter habe nur durch List das Rätsel zu lösen vermocht. Zum Zeichen dafür wies er Knebelbart, Haare und Ring vor. Darauf mußte sie eingestehen, wie sie alles erfahren hatte und reichte dem Prinzen ihre Hand. — Ob er sie aber genommen hat, das weiß ich nicht.

30. Ach, da schaut her!

In einem Dorfe lebte ein recht verrufener Kerl. Er mied ein arbeitsames Dasein und stahl lieber auf Kosten der Fleißigen. Zuletzt verlegte er sich auf das Wildern, schleppte Hasen und Rehe heim und fühlte sich dabei recht wohl.

Eines Tages aber erwischte ihn der Förster auf frischer Tat, und weil jetzt seine Vergehen nachgewiesen werden konnten, erfolgte die Anzeige. Er mußte zu Gericht, fand sich aber in dem Gebäude nicht zurecht, ging den Gang auf und ab und suchte die richtige Tür. Auf einmal ging eine Tür auf, und heraus kam ein Herr, der sah ihm sogleich an, daß er recht aufgeregt war, und fragte ihn deshalb: „Was wollen Sie hier?" — „Ja, ich bin vorgeladen, weil ich Hasen gewildert habe." — „Und jetzt haben Sie Angst?" — „Ja, und wie ich mich fürchte! Ich war noch nie bei Gericht, was soll ich anfangen?" — „Hm", sagte der Herr, „wenn Sie etwas springen ließen, ich täte Ihnen schon etwas sagen, wie Sie sich herauswinden könnten!" — „Was glauben Sie, wie gerne ich das täte. Wenn ich nur wieder mit heiler Haut von hier wegkäme!" — „Am allergeschicktesten ist es, wenn Sie sich dumm stellen. Wenn Sie der Richter etwas fragt, sagen Sie halt: ‚Ach so!' und ‚Ach, da schaut her!' Stellen Sie sich ganz blöd!" „Ja, das könnte man versuchen", antwortete der Wilddieb.

Und richtig, wie er aufgerufen wurde „Michel Strohriegel" — das habe ich vergessen, daß er so hieß —, wie sie schreien „Michel Strohriegel!" schreit er, während er bei der Tür hineingeht: „Ach so!" — „Sie haben Hasen gewildert?" — „Ach, da schaut her!" — „Und haben sie auch verzehrt?" — „Ach so!" — „Und die Frau hat die Hasen zubereitet?" — „Ach, da schaut her!"

Jetzt wurde der Bezirksrichter stutzig, wie der so blöd redete: „Ach so — ach, da schaut her!" — „Ach so — ach, da schaut her!" Er sagte: „Der Mann ist nicht einwandfrei, der kommt mir nicht ganz richtig vor!" Sie fragten ihn weiter: „Wo geboren?" — „Ach so." — „Wann?" — „Ach, da schaut her!" — „Da können wir nichts machen", sagte schließlich der Richter, „der Mann ist nicht normal." Sie versuchten es noch einmal, aber endlich sprachen sie: „Mit dem können wir nichts anfangen. Was sollen wir mit ihm tun? Mit dem sollen sich andere ärgern, nicht wir!“ Und sie sprachen ihn frei.

Der Herr, der ihm den Rat gegeben hatte, wartete schon vor der Tür auf seine Belohnung. Sobald der Wilderer herauskam, sagte er: „Jetzt sind Sie freigegangen!“ — „Ach so“, antwortete der andere. „Rücken Sie heraus mit dem Geld!“ — „Ei, da schau her!“ Damit ging der Wilderer fort und ließ den anderen stehen.

31. Winterkölbl

Es lebte einmal ein armer Holzhauer mit seiner Frau und seinem kleinen Töchterlein am Rande eines großen Waldes. Er wußte oft nicht, wie er den Hunger der Seinigen stillen sollte, weshalb er sich vornahm, das Kind in den Wald zu führen und dort zu verlassen.

Als er wieder einmal für sich und seine Familie nichts zu essen hatte und keine Arbeit bekommen konnte, nahm er das Kind mit in den Wald, ließ es auf einer schönen Waldwiese zurück und versprach, bald wiederzukommen. Vielleicht hilft ihm ein gütiges Geschick weiter als uns, dachte er. Um das Mädchen zu täuschen, band er ein Stück Holz mit einem Strick so an einen Baum, daß der Wind es hin und her schleuderte. Das hörte sich so an, als ob er mit der Axt Holz fällen würde.

Das Kind glaubte, den Vater in seiner Nähe zu haben, suchte Erdbeeren und spielte mit den Blumen. Nach einiger Zeit schlief es müde vom Herumlaufen ein. Als es erwachte, stand der Mond schon hoch am Himmel, doch der Vater kam immer noch nicht. Nun fing es heftig an zu weinen und lief tiefer in den Wald hinein, um den Vater zu suchen.

Auf einmal erblickte es ein Feuerchen, neben dem mehrere Töpfe standen. Neugierig lief es hin, legte geschäftig trockene Reiser auf die erlöschenden Flammen und blies aus Leibeskräften das Feuer wieder an. Als es sich umwandte, bemerkte es ein Männlein, das ihm freundlich zulächelte. Das Männlein trug einen grauen Kittel, und sein weißer Bart ging ihm über die Brust herab.

Die Kleine fürchtete sich und wollte davonlaufen, doch der Zwerg rief sie zurück. Ängstlich kam sie wieder herbei, aber der Alte sprach so freundlich mit ihr und streichelte ihre Backen, daß sie alle Furcht verlor und ihm beim Kochen behilflich war. Er fragte sie um ihren Namen und wer ihre Eltern seien. Als sie ihm mit Tränen in den Augen von der Armut des Vaters erzählt hatte und wie sie hierhergekommen sei, sprach er: „Du kannst bei mir bleiben und sollst jetzt meine Tochter sein!" Die Kleine war froh, in dem Walde einen Beschützer gefunden zu haben, und willigte gern ein. Der Zwerg führte sie zu einem großen, hohlen Baume, in dem er sich auf Laub ein Bett bereitet hatte. Er richtete noch schnell ein zweites Lager her, damit sich die Kleine zur Ruhe begeben konnte.

Am nächsten Morgen weckte er das Mädchen und sagte, er müsse jetzt fortgehen, sie solle unterdessen das Haus, wie er den Baum nannte, in Ordnung halten. Er kam auch bald zurück und zeigte ihr alles, lehrte sie kochen und brachte ihr andere häusliche Verrichtungen bei. So verging der Tag schnell, und der Abend kam heran, ehe sie sich's versahen.

Das Mädchen lebte mehrere Jahre glücklich und zufrieden in der Obhut seines Pflegevaters und wuchs heran, so daß sie ihn um Kopfeshöhe überragte. Eines Abends sprach er zu ihm: „Ich muß jetzt auch für deine Zukunft sorgen. Die Königin, die hier in der Nähe wohnt, bedarf einer treuen Dienerin. Ich war bei ihr und habe dich empfohlen; sie ist gesonnen, dich aufzunehmen." Dann ermahnte er sie noch, sie solle nur sittsam bleiben, ihr Leben lang werde es ihr dafür nicht schlecht gehen.

Am anderen Morgen führte er die Jungfrau ins Schloß und stellte sie der Königin vor. Der Pflegevater verabschiedete sich herzlich und versprach, sie jeden Sonntag zu besuchen. Sie war noch nicht lange im höfischen Dienste, als der Königssohn aus dem Kriege heimkehrte. Er fand solchen Gefallen an dem Mädchen, daß er sie zu heiraten wünschte, und seine Mutter, die die Jungfrau liebgewonnen hatte, willigte sogleich ein.

Als der Graue, wie man im Schlosse das Waldmännlein nannte, wieder einmal kam, um das Mädchen zu besuchen, sagte die Königin zu ihm: „Mein Sohn hat die Absicht, sich mit deiner Tochter zu vermählen. Ich habe eingewilligt, doch kommt es jetzt noch auf dich an, deine Zustimmung zu geben!" — „Der junge König wird nur dann meine Tochter zur Frau bekommen", sagte der Alte mürrisch, „wenn er mir meinen Namen nennen kann!" Damit entfernte er sich und ging wieder in den Wald zurück.

Der Königssohn zerbrach sich den Kopf, und um hinter das Geheimnis zu kommen, sandte er hintereinander immer wieder einen Diener in den Wald. Als er schon mehrere vergeblich ausgeschickt hatte, versuchte er es noch einmal, und jetzt hatte der Beauftragte Glück. Er sah von Ferne ein Feuerchen und näherte sich vorsichtig,

damit er nicht entdeckt werde. Nun erblickte er den Zwerg, wie dieser während des Kochens von Zeit zu Zeit um das Feuer hüpfte und dabei sang:

Siede, Töpfchen, siede,
Damit der König nicht weiß,
Daß ich Winterkölbl heiß.

Voll Freude eilte der Diener in das Schloß zurück, berichtete dem Königssohne, was er gehört hatte, und erhielt für diese Nachricht eine Menge Goldstücke. Als der Zwerg an einem Sonntage wiederkam, begrüßte ihn der König mit den Worten: „Willkommen, Vater Winterkölbl!“ Jetzt sah sich das Männlein überlistet und gab die Zustimmung zur Heirat. Die Hochzeit wurde festlich begangen, und auch Winterkölbl war zugegen. Er nahm aber nicht die Einladung an, ins Schloß zu übersiedeln und wohnte nach wie vor in seinem Baume.

32. Die Nußdiebe

In unserem Dorfe waren zwei Gauner, die machten allerhand Lärm und Schaden. Einmal gingen sie nachts aus, Nüsse zu stehlen. „Wo aber werden wir die Nüsse teilen, damit uns niemand auf die Spur kommt“, fragte der eine. „Gehen wir in die Totenkammer, dort wagt sich niemand hin“, schlug der andere vor. Und dabei blieb es.

Nachdem sie die Nüsse gestohlen hatten, trugen sie den Sack in die Totenkammer, zündeten eine Kerze an und begannen die Beute zu teilen. Inzwischen ging der Lehrer vorbei, sah das Lichtlein brennen und hörte Geklapper und Murmeln. Er dachte, es geistere, lief hinüber zum Pfarrhofe und sagte: „Herr Pfarrer, kommen Sie schnell herauf, beim Totenkammerl geistert es. Ich höre darin klinseln, brummen und murren. Wir müssen schauen, was da los ist!“

Unterdessen sagte einer der beiden Gauner: „Weil schon die Nacht zum Teufel ist: Ich weiß einen Geißbock, den hole ich. Wir stechen ihn ab und teilen ihn auch gleich hier!“ — „Nun ja“, antwortete der andere, „wenn es nicht weit ist, hole ihn!“

Der Pfarrer war aber nicht sogleich bereit, mit dem Lehrer zu gehen. „Tut mir leid“, sprach er, „ich kann heute nicht gehen, ich habe einen wehen Fuß!“ — „Aber, Herr Pfarrer“, sagte der Schulmeister, „das müssen wir uns doch anschauen! Ich kann es im Religionsunterricht vorbringen, und Sie können es von der Kanzel verkünden, damit wir aufklären, was für Gespensterei in der Totenkammer ist!“ — „Ja, ich kann aber nicht gehen“, sprach wieder der Pfarrer, „mich schmerzt der Fuß so sehr.“ — „Dann trage ich Sie auf meinem Rücken hin“, schlug der Lehrer vor. „Ja, so ist es möglich“, sprach der Pfarrer, legte das Meßkleid an, setzte sein Käppchen auf und ließ sich vom Lehrer zur Totenkammer tragen.

Dort wartete der eine Schlingel schon auf den anderen mit dem Geißbocke. Als er wieder beim Guckerl hinausschaute, sah er die beiden herankommen, wußte jedoch nicht, wer das sei und glaubte, sein Genosse bringe den Geißbock. Er trat vor die Tür hinaus und sagte: „Schmeiß ihn nur nieder und bind ihm die Beine zusammen, damit wir ihn gleich abstechen!“ Wie das der Pfarrer hörte, sprang er vom Buckel des Lehrers herab und fing zu rennen an. Jetzt tat ihm der Fuß nicht mehr weh, er lief schneller als der Lehrer. Ich selbst kam gerade des Weges, die beiden sprangen aber so schnell daher, daß ich glaubte, sie würden mich über den Haufen rennen.

33. Die rechte und die falsche Braut

Es lebte in einem kleinen Dorfe ein Mann, der war schon recht gebrechlich, als seine Frau starb und ihn mit zwei Kindern zurückließ. Das Mädchen, die Mitzerl, und der Knabe, der Hansl, waren noch zu jung zur Arbeit, und so mußte er ein Stück Grund nach dem anderen verkaufen, um die ärgste Not zu lindern. Als Hansl die Schule beendet hatte, sagte er: „Vater, ich werde mir einen Dienst suchen, damit wir nicht weiter Hunger leiden. Die Mitzerl ist doch ein wenig älter als ich und versteht die Hauswirtschaft, zu zweit werdet ihr leichter durchkommen." — „Was willst du denn machen?" fragte der Vater. „Vielleicht komme ich als Kuhhirt wo unter." — „Ja, ist mir schon recht." Hansl war ein bildsauberer Knabe, und seine Schwester galt als das hübscheste Mädchen weit und breit. „Bevor ich aber von euch fortziehe", sagte er, „gehe ich mit der Mitzerl in die Stadt. Wir lassen von jedem beim Fotografen ein Bild machen. Meines bleibt bei euch, und das der Mitzerl nehme ich mit. Dann wissen wir, wie es dem anderen geht. Ist das Bild klar, so steht es gut, ist es trüb, geht es dem anderen schlecht." Er lieh sich in der Nachbarschaft Geld aus, um die Bilder bezahlen zu können, und schon am nächsten Morgen wanderte er fort auf Arbeitssuche.

Hansl bekam nichts mit auf den Weg als ein Stück Brot und ein Bündel mit seinem alten Gewand. In früheren Zeiten lagen die Dörfer nicht so nahe beieinander wie heute, und so mußte er weit gehen, ohne auch nur einen Menschen zu treffen. Auf einmal endete die Straße, auf der er durch den Wald wanderte, und er stand an einem großen Wasser. Die Nacht brach schon herein, ohne daß Hansl wußte, wie er weiterkommen sollte. Von daheim aus war er fromm erzogen, daher kniete er jetzt nieder und betete. Auf einmal erstreckte sich eine schöne Straße über das Wasser, auf der er weiterwandern konnte. Abermals kam er in einen tiefen Wald, die Finsternis brach herein, und er fürchtete sich ein wenig. Plötzlich hörte er einen Hund bellen, und jetzt ging er in die Richtung, aus der die Laute kamen. Er kam zu einem eisernen Gittertor, hinter dem der Hund ihn wütend anbellte. Ein König hatte hier seinen Gutshof, und alsbald kam der Torwächter, nachzusehen, wer beim Tore sei. Weil er ohne Bewilligung niemand einlassen durfte, ging er hinauf zum Könige und meldete, daß ein Kind draußen stehe, mit einem kleinen Bündel in der Hand. „Das schaue ich mir selbst an“, sprach der alte König. Seine Tochter war neugierig und sagte: „Vater, ich komme auch mit!“ — „Ich gehe auch mit hinunter“, sagte der Sohn. Zu dritt gingen sie nun zum Tore, um zu sehen, wer da so spät um Einlaß bitte.

„Wo kommst denn du um diese Stunde her?“ fragte der König. Hansl antwortete: „Meine Mutter ist gestorben, mein Vater ist alt und schwach, die Schwester vermag ihn noch nicht durchzubringen, er muß die Grundstücke hergeben, um überhaupt leben zu können. So bin ich gezwungen, mir einen Dienstplatz zu suchen.“ — „Ja, mein Kind, du bist noch viel zu schwach, wofür soll ich dich aufnehmen. Ich habe hier nebenan einen Meierhof, aber als Knecht bist du noch viel zu schwach“, sprach der König. Die Tochter aber sagte: „Der Knabe gefällt mir, das ist ein schöner Kerl. Er könnte doch die Truthühner halten!“ — „Na, wenn du glaubst, dann soll er deine Truthühner hüten!“

Hansl wurde eingelassen, sie führten ihn in die Küche und gaben ihm zu essen. Er schlug kräftig ein, denn Hunger hatte er genug. Dann führten sie ihn in den Paradestall, in den ein kleines Zimmer eingebaut war, ein Diener mußte noch ein Bett darin aufstellen, und Hansl hatte eine Heimstatt gefunden. Schon am nächsten Morgen trieb er die Truthühner aus, damit sie den Wasen zupfen konnten, und bald hatte er sich eingelebt. Im Stalle waren die Paradepferde und die Reitpferde. Wenn zeitig in der Frühe die Knechte kamen und die vier Paradepferde putzten, das Reitroß für die alte Königin und andere, dann putzte Hansl das Roß, das der Königstochter gehörte. Das Roß war bald am schönsten gehalten und glänzte vor allen anderen. Wenn die Tochter ausritt, bekam deshalb der Paradekutscher jedes Mal ein Trinkgeld. Der Knabe war aber zu jung und wagte nicht zu sagen, daß er das Roß pflege. Er stand weiterhin früh auf, um noch vor seiner Arbeit das Reitpferd zu putzen.

Die übrigen Kutscher, deren Pferde zu der Gutswirtschaft gehörten und in einem anderen Stalle untergebracht waren, wunderten sich, wieso der Paradekutscher das eine Roß so besonders schön putzte. Darum sagte einer der Meierknechte: „Wir müssen einmal lauschen, wie das zugeht!“ Der Oberkutscher der Moarknechte ging mit einem zweiten zum Paradestall, wo ein Guckerl für den König ausgeschnitten war, und beide lauschten dort hinein. Nun sahen sie, daß Hansl das Roß putzte. „Ach so, um diese Zeit spielt die Geige“, sagten sie. „Die Geschichte werden wir ändern, der Paradekutscher bekommt einen Haufen Trinkgeld für nichts!“ Jetzt riefen sie den Kleinen zu sich: „Hansl, wer putzt immer das Roß?“ — „Ich.“ — „Dummer Kerl, warum sagst du nichts?“ — „Ich getraue mich nicht!“ — „Jetzt werden wir eingreifen!“

Es war an einem Sonntage. Sie warteten ab, ob die Königstochter ausreite und dem Paradekutscher wieder ein Trinkgeld gäbe. Dann wollten sie die Geschichte richtigstellen. Wirklich, am Nachmittage ritt die Königstochter als erste aus, freute sich, daß ihr Roß wieder so glänzte, und drückte dem Paradekutscher ein Geldstück in die Hand. Jetzt ging der Meierknecht hin zu ihr und sagte: „Bitte schön, Fräulein, der verdient das nicht!“ — „Ja, warum?“ — „Sie geben das Geld dem Unrechten!“ Und dem Paradekutscher rief er zu: „Du Gauner steckst das viele Geld ein, aber das Roß putzt der Bub!“ Jetzt rief die Königstochter den Truthahnhüter her zu sich und fragte ihn: „Hansl, wer putzt mein Roß?“ — „Das putze ich täglich.“ — „Sie Schwindler!“ rief sie dem Paradekutscher zu „das werde ich meinem Vater melden!“

Die Königstochter stieg nochmals vom Roß und ging hinauf zum Könige. „Weißt du, wer mein Pferd so schön putzt? Das macht der Hansl!“ Und sie gab nicht nach, bis ihr Vater mit in den Hof kam und den Knaben vor dem Kutscher fragte, ob er das Pferd striegle und bürste. Der Schwindler mußte das ganze Geld zurückgeben und verlor seine Stelle. Nun aber, was machen? Jetzt sagte die Tochter: „Weißt du was, Vater? Der Hansl ist bei uns gut ernährt und stark geworden, nehmen wir ihn als Paradekutscher. Wir geben ihm einen zweiten zur Hand als Putzer, und er wird unser Kutscher!“

Hansl war nun schon längere Zeit dort und hatte alles Geld gespart, was er als Truthühnerwirt verdiente und geschenkt erhielt.

Jetzt lassen wir den Hansl rasten, jetzt kommen wir zum Vater heim. Eines Tages kam der Briefträger zu seinem Vater. „Ach Gott!", sagte dieser, „jetzt hat unser Hansl geschrieben und eine Geldanweisung auch geschickt!" Sie hatten ja auf dem Bilde immer gesehen, daß er noch lebe. Die Schwester war inzwischen schon achtzehn, neunzehn Jahre alt geworden, sie mußte zur Post laufen und das Geld holen. „Wieviel hat er denn geschickt?" fragte der Vater. „Schau her, mein Kind, heute geht es schon aus! Kaufe Schmalz, Salz, Zucker und hübsch viel Mehl! Jetzt könnten wir uns Brot backen, aber worin werden wir es abkneten?" Aus Not hatten sie selbst Backtrog und Ofenschüssel verkauft, der Grund und Boden war weg bis auf ein Stück Küchengarten. In ihrer Nachbarschaft wohnte eine Witwe mit ihrer Tochter, beide fast schwarz. „Geh hinüber zur Nachbarin", sagte der Vater, „und bitte sie, daß sie uns ihren Backtrog leiht!"

Das Mädchen lief zu der Schwarzen und sagte: „Mein Vater läßt vielmals bitten, daß ihr uns euren Backtrog leiht!" — „Wozu braucht ihr einen Backtrog", sagte die Nachbarin, „ihr habt ohnedies nichts zu fressen?" — „Der Hansl hat Geld geschickt, jetzt habe ich Mehl eingekauft." — „Geh du heim", entgegnete die Schwarze, „und sage deinem Vater, er möge mich heiraten, dann gehört alles ihm!" Um Gottes willen, dachte Mitzerl, diese böse Frau soll mein Vater heiraten? Und weinend kam sie heim. „Vater, die Nachbarin sagt, du sollst sie zur Frau nehmen, dann gehört alles dir. Sie leiht uns den Backtrog nicht." — „Dann geh nochmals hin, sie soll uns wenigstens Krücke und Ofenschüssel leihen. Wir werden den Teig in einem Schaffe abkneten." Mitzerl lief nochmals hinüber und richtete die Bitte des Vaters aus, aber die Schwarze antwortete: „Ich habe dir schon gesagt, dein Vater soll mich heiraten. Wenn du nochmals betteln kommst, trete ich dich bei der Tür hinaus!"

Als das Mädchen die Botschaft überbrachte, dachte der Alte: „Freilich wäre es nicht schlecht, ein älteres Frauenzimmer im Hause zu haben. Und der alte Dolmer überlegte sich eine Weile die Geschichte, bis er wirklich die Schwarze heiratete. Die besorgte Mitzerl aber hatte als junges Mädchen in der Angelegenheit nichts zu sagen. Weil das Haus des Vaters schöner gebaut war als das der Schwarzen, verkaufte diese das ihrige und erhielt dafür einen Batzen Geld. Nur den Küchengarten behielt sie, der ganz nahe war. „Siehst du", sagte sie „jetzt haben wir Geld, und in deinem Hause können wir alle beide leben." Aber was kam dann? Die arme Mitzerl hatte es siebenundneunzigmal schlechter als bisher. Wenn die Schwarze einkaufen ging, brachte sie ihrer Tochter Kleider, Orangen und süßes Zeug. „Mutter, warum gibst du der Leni alles und mir nichts?" fragte Mitzerl traurig. „Schau zu, daß du in den Garten hinauskommst! Dort ist deine Arbeit!" Das Mädchen weinte. Wenn es nur wüßte, wo der Bruder ist! Was half die Anschrift, sie war noch nie im Leben fort, sie würde nie hinfinden! Freilich hatte sie jetzt zu essen, aber sie wurde übel behandelt und mußte ohne Unterlaß arbeiten. Die Alte arbeitete auch, aber ihre Tochter saß nur herum, spielte und wurde verwöhnt.

Eines Tages stand die Alte zeitig am Morgen auf. „Auf mit dir!" schrie sie, „ich habe heute Waschtag, lauf und bring mir Wasser!" „Warum weckst du nur mich auf", sagte Mitzerl, „und die andere nicht?" Geduldig nahm sie zwei Eimer und ging zu dem Brunnen, der abseits vom Hause lag. Sie mußte sich sehr eilen, weil sonst hätte die Stiefmutter arg geschimpft. Neben dem Brunnen standen Weidenbüsche, daran lehnte eine drei Meter lange Stange mit einem Haken am Ende, an dem die Eimer in den Brunnen hinuntergelassen wurden. Als das Mädchen den ersten Eimer heraufzog, erschrak sie, denn es lag ein Totenkopf drinnen. Ich darf ihn doch nicht zurückwerfen, dachte sie und ließ den Eimer wieder hinab. Jetzt zog sie eine Hand herauf und beim dritten Male einen Fuß. Zuletzt schöpfte sie zwei Eimer ganz klaren Wassers und wollte damit rasch nach Hause gehen. Nun aber begann der Kopf zu reden und sprach: „Mädel, bleib ein wenig stehen!" „O weh", dachte sie, „der Kopf kann reden!" Sie stellte die Eimer nieder und fragte: „Was wünscht du von mir?" Jetzt fragte der Kopf den Fuß: „Fuß, was wünscht du dem Mädel?" — „Ich wünsche ihm, daß es noch siebenundneunzigmal schöner wird!" — „Ist geschehen!" Jetzt sprach der Fuß: „Hand, was wünscht du dem Mädel?" — „Bis sie heimkommt, soll ihr das Haar an die Fersen schlagen, so lang soll es sein und glänzen wie Gold!" — „Und Mädchen, was wünscht du selbst?" — „Nichts!" „Wenn du weinst", sagte der Kopf, „sollen deine Tränen zu Goldbröcklein werden! Und jetzt gib uns wieder zurück in den Brunnen!"

Daheim wartete die Stiefmutter schon zornig und wollte Mitzerl schlagen, weil sie so lange ausgeblieben war. Jetzt sah sie, daß das Mädchen noch siebenundneunzigmal schöner war, wie Milch und Blut. Dann erblickte sie das lange Haar, riß der schönen Mitzerl die Eimer aus den Händen und schlug sie ins Gesicht. Als das Mädchen zu weinen begann, leuchteten die herabrinnenden Tränen wie Goldbröcklein. Die Alte riß die Augen noch mehr auf, hielt inne vom Schlagen und fragte: „Wo warst du so lange?" — „Beim Brunnen." — „Und warum bist du nicht eher gekommen?" — „Dort waren drei Stück Menschenglieder, mit denen habe ich gesprochen, die haben mich nicht fortgelassen." — „Die haben dir das gewünscht?" — „Ja, sie haben mir drei Wünsche verliehen!"

Jetzt rief die Schwarze rasch ihre Tochter: „Geschwind, geschwind, renn zum Brunnen um Wasser, damit du auch so schön wirst!" Die Tochter rannte, was sie konnte, nahm den Haken und ließ den Eimer hinunter. Sie hatte von Mitzerl nicht genau erfahren, was diese erlebt hatte, und als sie jetzt statt des Wassers einen Totenkopf heraufzog, warf sie ihn zornig zur Seite. „Verflucht, so ein Gelump, wenn ich mich eilen soll!" Dann ließ sie den Eimer wieder hinab, doch nun kam die Hand nach oben. Noch zorniger wurde sie, als sie beim dritten Male den Fuß im Eimer fand. Erst der vierte Eimer enthielt reines Wasser. Sobald sie damit aber fortlaufen wollte, rief der Kopf: „Halt, bleib stehen!" Dann sprach er zum Fuß: „Was wünscht du dem Mädchen?" — „Was soll ich der Bösen wünschen? Ich wünsche ihr, daß sie noch siebenundneunzigmal schwärzer ist." Jetzt sprach der Kopf: „Hand, was wünscht du dem Mädel?" — „Ich wünsche ihr, daß ihr beim Weinen Ruß aus den Augen fliege!" Zuletzt sprach der Kopf: „Und ich wünsche ihr, daß sie bei jedem Schritte, den sie tut, einen Rülpser macht!"

Die Alte wartete schon ungeduldig auf ihre Tochter und erschrak, als diese überaus häßlich und rülpsend daherkam. Sie versetzte ihr einen Schlag, worauf die Häßliche beim Weglaufen nur noch rascher rülpste. Die schöne Mitzerl hatte es von nun an noch neunundneunzigmal schlechter als bisher.

Hansl hatte sich inzwischen als Paradekutscher viel Geld erspart. Einmal sagte der Königssohn bei Tische zu seinen Eltern: „Ich muß dem Hansl zusehen. Seit er Kutscher ist, sind die Rosse noch einmal so schön gepflegt, ich muß ihm bei der Stallarbeit zusehen!" Und er ging zum Paradestall, um den Kutscher durch das Guckerl zu beobachten. Dieser erinnerte sich gerade an seine Schwester und sagte sich: „Ich muß schauen, wie es daheim steht, wie es dort zugeht. Er zog das Bild hervor und sah es an; jetzt war es trüb. Seine Schwester mußte schwer arbeiten und wurde geschlagen. Hansl betrachtete das Bild, es kamen ihm die Tränen, und er konnte nicht weiterarbeiten. Der ihm zugeteilte Putzer fragte: „Was hast du in der Hand?" — „Nichts; sehen wir zu, daß wir fertig werden. Nun", sagte er, „wenn du es gerade sehen willst, kann ich es dir ja zeigen." Unterdessen hatte die Alte daheim wieder aufgehört, seine Schwester zu schlagen, und das Bild war wieder rein und klar. „Wer ist das?" fragte der Putzer. „Das ist meine Schwester." — „Leute, hast du eine hübsche Schwester!" — „Ja, aber schauen wir, daß wir bald fertig sind!"

Der Königssohn hatte alles mitbeobachtet und klopfte an. Als Hansl öffnete, fiel er vor Schreck fast auf den Rücken, denn ausgerechnet das Roß des jungen Königs war noch nicht geputzt. „Guten Morgen, junger Herr König, euer Roß wird bald fertig sein." — „Es ist weiter nichts, ich wollte euch nur heimsuchen. Ich kann heute nicht schlafen, im Schlosse ist noch niemand erwacht, so wollte ich euch aufsuchen." — „Sehr schön, junger Herr König, sehen sie nur zu!" — „Ja, Hansl, aber du hast geweint!" — „Ich weinen, junger Herr König, ich lebe ja gut!" Der Bursche hatte keine Ahnung, daß der König Zeuge des Gespräches gewesen war. „Du hast ein Büchlein in der Hand gehabt" — so hatte für den Lauscher die Hinterseite des Bildes ausgesehen —, „zeig mir das Büchlein auch!" Hansl wehrte ab, doch der Königssohn setzte ihm so lange zu, bis er das Bild herauszog. „Bitte schön, wenn es sein muß, das ist meine Schwester!" — „Gib mir das Bild kurze Zeit, ich komme sogleich zurück, ich bringe es sofort wieder", sprach der Königssohn. Er erhielt es und eilte damit ins Schloß. Der König war schon munter, lag aber noch im Bette, weil es früh am Morgen war. „Vater, schau das Bild an", sagte er, „was glaubst du, wer das ist? Die Schwester unseres Hansl! Ähnlich, aber hübscher." Dann zeigte er es seiner Mutter: „Schau her, Mutter, wie schön die ist." — „Vater, ich lege dir das Bild hier auf den Tisch; wenn das nicht meine Frau werden darf, bleibe ich ewig ledig!" — „Himmel", dachte sich der König, „der Bursche ist närrisch. Ein Königssohn so ein armes Kind heiraten!" Der Sohn fragte die Mutter: „Was sagst du dazu?" — „Ja, mein Kind, die gefällt mir. Und wenn sie so arm ist, daß sie nur einen Kittel besitzt, darfst du sie heiraten!"

Der Königssohn brachte dem Paradekutscher das Bild zurück und sagte: „Hansl, spann deine zwei Rappen ein und nimm den Landauer-Wagen mit Verdeck! Wir fahren um deine Schwester!" Ist der närrisch geworden, dachte Hansl, laut aber sagte er: „Junger Herr, was wollen Sie mit meiner Schwester?" — „Das ist meine Sache, wenn du willst, daß sie von daheim wegkommt, dann holen wir sie. Den Vater kannst du mitbringen!" Hansl wußte nichts von der Schwarzen und ihrer Tochter. „Nach dem Frühstück fahren wir", sagte der Königssohn. „Weißt du den Weg?" — „Ja, beiläufig." Der Paradekutscher beeilte sich, fütterte die Rosse und meldete dann: „Junger Herr König, Sie können schon kommen!"

Sie fuhren los, fuhren und fuhren. „Ja, nimmt der Wald gar kein Ende?" fragte der Königssohn. Als sie zum großen Wasser kamen, wußte der Hansl, daß er auf dem richtigen Wege war. Die Straße führte ganz am Ufer der Wasserfläche entlang. Es war aber immer noch recht weit, und so kamen sie erst nach Mitternacht in seinem Dorfe an. „Was machen wir jetzt, mein Vater hat weder Hafer noch Heu", sagte Hansl, „fahren wir zum Gasthofe und stellen wir dort die Rappen über Nacht ein. Mein Vater ist ein alter Mann, er würde sich jetzt um Mitternacht krankschrecken."

Im Gasthause erkannte niemand den Hansl, so gewachsen und gekräftigt war er seit seinem Weggange durch die gute Kost im Königsdienst. Den jungen König sprachen sie sogleich als Herrn an, was er wirklich war, wußten sie aber nicht. Hansl spannte mit dem Wirtsknecht die Rosse aus. „Bring mir zuerst Heu auf die

Raufe, damit die Rosse ruhig mummeln können, und erst nach einer halben Stunde den Hafer. Du bekommst ein gutes Trinkgeld." Der Königssohn saß schon in der Wirtsstube und sagte: „Hansl, komm setz dich zu mir her!" „Zu so einem Herrn soll sich der Kutscher hinzusetzen?" — „Du bist schon so gut wie mein Schwager!" Die Gäste horchten auf. Hansl entschuldigte sich bei seinem Herrn für einen Augenblick, ging zum Wirt und fragte ihn, ob er ihn nicht kenne. „Ich bin der und der!" — „So etwas", sagte der Wirt, „ja, bist du der Hansl? Aber mein lieber Hansl, deiner Schwester geht es schlecht. Dein Vater hat geheiratet!" — „Ja, wen denn?" — „Die Nachbarin, die Schwarze." — „Dann glaube ich es, wenn er die Bißgurn im Hause hat. Und wieso geht es der Mitzerl schlechter?" — „Ja, du wirst schauen, wenn du deine Schwester siehst. Sie ist siebenundneunzigmal schöner, hat die Haare bis zu den Fersen." — „Oh", dachte der Bursche, „das ist gerade recht für den jungen König." Er fragte den Wirt, ob er ein Zimmer für den Herrn habe, das sei der Königssohn. Der Wirt entschuldigte sich sogleich bei seinem hohen Gaste, daß er ihn nicht gebührend gewürdigt habe. „Junger Herr König, das schönste Zimmer erhalten Sie!" — „Ja, aber mein Kutscher soll auch eines bekommen!" Hansl sagte indes: „Ich schlafe im Stall bei meinen Rappen. Der Wirt hat andere Rosse drinnen stehen, da könnte etwas geschehen über Nacht." — „Ja, sehr schön, wenn du glaubst, dann schlaf im Stall!"

Am Morgen war Hansl früh auf, putzte die Rosse auf Glanz und ging dann zum Wirt: „Herr Wirt, stellen Sie sich vor, der junge König will meine Schwester mitnehmen und heiraten!" — „Da bist du dumm, wenn du dich nicht bemühst, daß er sie wirklich nimmt! Geh aber nicht zu Fuß zum Vater, es ist viel schöner, wenn du die Rappen einspannst und den jungen König im Verdeckwagen hinführst. Mein lieber Hansl, dein Vater ist jetzt verheiratet, du mußt Mutter zu ihr sagen, du mußt mit dem Frauenzimmer gut umgehen, sonst hat es der Vater nachher schlecht. Er ist ja viel älter und kann nicht mehr arbeiten, und sie gibt ihm doch das Essen. Du mußt tun, als ob du sie gern hättest!"

Jetzt ließ Hansl den Königssohn wecken, und während dieser

frühstückte, spannte er ein. Als sie zu seinem Vaterhaus gelangten, stieg Hansl ab, öffnete das Tor und fuhr in den Hof. Sofort sprang die Schwarze aus der Haustüre und rief: „Da schau mir her! Die machen einfach das Tor auf und fahren herein!“ — „Aber Mutter“, sagte Hansl, „ich bin ja der Hansl, dein Sohn, der so lange Jahre fort war! Der Bruder der Mitzerl!“ — „Dann könnt ihr schon hereinfahren!“ Der Vater saß beim Tische und rauchte seine Pfeife. „Grüß Gott, Vater“, sagte Hansl. „Ich kenn dich nicht.“ — „Ich bin ja dein Sohn, der Hansl.“ — „So, bist du mein Kind! Wie groß bist du geworden!“ — „Und das hier ist der junge Herr König, er will die Mitzerl besuchen und mitnehmen.“ — „Was hast du gesagt? Die Mitzerl mitnehmen? Das wird nicht gehen!“ — „Und wo ist die Mitzerl?“ — „Oh, mein liebes Kind, die hat es schlecht, die muß schon zeitig früh arbeiten. Wenn sie fort ist, dann ergeht es mir schlecht!“

Hansl ging hinaus und fragte die Schwarze: „Mutter, wo ist die Mitzerl?“ — „Die ist im Garten, ich kann nicht ihrer zwei untätig

herumsitzen lassen.“ Das Mädchen hockte hinten im Garten und jätete. „Mitzerl!“ rief Hansl, „komm her, ich bin der Hansl, dein Bruder!“ Weil sie nicht wagte, die Arbeit zu unterbrechen, gingen die beiden zu ihr hin. Jetzt weinte sie, weil sie ihren Bruder erkannte. „Deine Tränen glänzen ja wie Gold!“ rief der Hansl. Ihr langes Haar, von dem der Wirt auch dem Königssohne erzählt hatte, trug sie zusammengebunden unter einem Kopftuche, so daß er es nicht sehen konnte.

Als die Schwarze hörte, daß der Königssohn ihre Stieftochter mitnehmen wolle, sagte sie: „Nehmen sie meine Tochter auch mit, sie kann ja verschiedene Arbeiten verrichten! Aber ihr müßt um Mitternacht fortfahren, denn wenn die Dorfburschen merken, daß ihr die schöne Mitzerl mitnehmt, die erschlagen euch.“

Inzwischen schenkte sie noch fleißig Wein ein, so daß der Königssohn und Hansl schließlich ganz benommen waren. Die Alte duldete nicht, daß sie ein Licht anzündeten, und in stockfinsterer Nacht mußte Hansl die Rosse einspannen. Die Alte setzte nun die schöne Mitzerl neben ihren Bruder auf den Kutschbock und ihre Tochter hinter den Königssohn im inneren Wagen. Hansl dachte aber, neben ihm sitze seine Stiefschwester, und als sie an dem großen Wasser vorbeifuhren, gab er der schönen Mitzerl einen Stoß, so daß sie in die Fluten hinabstürzte. Sie ertrank jedoch nicht, sondern wurde zu einem goldenen Fische, der sogleich bis ans Ende des Sees mitschwamm und sich dort in einem Sauerbrunnen der königlichen Schafweide verbarg.

Erst gegen Mittag kamen sie zum Königsschlosse, wo alle schon ungeduldig auf sie warteten. Hansl sprang vom Kutschbock, öffnete den Wagen und sagte: „Junger Herr König, steigen sie aus!“ Der Königssohn hatte vor Müdigkeit bis zur Heimkunft geschlafen und starrte jetzt entsetzt auf seine Nachbarin. „Wo aber ist die schöne Mitzerl, die haben wir verloren?“ Hansl zog ihr Bild hervor und betrachtete es. „Sie lebt“, sagte er, „ob sie vom Wasser wieder heraus ist?“ Die königlichen Eltern aber waren zutiefst erschrocken, wen ihr Sohn mitgebracht hatte. „Pfui, ist das deine Braut, die du heiraten willst?“ fragten sie. „Mutter, ich bin müde und muß schlafen“, sagte der junge König. „Gebt ihr zu essen und Arbeit, Hansl wird euch schon erzählen, wie es ist." Die schöne Mitzerl aber war verschwunden.

Der Königssohn ging hinauf in sein Zimmer, legte sich nieder und schlief sogleich ein. Auf einmal träumte er von einer Treibjagd, auf der er viele Hasen und Füchse schoß. Nach einer Weile hatte er einen neuen Traum. Es war ihm, als sei die schöne Mitzerl ein goldener Fisch und im Sauerbrunnen drinnen. Jetzt ermunterte er sich und beschloß, doch eine Treibjagd anzustellen. Zwei seiner Jäger mußten ausreiten und die Treiber in kurzer Zeit zusammenholen. Inzwischen nickte er nochmals ein, und nun träumte er, daß er mit der Angel aus dem Sauerbrunnen einen goldenen Fisch geholt habe, und vor ihm sei die schöne Mitzerl gestanden.

Jetzt schlafe ich nimmer, sagte er zu sich, jetzt will ich sehen, ob der Traum auf Wahrheit beruht! Er befahl, zur Jagd in einer Kutsche Essen und Getränke mitzuführen und auf einem Leiterwagen Tische und Bänke und auf einer Waldblöße das Mittagessen vorzubereiten. Die Jäger brachten eine große Strecke Wild auf und trafen zu Mittag zusammen. Nach der Mahlzeit sagte der Königssohn: „Meine Herren, legt euch im Schatten ein wenig zur Ruhe, ich werde inzwischen meine Schafweide besichtigen." Während die anderen rasteten, ging er eilends zum Sauerbrunnen. Als er ins Wasser blickte, entdeckte er darin wirklich einen goldenen Fisch, den er sogleich emporzog. Der Fisch war überaus schwer, sobald er ihn jedoch auf dem Erdboden hatte, fiel die Haut ab, und die schöne Mitzerl stand splitternackt vor ihm. „Goldenes Kind, wenn du nur da bist", rief er, „schäme dich nicht, du wirst mein Gemahl!" Sie aber sagte: „So gehe ich nicht mit, ich müßte mich mein Leben lang schämen. Bring mir Kleider deiner Schwester, ich warte hier!"

Nur etwa zwanzig Schritte vom Brunnen weg ging eine Straße vorbei. Während nun der Königssohn um Gewand lief und die Schöne auf ihn wartete, hörte sie auf einmal das Heranrollen von Wagen. Schnell kletterte sie auf einen astreichen Kastanienbaum und verhielt sich ganz ruhig. Jetzt näherte sich eine Schar Trogzigeuner, die aus Pappelholz Waschtröge fertigen. Sie führten ihre Ware mit sich, Frauen mit kleinen Kindern saßen auf den Wagen, die größeren liefen mit den Erwachsenen nebenher. Alle zogen vorüber, Junge und Alte, ohne die Versteckte bemerkt zu haben. Nur eine häßliche Alte blieb stehen, um sich die Pfeife anzuzünden, und während des Anzündens hob sie den Blick und entdeckte die nackte Mitzerl. „Was machst du denn da oben, was tust du denn da?" rief sie. Das Mädchen war so töricht und sagte in seiner Angst die Wahrheit: „Ich warte auf den Königssohn." — „Geh herunter, sonst reiße ich dich herab!" rief das Rabenvieh, und als Mitzerl herabstieg, packte sie diese bei den Haaren, zerrte sie zum Brunnen und — plansch — in den Brunnen hinein. Das Mädchen wurde sogleich wieder zum goldenen Fische, die Alte aber warf ihre Pfeife weg und stieg auf den Baum.

Als der Königssohn daherkam, war die Schöne zu seinem Schrekken wieder verschwunden. Er hätte bloß wieder in den Brunnen sehen müssen, aber daran dachte er nicht. Jetzt aber schrie die Trogzigeunerin vom Baume herunter: „Geh nur her, ich bin so hier!" — „Was, du bist es? Oder schon wieder nicht?" — „Ach ja, aber die heiße Sonne hat mich verbrannt, deshalb bin ich auf den Baum gestiegen." So dumm war er aber nicht, daß er glaubte, die schöne Mitzerl sei in eine Zigeunerin verwandelt. Er glaubte, daß eine durchziehende Schar das Mädchen mitgenommen habe und er es später gegen Geld wieder zurückbekommen werde. Im Königsschlosse waren sie schon voll Erwartung, aber statt der schönen Mitzerl brachte er jetzt das Rabenvieh daher. Die häßliche Alte bestand darauf, daß er sie jetzt heiraten müsse. Der Königssohn lief zum Pfarrer und erzählte ihm sein Mißgeschick: „Ich habe ein so schönes Mädchen als Braut, und zweimal ist sie mir schon entrissen worden. Ich muß der Alten eine Trauung vortäuschen, damit sie glaubt, alles Hab und Gut gehört ihr. Vielleicht verrät sie dann, was mit der schönen Mitzerl geschehen ist." Der Pfarrer war einverstanden und der Königssohn holte die falsche Braut. „Zieh dich schön an, wir gehen heiraten, du wirst jetzt meine Frau!" Die Böse wußte ja nicht, wie es bei einer kirchlichen Trauung zugeht. Der Pfarrer stellte sie in der Kirche in das untere Eck und den jungen König in das obere und fragte: „Herr König, haben sie die Braut gern?" — „Ja." — „Und hast du den König gern?" — „Ja." Nun, die wird ihn nicht gern haben! „Dann ist die Ehe geschlossen.“ Die falsche Braut freute sich, jetzt war sie die Herrin.

Sogleich wurde die Weisung ausgegeben, sie könne befehlen und tun, was sie wolle. Als erstes verlangte sie, daß alle Frauen der Meierhofknechte in den Garten zur Arbeit kommen müßten, und weil die Oberkutscherin mit einer anderen sprach, schrie sie: „Arbeiten, arbeiten, sonst bekommt ihr keinen Lohn!“ Das gefiel ihr aber gar nicht, daß der Königssohn in einem anderen Bette schlief als sie. „Warum schläfst du nicht bei mir?“ fragte sie. „Bei Königen ist es der Brauch, daß er zuerst ein ganzes Jahr nicht bei seiner Frau schläft, das ist der königliche Glaube!“ Bei Tische fraß sie neunmal mehr, als andere verspeisten.

Eines Tages dachte sie, was soll ich machen, damit ich das Mädel aus dem Brunnen herauskriege und vertilgen kann? Einmal wird der König dahinterkommen, dann läßt er mir den Hals abschneiden. Sie stellte sich krank und sagte auf die Frage des Königssohnes: „Ich habe Schmerzen in der Brust und überall.“ — „O weh“, dachte er,

„die wird vielleicht krank und stirbt, und ich weiß immer noch nicht, wo die schöne Mitzerl ist!“ Hansl betrachtete oftmals das Bild seiner Schwester und sagte nach dessen Aussehen: „Sie lebt, aber wer weiß, wo sie ist.“ Jetzt mußte er den Arzt holen, der die falsche Herrin untersuchte. „Was fehlt ihr“, fragte der junge König. „Überhaupt nichts“, entgegnete der Arzt, „nehmt einen Prügel und jagt sie aus dem Bett!“ Jetzt erst erzählte der Königssohn von seinem Unglück. „Dann müssen sie fragen, was sie sich wünscht“, riet der Arzt. Die Böse aber sagte: „Auf der Schafweide ist ein Sauerbrunnen, in dem schwimmt ein goldener Fisch. Den muß ein Diener herausfangen, die Köchin muß ihn zubereiten und ich werde ihn essen. Und wenn ich zwei Wochen daran esse. Und was ich nicht esse, muß alles verbrannt werden, die Schuppen kommen in ein Körbchen, alles was bleibt, wird verbrannt. Dann werde ich gesund!“ Der Königssohn dachte, sie redet von einem Fische. „Hansl, schau auf das Bild“, sagte er. „Ja, sie lebt!“ Ein Diener wurde ausgeschickt, den Goldfisch zu fangen, doch der verwandelte sich diesmal nicht. Die Königin machte den Fisch fertig, eine Magd mußte ihn der Falschen ans Bett bringen, und diese fraß wie ein Wolf. Zum jungen Könige sagte sie: „Ja, jetzt bin ich gesund“, denn sie dachte, das Mädchen wäre jetzt tot. Die Köchin hatte aber gesagt: „Der Trutzigen werden wir nicht folgen und die schönen Goldschuppen verbrennen!“ Sie breitete ihr Taschentuch auf, tat die Fischschuppen hinein und nahm sie abends mit ins Freie, wo ihr Liebster sie auf einer Bank erwartete. Das Mädchen war indes jetzt in den Schuppen drinnen, in einer Art, wie es unser Herrgott wollte. Unterwegs rutschte der Köchin ein Tuchzipfel aus der Hand, so daß sie viele Schuppen ausschüttete und sie samt ihrem Liebhaber nur einen Teil im Finstern zusammenlesen konnten.

Bis gegen Morgen tat unser Herrgott ein Wunderwerk, ein Sturm kam auf und wälzte die Schuppen weiter bis in den Hof. Und in der Frühe stand hier ein Bäumchen mit drei Ästen, deren jeder einen Apfel trug. Der junge König war als erster auf den Beinen, um Hansl zu fragen, wie es mit seiner Schwester stehe, jetzt erblickte er das Bäumchen. Am Abende vorher war noch nichts zu sehen, und auf einmal stand morgens hier ein kleiner Apfelbaum. Er ging zurück zu seinem Vater: „Ein großes Wunder im Schloßhofe, drei Äpfel hängen wie Rosen auf einem Bäumlein! Das muß von Gott sein, denn unser Herrgott weiß alles!" Dann eilte er zu Hansl: „Schau auf das Bild!" — „Ja, sie lebt noch!" — „Dann ist sie nicht gefressen worden, vielleicht ist sie gar in einem Apfel drinnen! Aber die Äpfel lasse ich nicht fressen!"

Ein Diener mußte in die Stadt gehen und ein Schutzgitter holen, damit ja kein Hund an das Bäumlein streife. Als die Schwarze sich vom Bett erhob, sah sie das Apfelbäumlein und fluchte: „Himmel, fix, da ist etwas nicht richtig! Gestern abend nichts, und heute das Bäumlein! Die Köchin hat nicht alles verbrannt!" Sie schrie drei Tage lang mit den Frauen, die im Garten arbeiteten, dann stellte sie sich wieder krank. Der junge König ließ wieder den Arzt holen und fragte ihn, was ihr fehle. „Nichts, kein Fehler, kein Fieber. Nehmen sie einen Prügel und waschen sie sie gut ab!" Jetzt ging er zur Kranken: „Was fehlt dir?" — „Ich habe starkes Fieber, du kannst es dämpfen. Die drei Äpfel muß mir die Köchin dünsten, die Schalen verbrennen, der Baum muß samt der Wurzel aus der Erde und im Backofen verbrennen. Dann werde ich gesund!" — „Es bleibt mir nichts übrig", dachte er; „ich muß es machen, sonst erfahre ich nicht, was mit der armen Mitzerl geschehen ist. Sie muß es ja wissen. Hansl, schau, ob deine Schwester lebt!" — „Ja, sie lebt, das Bild ist rein! Was will sie denn?" — „Den schönen Apfelbaum." — „Nun, wenn sie den schon fressen will, umhacken werde ich ihn!" Er nahm eine scharfe Hacke und spaltete ein Stück Holz ab. Das Bild war rein, das Mädchen war nun in dem Brettlein drinnen. „Jetzt soll sie die Äpfel fressen. Die Köchin schälte und dünstete die Äpfel, der Baum wurde samt den Wurzeln verbrannt.

Als das Rabenvieh gefressen hatte, stand es auf, um nachzusehen, was die Taglöhner auf dem Felde taten. Ein Kutscher mußte sie ausfahren. Nachmittags, nach dem Essen war die Oberkutscherin immer die erste im Garten wegen der Stachel- und Johannisbeeren. „Bis die schwarze Hexe kommt, essen wir uns an", sagte sie zu den anderen Frauen. Wie sie da sich zum Pflücken bückten, fand sie das Brettlein, das Hansl abgespalten hatte und sagte: „Da schau, was das für ein schönes Brettlein ist, das tue ich auf mein Milchstötzel!

Das lasse ich der Schwarzen nicht!“ Und sie ging heim mit dem Brettlein und legte es über das Aufrahmgefäß für die Milch.

Am nächsten Morgen ging die Oberkutscherin als erste in den Garten. Als die anderen Frauen nachkamen, hörten sie im Vorbeigehen aus der Wohnung des Oberkutschers einen wundervollen Gesang. Mitzerl war durch Gottes Hilfe wieder in ihrer Gestalt erstanden, befand sich nackt in einem schönen Zimmer und sang ein Heiligenlied. Die Frauen fragten die Oberkutscherin, wer bei ihr daheim so schön singe. „Was“, sagte diese, „da muß ich schauen gehen!“ Rasch rannte sie heim, jedoch während sie aufsperrte, verstummte der Gesang, und Mitzerl schlüpfte unter das Bett. Die Oberkutscherin suchte alles ab: „Was kann in meinem Zimmer sein?“ Jetzt antwortete die Schöne: „Mutter, ich habe gesungen. Ich habe meine erste Mutter verloren, die zweite hat mich beschimpft und geschlagen, möchtest du meine dritte sein?“ — „Wo bist du denn, komm hervor“, sprach die Kutscherin. „Himmlischer Vater, so ein schönes Kind hast du mir geschickt! Wer bist du?“

„Alles darf ich jetzt nicht sagen, eines schönen Tages wird die Sonne scheinen, dann kann ich alles sagen. Der Paradekutscher, der Hansl, ist mein Bruder.“ Die Kutscherin öffnete den Schrank: „Kind, das schönste Kleid, was ist, zieh jetzt an! Ich nehme Geld und fahre in die Stadt, ich bringe dir das beste seidene Gewand. Trink und iß inzwischen, was du willst!“ — „Mutter, bitte, bring mir auch ein schönes Kopftuch mit, damit ich meine Haare einbinden kann!“

Während die Kutscherin in die Stadt fuhr, kam die Schwarze in den Garten. „Wo ist die Kutscherin?“ — „Sie ist heimgegangen nachzusehen, in ihrem Zimmer hat jemand schön gesungen.“ — „Wenn sie nicht sofort kommt, ist sie brotlos!“ Eine Frau ging hin, fand das Zimmer versperrt und guckte beim Fenster hinein, sah aber niemanden, die Schöne hatte sich wieder versteckt. Die Frau kam unverrichteter Dinge zurück, und die Schwarze fragte: „Wo ist die Kutscherin?“ — „Ich finde niemanden, sie ist nicht daheim, und ihr Zimmer ist abgesperrt.“ Drei- bis viermal schickte die Schwarze nach der Kutscherin, bis endlich eine Frau mit der Nachricht zurückkam, jetzt sei sie wieder daheim. „Warum kommt sie nicht zur Arbeit?“ — „Sie hat gesagt, die Schwarze kann ihr den Buckel herunterrutschen! Unser Herrgott hat ihr eine Tochter geschickt, die läßt sie nicht am ersten Tage allein! Und wenn sie brotlos würde, ihr Mann bekäme auch anderswo eine Dienststelle!“

Wütend lief die Schwarze hinauf ins Schloß zum jungen Könige. „Noch heute mußt du den Oberkutscher entlassen!“ — „Warum?“ — „Seine Frau ist nicht zur Arbeit gekommen und läßt mir sagen, ich solle ihr den Buckel herunterrutschen, der Herrgott habe ihr eine Tochter geschickt!“ — „Da ist etwas dazwischen“, dachte der König, zur Schwarzen aber sagte er: „So schnell geht das nicht, ihn sogleich hinauszuwerfen. Die Kündigung ist vierteljährlich. Von der Arbeit zurückstellen kannst du ihn, aber ein Vierteljahr bleibt er noch.“ Eilig ging er zu Hansl in den Stall: „Schau auf das Bild! Die Oberkutscherin hat eine Tochter bekommen, ist das vielleicht unsere Mitzerl?“ Zu zweit gingen sie zur Oberkutscherin und klopften an. „Wer ist draußen? Komm nur, ich schlage dich mit dem Schürhaken!“ rief die Kutscherin. Die beiden klopften nochmals. „Wer ist draußen, ich sperre nicht auf!“ — „Frau Oberkutscherin, ich bin da, der junge König.“ — „Ich habe geglaubt, es sei die Schwarze, die hätte ich mit dem Schürhaken davongejagt.“ — „Lassen sie uns hereingucken!“

Sie ließ die beiden eintreten. Die schöne Mitzerl hatte ein Tuch über den Kopf geschlagen, nur die Augen blickten heraus. „Was ist bei ihnen geschehen?“ fragte der junge König. „Nun, da vorne sitzt sie ja; unser Herrgott hat mir eine Tochter geschickt, da soll ich am ersten Tag arbeiten gehen?“ sprach sie. „Geh, Kind“, sagte sie, „schau ein wenig her zum Herrn König!“ Hansl gab ihm hinten einen Stoß: „Sie ist's! Die Augen sind es, die schauen blau!“ Und zur Kutscherin gewendet sagte er: „Tun sie ihr das Tuch ein wenig weg!“ Doch das ließ die Verhüllte nicht zu. „Nun gut, hier haben sie inzwischen ein gutes Trinkgeld, dann sind wir fort!“

Der Königssohn beriet sich nun mit seinem Paradekutscher, wie sie hinter das Geheimnis kommen könnten, und Hansl sagte: „Wissen sie, was wir machen? Wir lassen für heute abend den großen Speisesaal ausräumen, in der Mitte lange Tische aufstellen und Sessel dazugeben und anschaffen, daß alle Dienerschaft, die beim

König ist, heute abend zum Federnschleißen kommt. Die Weiber Federn schleißen, und die Männer müssen kommen und Geschichten erzählen. Sie bekommen zu essen, zu trinken und zu rauchen, alles bekommen sie, aber die Weiber müssen Federn schleißen, und die Männer müssen Geschichten erzählen und singen! Dann werden wir zusehen, daß die Mitzerl mit der Oberkutscherin kommt Federn schleißen!"

Der Königssohn ließ sofort den großen Saal ausräumen. Zwei Diener mußten im Meierhofe von Wohnung zu Wohnung laufen: „Weiber, kommt Federn schleißen!" — „Wohin?" — „Ins Schloß!" — „Oh, ihr Närrischen, bei Tag arbeiten und in der Nacht auch!" „Morgen könnt ihr dafür daheim bleiben." Die Oberkutscherin sagte: „Wir kommen, wenn die Mitzerl, mein Kind, mitgeht, wenn sie nicht will, komme ich auch nicht."

Alle waren abends im großen Saale beisammen, auch der alte König und seine Frau mit Sohn und Tochter. Der junge König schenkte den Frauen Schnäpschen ein, damit sie in Stimmung kämen zum Federnschleißen, den Männern Wein und Bier. Sie schauten umher, ob alle da seien: Ja, alle sind da, aber eine fehlt! Die Oberkutscherin und ihre Tochter sind nicht da! „Oberkutscher, wo ist ihre Frau?" fragte der junge König. „Zu Hause, die Tochter ist ein wenig müde." Der Königssohn sagte weiter nichts, sondern ging mit Hansl zu den Daheimgebliebenen und klopfte: „Kommen sie nur herein, Herr König!" — „Warum kommen sie denn nicht Federn schleißen?" — „Meine Tochter ist müde, sie soll sich auch nicht erkälten!" — „Sie kann sich ja einhüllen, komm Mitzerl, gehen wir!" — „Ja, wenn sie glauben, dann kommen wir nach."

Der Königssohn setzte sich wieder zu seinen Eltern hin. „Jetzt werdet ihr bald ein Bildnis sehen", sagte er. Während die Musik spielte, kam die Oberkutscherin mit ihrer Tochter, und beide setzten sich zu Tische.

„Kutscher, fang an, erzähl' eine Geschichte", sagte der Königssohn. „Ja, ich kann keine, der andere soll erzählen!" — „Ich weiß auch keine" — „ich auch nicht" — „ich kann keine." — „O, ihr Patzer", sprach der Königssohn, „dann sollen die Frauen erzählen!" Diese stießen einander an: „Erzähl du, erzähl du." — „Ja, das gehört nicht hierher." Und nochmals stieß eine die andere an: „Erzähl du!" — „Aber freilich, die Weiber wissen auch nichts!"

Jetzt erhob Mitzerl ihre Stimme und sagte: „Bitte schön, Herr König, wenn's erlaubt ist, ich weiß eine Geschichte, eine wunderbare! Aber alles muß von Anfang an still sein!" Und sie begann zu erzählen, was sie erlebt hatte, seit ihr Bruder Hansl in die Fremde gewandert war. Eigentlich müßte ich jetzt von vorne anfangen und alles nochmals erzählen. Es wurde ganz still in dem Saale, nur die Schwarze sprach immer dazwischen: „Ist schon genug, genug, genug!" — „Halt das Maul, du Böse, sonst stoßen wir dich vom Sessel hinab!" Alle hörten gespannt zu, die Männer vergaßen aufs Trinken, die Frauen aufs Federnschleißen, und zum Schlusse weinten alle. „Und wenn ihr es nicht glaubt, daß ich die Mitzerl bin, hier habe ich in meinem Taschentuch den Verlobungsring des jungen Herrn König!" Damit nahm sie zugleich ihr Kopftuch ab, so daß die Haare bis zum Boden wallten und sie in ihrer ganzen

Schönheit dastand. Das alte Königspaar freute sich über den glücklichen Ausgang, und als ihr Sohn sagte: „Siehst du, Mutter, was ich für eine schöne Braut habe“, sprach diese: „Ja, die kannst du heiraten, und wenn sie so arm ist, daß sie nur einen Kittel besitzt!“

34. Drei Brüder gehen stehlen

Ein Mann hatte drei Söhne, darunter einen dummen namens Hansl. Als einmal die beiden gescheiten nachts zu einem Bauern gehen wollten, um Schafe zu stehlen, forderte sie der Vater auf, auch den närrischen Bruder mitzunehmen. Sie aber meinten, der könnte schreien und sie verraten.

Der dumme hatte das Gespräch mit angehört. Er ging zu dem Bauern und verriet ihm, daß Diebe kommen würden. „Wenn du mir das schönste Schaf gibst, will ich heute nacht wachen", sagte er. Der Bauer war durchaus einverstanden, gab dem Burschen einen großen hölzernen Schlägel und führte ihn in den Schafstall.

Der Dumme ließ eine Luke offen und stellte sich auf die Lauer. Gegen Mitternacht rückten seine Brüder an, flüsterten leise, und der erste versuchte hereinzuschliefen. Hansl aber holte aus und versetzte dem anderen einen Schlag, daß er zurücktaumelte. „O weh, der Widder stößt aber grob", stöhnte der Getroffene. „Laß mich versuchen", sagte der zweite, doch er erhielt einen so saftigen Hieb, daß auch ihm die Lust genommen war. Verdrossen machten sie sich auf den Heimweg.

Am Morgen erzählte der Dumme dem Bauern, wie er die beiden Diebe abgefertigt habe und erhielt zum Lohne einen prächtigen Widder. Wie er den nach Hause brachte, ärgerten sich die beiden Brüder noch mehr, und der Vater sagte: „Schaut her, ihr habt nichts erreicht, und der Närrische bringt so viel Fleisch für uns!"

Am zweiten Tag beratschlagten die Brüder, wo sie Gänse stehlen könnten, und wieder lehnten sie es ab, den Dummen mitzunehmen. Der aber ging rechtzeitig zu dem Bauern und sagte: „Bauer, heut' nacht kommen Diebe und wollen dir deine Gänse stehlen! Wenn du mir den schönsten Gänserich gibst, übernehme ich die Wache. Ich brauche nur eine große Zange!" Er erhielt bereitwillig das Werkzeug und versteckte sich im Gänsestall. Spät in der Nacht schlichen die Brüder daher, und der erste langte mit der Hand hinein in die Finsternis, um eine Gans zu erwischen. Hansl sah ihn von innen gut und zwickte ihn so in die Finger, daß dem Dieb alle Lust verging, weiter zuzulangen. „Jetzt versuche ich es", sagte der zweite, doch den zwickte der Dumme so gewaltig in die Nase, daß er aufschrie. Unverrichteter Dinge kamen sie heim zum Vater. Als der sie erblickte, fragte er: „Wie schaut denn ihr aus?" — „Ja, der Bauer hat so wilde Gänse!" Der Dumme nahm in der Frühe den schönsten Gänserich und ging damit nach Hause. „Da habt ihr es wieder", sprach der Vater, „ihr kommt leer heim, und der Närrische bringt den schönsten Braten."

Seit die Mutter gestorben war, ging es im Haushalt kümmerlich zu, und so beschlossen die Brüder, Fleisch und Mehl zu stehlen, das stoße nicht wie der Hammel und beiße nicht wie der Gänserich. „Laßt doch den Närrischen auch mitgehen", sagte wieder der Vater. „Ja, heute kannst du mitkommen", meinten die Brüder, „aber wehe, wenn du nicht still bist!" Der Dumme dachte sich, ihr wißt von einer toten Katze und sonst nichts! Er wußte in dem Bauernhaus Bescheid und sagte zu den anderen: „Das Mehl ist auf dem Dachboden, geht nur hinauf!" In seinem närrischen Wesen hob er die Türe aus und trug sie ihnen nach, sie entfiel ihm jedoch und rutschte unter großem Gepolter die Stiege hinab. Der Bauer erwachte, lief auf den Dachboden, wo die beiden Brüder das gestohlene Mehl rasch ausleerten, um zu entwischen. Er faßte jedoch beide und verprügelte sie arg. Sie flüchteten, und der Dumme rannte mit der Tür hinter ihnen drein.

Zu dritt liefen sie jetzt in den Wald, bis sie zu einer großen Fichte kamen. Aus Angst vor Räubern kletterten die zwei voran auf den Baum, der Närrische folgte ihnen, schleppte dabei aber mühselig die Tür mit. Er wollte sie über zwei starke Äste legen, doch das ging nicht recht. Da legte er sie nur über einen Ast und stützte sie am anderen Ende auf seine Schulter. Dann sagte er zu den Brüdern: „Setzt euch nur hinauf, ich halte euch schon."

Nach einer Weile kamen zwölf Räuber daher, lagerten sich unter der Fichte und entfachten ein Feuer. Der Dumme war am weitesten unten und bekam den Rauch arg zu verspüren, darum flüsterte er seinen Brüdern zu: „Steigt herunter, da bekomme ich zuviel Dunst! Wenn nicht, werfe ich euch hinab!" — „Sei still", antworteten die beiden. Die Tür wurde ihm auch schon zu schwer, er konnte sie nicht mehr länger halten. „Steigt herunter", sagte er wieder, „sonst fliegt ihr mit der Tür hinab!“ Jetzt krochen die Brüder leise auf einen Ast hinüber, und der Närrische ließ die Türe fallen. Die Räuber waren gerade beim besten Fleischbraten, sie riefen jetzt erschreckt: „Der Himmel stürzt ein!“ und rannten davon. Die Tür fiel auf das Feuer und löschte es aus, so daß die Flüchtenden beim Zurückschauen nichts sahen und weiterliefen.

Die zwei älteren Brüder trachteten jetzt, nach Hause zu kommen, der närrische Hansl jedoch nahm die Tür vom Feuer weg, fachte dieses erneut an und steckte das viele Geld ein, das herumlag. Die Räuber hatten inzwischen Halt gemacht, und der Hauptmann sagte: „Schauen wir zurück! Getraut ihr euch keiner zurück?“ — „Nein!“ — „Ihr Feiglinge, dann gehe ich allein“, sprach der Hauptmann. Als er sich dem Feuer näherte, sah er dort einen fremden Menschen und fragte ihn, wer er sei: „Ich bin ein Zungenschabler. Wenn ich den Leuten die Zunge schabe, so schmeckt ihnen das Essen viel besser.“ — „Schabe meine Zunge auch“, sagte der

Hauptmann. „Dann reiß das Maul ordentlich auf", befahl Hansl. Er schabte zuerst vorsichtig die Zunge des Räubers, plötzlich aber schnitt er die Zungenspitze ab. Mit einem Schrei fuhr der Hauptmann auf und lief, was er konnte. Weil er jedoch nicht richtig zu sprechen vermochte, verstanden ihn seine Genossen nicht und liefen ebenfalls so rasch, wie ihre Beine sie tragen konnten.

Hansl machte sich nun auch auf den Heimweg. Er brachte so viel Geld mit, daß sie aller Sorge enthoben waren, und der Vater sagte: „Jetzt sehe ich, wie unrecht wir unserem Hansl getan haben, er ist gescheiter als wir alle zusammen."

35. Der Schusterbub als Kaiser

Ein Schustermeister mußte für den Kaiser ein Paar Stiefel anfertigen. Nachdem er die Arbeit beendet hatte, schickte er seinen Lehrbuben mit den Stiefeln zum Kaiser. Als der Junge ins Schloß kam, klopfte er an die Tür, ging hinein und sagte: „Herr Majestät, die Stiefel sind da!"

Der Kaiser saß auf seinem Stuhl und sprach nur: „Ist schon gut!" Der Lehrjunge drehte sich um und ging bei der Türe hinaus. Ehe er diese aber schloß, sagte er vernehmlich: „Aber schier fünf Minuten möchte ich Kaiser sein!" Darauf rief ihm dieser nach: „Komm her, setz dich auf meinen Sessel, und ich komme mit den Stiefeln herein!" Er dachte, nun bin ich neugierig, was der Lehrbub machen wird, nahm die Stiefel und ging damit hinaus. Dann kam er damit wieder herein und sagte: „Herr Majestät, die Stiefel sind da!" Jetzt zog der Schusterbub die Lade auf, nahm fünf Gulden heraus und gab sie dem Kaiser. „Ach, so ist das gemeint", sprach dieser und drückte dem Lehrbuben das Geld in die Hand.

Als mich im Jahre 1924 erstmals eine Wanderung ins Burgenland führte, traf ich eine örtlich ausgeprägte Volkskultur an, wie sie in dieser Altertümlichkeit und Geschlossenheit in den anderen österreichischen Bundesländern schon zur Seltenheit geworden war. Hier ging noch der Nachtwächter durch das Dorf und sang seine Stundenrufe. Es mangelte nicht nur an Verkehrsverbindungen, sondern an Straßen überhaupt, das Fernsprechnetz war ganz dünn, ein Großstadteinfluß kaum zu verspüren. Für Deutsche und Kroaten hatte es bis 1921 keine nennenswerte literarische Förderung ihres Bildungswesens gegeben, aber auch die Magyaren führten vorwiegend ein auf mündlicher Tradition beruhendes kulturelles Eigenleben. Die natürlichen Gemeinschaften — Familie, Hausleute und Gesinde, Nachbarschaft, kindliche Spielgruppen und erwachsene Jugendliche, überlieferten weiter, was sie durch Hineinwachsen in die Tradition übernommen hatten. Um 1930 begann eine immer stärker werdende bewußte Pflege des nun zunehmend gefährdeten reichen Erbes von Liedgut, Tanz und Musik, an der ich nach Möglichkeit mitwirkte.

Weniger beachtet wurde damals die *Volkserzählung*, und wenn man sich damit befaßte, dann auch nur unzureichend mit den damals in jedem Orte zu Dutzenden noch erzählten *Sagen*. Die schwerer zugänglichen und mühsamer aufzuzeichnenden *Märchen* blieben lange Zeit unbeachtet. Vor nunmehr viereinhalb Jahrzehnten fuhr ich daher einmal mit der Absicht ins Burgenland, nach Volksmärchen in mündlicher Überlieferung zu suchen. Es kam zur ersten Begegnung mit Maria Krautsack, jener begnadeten Erzählerin, die ich schon durch „Österreichs Märchenschatz" und andere Veröffentlichungen[1] bekanntgemacht habe und der ich noch ein eigenes Buch zu widmen beabsichtige.

Unter den Millionen von Lesern, die sich einen gesunden Sinn bewahrt haben und an den Märchen der Brüder Grimm und anderer Sammlungen erfreuen, machen sich nur wenige Gedanken darüber, woher diese über alle Zeitläufe hinweg lebensfrischen Ge-

[1] K. Haiding, Träger der Volkserzählung; ders. Österreichs Märchenschatz; ders. Gebärdensprache.

schichten in die Bücher gekommen sind. Man kann sogar der Meinung begegnen, daß die Brüder Grimm selbst die Geschichten erdacht hätten. Die beiden Bahnbrecher einer vor allem die indogermanischen Völker umfassenden, aber auch darüber hinausreichenden Erforschung des gesamten Saggutes haben indes selbst schon, wenn auch kurz, über ihre wichtige Gewährsfrau Katharina Dorothea Viehmann berichtet. Die Illustrationen von Märchenbüchern haben dazu beigetragen, daß vielen das Bild einer den Enkelkindern erzählenden Goßmutter als bezeichnend für die mündliche Mitteilung der Geschichten vorschwebt. Sicherlich haben auch in früheren Zeiten (noch ohne Umweg über Bücher) Großväter und Großmütter ihren Enkeln neben Reimen und Liedern auch Geschichten vermittelt. Daß dies jedoch eine seltenere Art der Märchenweitergabe ist, zeigte sich auch im Burgenlande. *Meistens erzählten* (bis zum Auslöschen weiter Bereiche eigenständigen Kulturlebens u. a. durch das Fernsehen) *Erwachsene für Erwachsene Märchen,* Sagen und Schwänke. Sehen wir uns diese nunmehr größtenteils vergangene Lebenswelt der Volkserzählung näher an!

Wer erzählte Geschichten? Die *Volkssagen,* die in ihrer Kürze und Einepisodigkeit keine besonderen Anforderungen an das Gedächtnis stellen und durch ihre Bindung an bekannte Örtlichkeiten oder Menschen eher in Erinnerung behalten werden, waren Besitzgut einer größeren Zahl von Erzählern und wurden auch häufig in kleinerem Kreise weitergetragen. Sie haften zumeist an bestimmten Orten und tauchen anderwärts zwar in nahe verwandter Form, jedoch auf dortige landschaftliche Eigenheiten bezogen, wieder auf. Die *Märchen* mit ihrer rhythmischen Gliederung und Länge verlangen besonders begabte Erzähler, die den Inhalt bewältigen und so vorzutragen wissen, daß sie die Zuhörer fesseln. Was U. *Jahn*[2] für Pommern, W. *Wisser*[3] und G. F. *Meyer*[4] für Schleswig-Holstein und G. *Henßen*[5] für das Münsterland festgestellt haben, hat sich auch im Burgenlande bestätigt: Unter den Märchenerzählern überwiegen bei weitem die

[2] U. Jahn, Volksmärchen aus Pommern.
[3] W. Wisser, Plattdeutsche Volksmärchen I.
[4] G. F. Meyer, Plattdeutsche Volksmärchen und Schwänke.
[5] G. Henßen, Volk erzählt. Über die Träger der Erzählungen unterrichtet vorzüglich M. Zender, Quellen und Träger der deutschen Volkserzählung.

Männer, sie sind zugleich vorwiegend die Träger der *Schwänke* (Abb. 1 u. 2). Menschen ihres Schlages haben zumeist wenig Sinn für Sagen, deren Wiedergabe sie anderen überlassen, auch wenn sie ihnen bekannt sind. Was oftmals Verwunderung erregt, ist die weitere Tatsache, daß unter ihnen die Maurer und Zimmerleute überwiegen, die häufig auch ein Haus und ein wenig landwirtschaftlichen Grund besaßen, aber die meiste Zeit des Jahres in der Fremde arbeiteten.

Allein schon aus dieser Tatsache hat sich *außer dem heimatlichen Erzählkreis,* auf den wir noch näher eingehen wollen, auch ein *außerdörflicher* ergeben. Der Erzähler unseres ersten Märchens (Tatzbär-Hansl), Franz *Tauß,* geb. 1874 (Abb. 3 und 4) kam schon mit dreizehn Jahren in eine niederösterreichische Fabrik, wurde dann Maurerlehrling und ging nach Wien. In Ungarn erlernte er noch das Zimmererhandwerk, das er später zeitweise in Wien ausübte. Als Zimmerer- und Betonbaupolier arbeitete er in der Steiermark, drei Jahre in New York, kürzere Zeit in Pola, dann wieder in Österreich. Sein Märchen ist auf dem geschlossenen deutschen Siedlungsboden eine ausgesprochene Seltenheit, und obwohl es mit hier geläufigen Geschichten verwandt ist, enthält es Züge, die weiter im Osten zu Hause sind. Er hat es aber selbst schon aus seinem Heimatorte Jabing, wo er es einst von seinem „Firmgöd" hörte. Auch der im gleichen Dorfe 1881 geborene A. Loipersbeck fand in der väterlichen Landwirtschaft keine Lebensgrundlage. Er mußte mit neun Jahren in fremde Dienste gehen und erlernte das Müllerhandwerk. Nach der Heirat bildete er sich als Maurer aus. Als Polier arbeitete er in Niederösterreich, Ungarn und Rumänien. Unter seiner Leitung wurde in Budapest ein großes Haus errichtet, in Pápa eine Fabrik. Ich lernte ihn im September 1951 in Pinkafeld kennen, als er mit seiner Tochter, die ihn im Krankenhaus besucht hatte, auf einer Bank saß. Flüchtig schrieb ich zwei Erzählungen auf, dann begannen die Kirchenglocken zu läuten, und er mußte sich verabschieden, weil er zu einem Begräbnis ging. Ich nahm rasch noch von ihm und seiner Begleiterin ein Lichtbild auf, und wir vereinbarten meinen Besuch in Jabing.

Erst im April 1952 konnte ich mich — im Zeitausgleich für Überstunden — für einige Tage von einem Brotberufe wieder frei machen und nach Jabing fahren. Als ich im ersten Hause anfragte, erfuhr ich, daß der erst im Alter von fünfundsechzig Jahren nach sechsundfünfzig Jahren auswärtiger Tätigkeit Heimgekehrte gestorben war. Ich hatte — wie oftmals — das letzte Bild eines Überlieferungsträgers aufgenommen. Die Wertschätzung, die er allgemein genoß, kam auch in den Worten seiner Tochter zum Ausdrucke: „Sünd' und Schad' um den Kopf und die Hände, daß der unter der Erde rasten muß! Ein jedes soll sterben und muß sterben, aber um meinen Vater ist Sünd' und Schad'!" Die Krankenschwester in Pinkafeld hatte zu ihr gesagt: „Rufen Sie mich, er ist mir wie ein Vater, ich möchte ihn in der Sterbestunde pflegen!"

Diese zwei Beispiele zeigen schon, daß es sich bei den guten Märchenerzählern keineswegs um verträumte, lebensfremde Menschen handelt. Aus ärmlichen Verhältnissen und ohne häuslichen Rückhalt mußten sie sich von Kindheit an durch Tüchtigkeit und Fleiß emporarbeiten[6].

Auf der weiteren Suche nach Erzählern im gleichen Orte freundete ich mich mit Knaben an, die auf der Straße das Wurfspiel „Pinzker" betrieben. Ein Knirps wurde vom Großvater weggerufen, um das Roß zum Einspannen zu holen. Der Kleine hatte mir vorher verraten, daß der Alte Geschichten könne, und so ging ich mit auf den Hof. Dort traf ich aber nur die Mutter des Knaben, denn der fünfundsiebzigjährige Großvater war inzwischen zur Arbeit auf den Dachboden gestiegen. Als er meinetwegen heruntergerufen wurde, konnte ich daher nicht zuerst ein landwirtschaftliches Gespräch anfangen, sondern mußte sogleich mein Begehren vorbringen. Abweisend sagte er: „Geschichten kann ich keine mehr. Mein Sohn, der den Hof übernehmen sollte, ist gefallen, ich habe die ganze schwere Arbeit auf mir lasten und bin krank." Erzählen würde ihn zu sehr anstrengen, er müsse am anderen Tage liegen. Freundlich begleitete er mich zum Hoftore, im Nebeneinanderschreiten spürte er mein Mitgefühl, und fanden wir zueinander. Beim Abschiede sagte er: „Kommen Sie später einmal, dann werde ich ihnen erzählen!" Diesem Bie-

[6] Über Persönlichkeiten im Volke vgl. A. Haberlandt, Deutsche Volkskunde, S. 155 ff.

Abb. 1 Schwank-Erzählen in der Wirtshausküche

Abb. 2 Auf den Schwank folgt ein Märchen

Abb. 3 An allen Häusern hingen schwarze Fahnen

Abb. 4 Gleich breitete sich das Schloß schützend über den Vögeln aus

Abb. 5 Gib acht, wenn du etwas hörst

Abb. 6 Das Mädchen bemerkt die Kopfwunde des Räubers

genmacher und Kleinbauern K. Piff verdanke ich unter anderem das Märchen vom Weißen Ritter, das er im Alter von etwa zwölf Jahren, also 1889, einmal von einem bei ihnen zu kurzem Besuche weilenden Manne gehört hatte[7].

Auch der Maurer F. Huber aus Forchtenau (geb. 1896), Erzähler unserer 3. und 27. Geschichte, hatte Märchen schon in seiner Kindheit gehört. Sein Vater war Schuster, in dessen Werkstatt kamen Abend für Abend die Feierleute (d. h. jene Leute, die an der abendlichen Geselligkeit teilnahmen) zusammen, um Geschichten zu erzählen und anzuhören. Er lag im Bette des Gesellen, das in der Werkstatt stand, und hörte zu. Ich hatte den Mann auf einer oberösterreichischen Großbaustelle kennengelernt und sofort vermutet, daß er Geschichten könne. Als ich ihn darauf ansprach, vereinbarten wir eine Zusammenkunft im Wirtshause. Ein vorzüglicher Erzähler war auch der Maurer Johann Stefanek in Jabing, geboren 1880. Von ihm zeichnete ich in seinem dreiundsiebzigsten Lebensjahre ein Zwei-Brüder-Märchen auf, das er noch in seiner Lehrlingszeit in Wien gehört hatte, als die Bauarbeiter sonntags zusammenkamen. Im Wirtshause hielten die Männer nicht aus, so lagen sie beim Tivoli im Walde, spielten Karten und erzählten. Einer wußte dies, der andere das. Sein Bruder Anton Stefanek war einer der letzten „Plützerlmacher", jener Hafner, die die kleinen Plutzer (Tonkrüge) herstellten. Es freute ihn besonders, daß wir an seinem siebzigsten Geburtstage miteinander bekannt wurden (geb. 17. April 1882), an dem er mir im Freien einige Geschichten erzählte. Ein Jahr später hatte ich mit geliehenem Gelde gegen Kaution ein Siemens-Tonmeister-Gerät (eine damalige Kostbarkeit) in der Fabrik entleihen können. Das Gerät wog 17 Kilogramm, es gab noch keine Tonbänder, sondern gewichtige Drahtspulen. Nach Jabing bestand damals nicht einmal eine Omnibusverbindung. In einem großen Rucksacke schleppte ich das Gerät, einen zweiten Rucksack mit dem üblichen Reisegepäck einschließlich Fotoapparat u. v. a. hängte ich abwechselnd auf die rechte oder linke Schulter. (Auf die gleiche Weise wanderte ich auch von Oberschützen nach Grodnau zu Maria Krautsack.) Als ich beim „Tonei-Veda", wie der ältere Stefanek allgemein genannt wurde, an-

[7] K. Haiding, Märchenschatz Nr. 30.

kam und Tonaufnahmen machen wollte, sagte er: „Wir müssen zum Nachbarn gehen, wir haben noch kein Licht!“ Wohnstube und Küche seines bescheidenen Hauses hatten wie die anschließende Werkstatt nur Lehmfußboden. Da sein Wohnhaus noch nicht an die elektrische Stromleitung angeschlossen war, gab es nach dem damaligen Stande der Technik keine Möglichkeit eines Rundfunkempfanges. Dafür trafen sich bei ihm abends Männer und junge Burschen zum Geschichtenerzählen. Als ich nach langer Unterbrechung im März 1969 — diesmal ohne die gesundheitsschädigenden Erschwernisse von ehedem — wieder nach Jabing kam, fragte ich in der Nähe seines Hauses ein Mädchen: „Lebt der Tonei-Veda noch?“ und sie antwortete: „Das ist ja mein Großvater, der erzählt so schöne Geschichten, wenn der Fernseher hin (unbrauchbar) ist.“ Der Alte war seit dem Spätherbst bettlägerig gewesen, erholte sich aber im Frühjahre wieder. Die Stube, in der sein Bett stand, hatte nunmehr einen Bretterfußboden, ein großes Fernsehgerät zählte jetzt zur Einrichtung und ließ ihm nur noch selten Gelegenheit, seinen Erzählschatz mitzuteilen. Ein letztes Mal besuchte ich ihn anläßlich der Vollendung seines neunzigsten Lebensjahres. Er war wieder bettlägerig, freute sich aber so sehr über unser Wiedersehen, daß er mir Lieder vorsang und Geschichten erzählte. „Weil wir so gute Freunde sind“, sagte er, als ich ihn bat, sich zu schonen.

Das Beispiel dieses Überlieferungsträgers zeigt einmal mehr, daß auch in ärmlichen Verhältnissen kulturelles Eigenleben und innerer Reichtum bestehen können, während der an sich begrüßenswerte technische Fortschritt mit seinen Erleichterungen des Daseins und die wirtschaftliche Besserstellung einen inneren Niedergang keineswegs ausschließen. Die kritiklose Hinnahme minderwertiger Rundfunksendungen hat auch das reiche und hochwertige Liedgut von ehedem verdrängt. Einst kam der „Plützerlmacher“ wiederholt in wirtschaftliche Bedrängnis, etwa wenn die Finanzbehörde unmittelbar, nachdem die Krüge aus dem Brennofen waren, eine Steuervorschreibung schickte, bevor die Ware noch verkauft war. Aber sobald er wieder seine Erzeugnisse zu Fuß von Ort zu Ort brachte, erfreute er beim Übernachten seine Gastgeber und ihre Nachbarn durch seinen Erzählschatz. „Ob der Mensch wohl noch lebt“, meinte er einmal, würden die Leute wohl sagen, bei denen er einst auf seinen Wanderungen eingekehrt war. Und wenn er auch gern die Geschichte vom Schafhalter und den drei Riesen (Nr. 12) mit den Worten einleitete „Es war einmal vor einigen hunderttausend Jahren ein so armer Freund wie ich bin“, so lächelte er doch dabei freundlich und zufrieden.

Als eindrucksvollsten Erzähler, der mir je begegnet ist, habe ich den ehemaligen Verwalter, Oberkutscher und späteren Nachtwächter E. Nemeth (geb. 1892) kennengelernt. Die Berufswelt seiner besten Mannesjahre spiegelt sich in dem Märchen von der rechten und der falschen Braut (Nr. 33). Als ich ihn erstmals im April 1952 aufsuchte, war seine Frau soeben aus dem Krankenhaus gekommen, und er selbst schon schwer leberkrank. Beide saßen in der Sonne und riefen mich zu sich. Er erzählte trotz Schmerzen drei Geschichten. Er wußte nicht nur Märchen, sondern wie fast ausnahmslos die Märchenerzähler, auch Schwänke, was er in die Worte kleidete „Blöde Witz', solche woaß ih an Bucklkorb voll“. Dazu blieb uns jedoch wenig Zeit (Nr. 34). Beim nächsten Kommen hörte ich das schon erwähnte Märchen. Er hatte ein hartes Leben hinter sich. Als er sieben Jahre zählte, starb seine Mutter, der Vater war als Wagner auswärts tätig. „Ich weiß von keiner Heimat, weil ich mit sieben Jahren noch zu dumm war, um zu wissen, was Heimat (Elternhaus) heißt.“ So kam er schon mit sieben Jahren zu fremden Leuten, die ihn zwar wie ein eigenes Kind schätzten, doch durfte er immer nur nachmittags auf zwei Stunden in die Schule und mußte sonst schwer arbeiten. Schon als Halterbub (Viehhüter) hörte er die Geschichten, die er sich gut merkte. „Da gehört ein Kopf dazu“, sagte er, seines Könnens bewußt. Nach vierjähriger Dienstzeit beim Grafen in Pinkafeld als Verwalter und Kutscher kam er nach Rotenturm und wurde dort mit dreißig Jahren Oberkutscher, obwohl er der jüngste Knecht war. „Sie müssen es übernehmen“, sagte der Verwalter, „sie sind ein Mann, der etwas mitgemacht (erlebt) hat, der etwas versteht, der etwas gesehen und gehört hat.“ Auch die sechzigjährigen Knechte wurden ihm unterstellt. „Es sind alle zusammengerufen worden und ist ihnen klargemacht worden, was für ein Recht ich habe. Da haben sie alle gelost (gelauscht).“ Zehn Jahre später kam er in den Dienst des Grafen in Mariasdorf, wo er zuletzt als Nachtwächter wirkte, von den jungen Leuten immer bestürmt, zu erzählen und dazu unablässig mit Getränken angefeuert. Auf seine Erzählkunst komme ich noch weiter unten zu sprechen.

Das Zurücktreten größerer Bauern als Märchenträger gegenüber den Bau- und Gutsarbeitern hat im Erzählgut selbst seine Ursache. K. Hainisch in Eisenzicken (Abb. 1 und 2 rechts im Hintergrunde) sagte mir, als er noch mit den Zimmerleuten auf Außenarbeiten war, hätte er tagsüber bei der Arbeit über die Geschichten nachdenken können, die er in der vergangenen Nacht gehört hatte. Seit er den Bauernhof übernommen habe, bliebe ihm dafür keine Zeit. Mit seinem Berufe kann dagegen der Gastwirt und Kaufmann J. Wagner (auf Abb. 1 und 2 ganz rechts) das Märchenerzählen durchaus in Einklang bringen. Die Veröffentlichung ihrer Geschichten ist einer späteren Arbeit vorbehalten. Schwänke überwiegen nicht nur in diesem Kreise, sondern auch bei P. Zieser (geb. 1902), einem Maurer und Kleinbauern, dem ich unter anderem unsere Nr. 25 verdanke. Zur Gänze auf Schwänke und Witzstücke eingestellt war A. Grünauer, der neben seiner kleinen Landwirtschaft der Jagd nachging und als Spielmann bei Hochzeiten und Tanzunterhaltungen die Leute in Stimmung hielt. Er erzielte eine verstärkte Wirkung dadurch, daß er die Geschichten in irgendeiner Weise mit sich in Verbindung brachte, wie auch den Schluß unsere Nr. 32. Eine vorzügliche Schwankerzählerin, die für meine Bemühungen sogleich Verständnis bewies, lernte ich in Frau W. Bischof kennen, an deren mundartlich vorgetragene Geschichte von der betrunkenen Wallfahrerin (Nr. 18) die schriftdeutsche Wiedergabe nicht heranzureichen vermag, was übrigens auch in den meisten anderen Fällen gilt. Durch Pfarrer M. Bothar sind auch M. Treiber (Drumling) und J. Treiber (Stadtschlaining) bekannt geworden (unsere Nr. 22 und 23). Michael Bothar hatte mich schon vor Jahrzehnten eingeladen, seinen Schlaininger Gewährsmann zu besuchen, weil er mir vielleicht Geschichten erzählen würde, die er ihm als Pfarrer vorenthalte. Aber erst 1971, zwölf Jahre nach dem Tode des verdienten Heimatforschers, fand sich Gelegenheit, von dem 1887 geborenen ehemaligen Zimmermann Geschichten auf Tonband zu nehmen und einiges über sein Leben zu erfahren. Seine Tätigkeit führte ihn nach der Steiermark, nach Niederösterreich, Ungarn und Galizien. Die Bauarbeiter waren vom Frühjahre bis in den November aus, dazwischen gab es keinen Urlaub, um heimzufahren. Man mußte ja auch sparen, um den Eltern etwas geben zu können.

Es ist hier der Ort, auf den so häufig angeführten (und oftmals wirklichkeitsfremd gekennzeichneten) Gewährsmann J. Bünkers, den Ödenburger Straßenkehrer T. Kern einzugehen[8]. Wer mit der lebendigen Überlieferung und deren Trägern vertraut ist, weiß nach kurzer Durchsicht des Werkes, daß dieses Gemisch von verschiedenen Erzählgattungen und unmittelbaren Abkömmlingen aus der Volksliteratur keineswegs in dem aufgezeichneten Umfange zum ursprünglichen Wissensschatz dieses für die Forschung wichtigen Überlieferungsträgers gehört haben kann. Der überaus gründliche Bünker[9] schrieb zwischen 1895 und 1905 wortgetreu nieder, was sein des Lesens und Schreibens unkundiger Gewährsmann ihm in die Feder ansagte. Dem Greise tat die gastfreundliche Aufnahme wohl, er war von Anfang an bereit, alle seine Geschichten zu erzählen und während des Jahrzehnts zweifellos bemüht, aus seiner näheren und weiteren Umgebung Neues zu erfahren, um es weiterzugeben. Diese naheliegende Annahme hat mir G. Henßen bestätigt, der von umgesiedelten Ödenburgern noch erfahren konnte, daß sich T. Kern zur Weitergabe Geschichten erzählen ließ. Von Kerns hervorragender Erzählkunst, gefördert durch eine von Druckwerken und Schrift kaum beeinträchtigte Mundart, gibt die nach zehn Jahren abermals aufgezeichnete Variante der „Müllnerstochter“[10] Kunde, eine Spielform unserer Nr. 14. Andere Texte zeigen indes deutlich den durch das Diktieren gehemmten Schwung. Wer einen Erzähler abends in fröhlicher Wirtshausgesellschaft erlebte und etwa am nächsten Vormittage von ihm Geschichten auf Tonband nahm, ohne daß der Gewährsmann dabei in Stimmung kam, weiß, wie heikel Stilfragen zu beantworten sind. T. Kern war beim Erzählen der Nr. 113 durch ein Gläschen Wein in Schwung gekom-

[8] J. R. Bünker, Anthrophyteia; ders. Schwänke, Sagen und Märchen.
[9] K. Haiding, Artikel Bünker: In Enzyklopädie des Märchens.
[10] J. R. Bünker, Schwänke, Sagen und Märchen Nr. 113.

men, ansonsten keinesfalls immer in der durch einen mitgehenden Hörerkreis beschwingten Erzählstimmung. Wir müssen daher seine Darstellungsgabe und Sprachgewalt noch höher einschätzen, als sie sich nach der „wortgetreuen" Niederschrift darbietet. Bünker kommt das Verdienst zu, um die Jahrhundertwende dicht an der Grenze des geschlossenen deutschen Siedlungsbodens sozusagen durch eine gründliche Probebohrung einen örtlichen Nachweis des damals gängigen Erzählgutes geschaffen zu haben.

Darüber hinaus hat Bünker den in Oberschützen 1879 geborenen und später in Klausenburg und Ödenburg als Schuldirektor wirkenden S. Graf angeregt, von dem in Tauchen bei Oberschützen lebenden S. Ofenbeck Geschichten aufzuschreiben[11]. Während Graf, der alljährlich mindestens dreimal seinen Geburtsort aufsuchte, mitteilt, daß er 26 Geschichten aufgeschrieben habe, berichtete der mit ihm bis 1945 in enger Verbindung stehende Schuldirektor J. Neubauer, daß der Sammler es bald aufgegeben habe, sich um den schwierigen Gewährsmann zu bemühen, dessen Erzählkunst wir noch kennenlernen werden. Seit 1951 habe ich aus dem Verwandten- und Bekanntenkreise Ofenbecks viel über ihn erfahren und auch einen Teil seiner Geschichten aufzeichnen können, nachdem schon Graf über ihn einiges mitgeteilt hatte. Ofenbeck, in seinem Heimatorte Tauchen „Grund-Saml" genannt, war einem geregelten Arbeitsleben abhold, hatte aber eine besondere Vorliebe für Geschichten. Er behielt deshalb gern die wandernden Bündelkrämer und Handwerksburschen bei sich über Nacht, wobei sie Geschichten austauschten. Seine Auffassung erinnert an das, was L. Dégh über das Erzählen im Armenviertel eines ehemaligen Szekler-Dorfes berichtet und worüber die dortigen Bauern sagten: „Wir hatten keine Zeit dazu, nur die, die keine Arbeit hatten. Deshalb kamen sie auch zu nichts, weil sie immer nur so etwas im Sinn hatten[12]." Manche Leute aus Ofenbecks Bekanntenkreis bezeichneten seine Erzählungen wegen ihrer teilweisen Herkunft von reisenden Handwerksburschen als

[11] Ich verdanke einige Angaben der Schwester S. Grafs, Frau Johanna Klenner, geb. 1887, und dem bis 1945 in Ödenburg lebenden Herrn Direktor J. Neubauer, Zum Erzähler und seinen Geschichten vgl. S. Graf, Hianzische Märchen, S. 22 bis 41.

[12] L. Dégh, Märchen, Erzähler und Erzählgemeinschaften.

„Bettlergeschichten". Damit tut man jedoch dieser einst so wesentlichen Gruppe von Märchenerzählern, die in höherem Alter oft zu Handwerksmeistern wurden, durchaus unrecht. Im übrigen erweisen meine in den Erzählungen dieses Werkes vertretenen sechzehn Erzähler ebenso wie T. Kern oder J. Treiber, daß es begabte und fleißige Menschen, teilweise stark ausgeprägte Persönlichkeiten waren, die dank ihrer Erlebnisfähigkeit und dem Sinn für Werte, die über dem Alltage stehen, die ererbten Geschichten weitergetragen haben. Was die russische Märchenforscherin E. Pomeranzewa für die Leser ihres Märchenbuches schreibt, gilt auch für die Erzähler: „Nicht nur Kinder, auch Große lieben Märchen. Ist es doch schwer, sich dem Zauber der Gestalten und der wunderbar bildlichen Sprache des Volkes, der bezwingenden Macht des Märchens zu entziehen. Aus ihm spricht die Sehnsucht nach dem Sieg des Guten über das Böse, die große Liebe zur Heimaterde, der Glaube des Volkes an seine schöne Zukunft[13]."

Eigenes Erleben des Erzählers schwingt mit, wenn etwa E. Nemeth berichtet, wie nach dem Tode der Mutter daheim Not herrscht, und der Knabe als schwaches Kind seinen Unterhalt als „Bogerlhalter" (Truthühner-Hüter) verdienen muß. Wenn K. Hainisch rückblickend sagt: „Wir waren acht Geschwister, vier Mädchen und vier Knaben. Alle mußten in Dienst gehen, die Arbeit daheim verrichteten die Eltern allein", so erinnert das an den Anfang vieler Märchen, beispielsweise des von den drei Jägerssöhnen (Nr. 10). Der Abschluß einer Spielform des Märchens vom Lebenswasser sieht eine eigenartige Bestrafung der beiden tückischen Brüder des Helden vor. Sie sollen von Ochsen zerrissen werden, doch der Jüngste sagt: „Oh nein, laßt sie wandern, laßt sie fort! Aber nicht mehr als drei Sechserl (Geldstücke) täglich verbrauchen, damit sie wissen, wie der arme Mensch lebt. Teilen (spenden) darf ihnen niemand, wer teilt, ist verloren!" Dieses Urteil entspricht den bitteren Erfahrungen der „Umgeher", die in Not ihr Dasein fristeten, zugleich aber als Übermittler von Märchen und Schwänken über größere Entfernungen nicht wegzudenken sind.

Märchen sind vor allem auch deshalb selten aufgezeichnet worden,

---

[13] E. Pomeranzewa, S. 8.

weil der Zugang zu ihren Trägern oftmals schwer zu finden ist. Allzu häufig erweist sich die Nennung eines älteren Menschen, der angeblich viele Geschichten kann, als Irrtum. Entweder kann er überhaupt nichts, oder sein Wissen stammt aus der Literatur. Andere wieder sind unsicher geworden, weil sie schon seit Jahren nicht mehr zu Worte kommen konnten und es ihnen an teilnehmenden Zuhörern fehlte oder sie fürchteten, von Fremden wegen ihrer Geschichten nur verlacht zu werden. Am häufigsten hemmen Krankheiten und Schicksalsschläge oder dringende Arbeiten die Aufnahmen. Der Tischler muß einen Sarg anfertigen, der für wenige Tage heimgekehrte Maurer, der gestern noch an Schmerzen litt, die es ihm versagten, in Erzählstimmung zu kommen, muß heute das Wetter zur Ackerarbeit nützen. Der erste Weg ist meist vergebens, nur Geduld und ein Eingehen auf die Sorgen und Nöte der Gewährsleute führen schließlich zum Erfolge. Als ich mich für kurze Zeit freigemacht hatte, um in dem verkehrsabgelegenen Jabing Märchen aufzuschreiben, war der Erzähler gestorben. Wie schon erwähnt, kam ich über die spielenden Kinder an K. P f i f f heran. Dann hatte ich ein Erlebnis wie hie und da auch in anderen burgenländischen Orten und in der Obersteiermark: ein Zusammenfinden auf den ersten Blick. Auf dem Wege durch das Dorf traf ich einen stattlichen Greis, der mit einem Kruge Wasser vom Brunnen kam. „Der ist der Richtige, der kann Geschichten", dachte ich. Der Mann blieb stehen und fragte freundlich: „Wohin?" Es war Franz T a u ß, und wir wurden uns alsbald einig. In St. Michael bei Güssing wollte ich einen Handwerker, den ich anderwärts kennengelernt hatte, wegen seiner Bienengehäuse aufsuchen. Um sein Wohnhaus zu erfragen, betrat ich einen Bauernhof. Der Bauer, der im Freien saß, fand mich seinem Wesen so ähnlich, daß er seinen Gruß mit den Worten „Wir sagen du zueinander!" beschloß. Es war der ungemein kluge Erzähler der Geschichte des Schmiedes von Rawelsbach (Nr. 2), M. F r ü h m a n n. Neben flüchtigen Begegnungen reichte die Verbundenheit mit vielen Gewährsleuten über alle Wechselfälle ihres und meines eigenen Schicksales hinweg bis zu ihrem Tode. Und hinter jeder Geschichte, die ich aufnahm, steht die Erinnerung an den Menschen, dem ich sie verdanke und verlebendigt sie in einer Weise, wie dies Bücher nie zu vermitteln vermögen. Ein Gleiches gilt für die Gewährsleute selbst, die sich zumeist daran erinnern konnten, wann und von wem sie ihre Geschichten übernommen hatten.

Fragen wir uns nachmals, *was* dieser durch einige beispielhafte Persönlichkeiten gekennzeichnete Menschenschlag erzählte, so sind es *vorwiegend Märchen und Schwänke*. Den Märchenträgern sind zumeist die ortsüblichen Sagen bekannt, sie schätzen sie aber wenig und geben sie allenfalls wieder, wenn man eigens danach fragt. Zu ihnen gedrungen ist jedoch die Volksliteratur über Flugblätter, wie sie auf Jahrmärkten oder vermutlich auch durch Wanderhändler verkauft wurden[14]. So erzählte mir F. Tauß die auf Musäus zurückgehende Fassung des Märchens von den drei Tierschwägern[15], wobei er sich in der für gute Erzähler kennzeichnenden Weise einbezog: „Da war einmal ein Graf. Der Graf hat auch drei Töchter gehabt — hübsche Dirndeln —, ich weiß es ja, mit einer bin ich ja gegangen (hatte ich eine Liebschaft), ich hab' sie ja gern gehabt ..., und der arme Kerl hat halt auch zuviel getrunken!", wie nämlich der Erzähler selbst, der dies im Alter nicht mehr so gut vertrug wie ehemals (als er seinem Berichte nach erst nach dem sechzehnten Viertel Wein die ganze Baustelle im Auge zu behalten vermochte). Seine Wiedergabe hängt mittelbar oder unmittelbar ab von einem 1884 in Budapest erschienenen Heft mit dem Titel „Geschichte von den drei Schwestern". Eine sehr schöne, interessante und unterhaltende romantische Erzählung[16]. Dieses Heft ist mit ähnlichen neuerdings bei A. Camman-A. Karasek[17] abgebildet. Wie Camman[18] berichtet, weiß er durch E. Bonomi, daß um 1900 von kirchlicher Seite gegen diese Volksliteratur entschieden vorgegangen wurde, zu der u. a. Genovefa, Die sieben Schwaben, Das Käthchen von Heilbronn, Der Schwanenritter, Libussa und Dr. Faust gehörten[19]. Es handelte sich dabei nicht nur um örtlich begrenzte, sondern von

---

14 E. Bonomi, Die Verbreiter von Flugblattdrucken.

15 Musäus II, Die Bücher der Chronika der drei Schwestern, S. 65 ff.

16 Ich verdanke die Kenntnis dieser Flugblattliteratur und anderer Hefte Frau Prof. Dr. E. Zenker-Starzacher, die sich in ihren im Schrifttumsverzeichnis angeführten Werken auch mit den Erzählern befaßt hat.

17 Camman-Karasek, Donauschwaben 1, Abb. 38.

18 Camman-Karasek I, S. 30.

19 Nach mir vorliegenden Verlagsverzeichnissen.

hoher kirchlicher Stelle angeordnete Maßnahmen. Wie ich im Vorwort meines Oberösterreichbandes erwähnt habe, sind wir durch die Dissertation von H. Huemer „Untersuchungen zur Volksbuchliteratur[20]", über die beim Verlage Philipp und Kraußlich in Linz erschienenen Schriften gut unterrichtet. Wir finden dort teilweise die gleichen Geschichten, allenfalls unter anderem Titel, so die „Drei Schwestern" als „Reinhold, das Wunderkind"[21].

Selbst die Bibliothek des Oberösterreichischen Landesmuseums besitzt nur einen Teil dieser Schriften, denn im Jahre 1894 kaufte der Katholische Preßverein zu Linz den Verlag Kraußlich auf und versenkte den ganzen Bestand an Druckwerken in der Donau. Trotzdem war noch nach 1950 ein Nachwirken der Linzer Drucke im Mühlviertel feststellbar und der Budapester Drucke im Burgenlande[22].

Wer Märchen und Schwänke nur aus Büchern kennt, weiß noch nicht, *wie* sie erzählt werden. Es geschieht dies in der Sprache des Wortes, des Antlitzes und der Gebärde, wobei nur die des Wortes ihren schriftlichen Niederschlag findet.

Sogar die wortgetreue mundartliche Aufschreibung ist daher keine genaue Wiedergabe des Berichtes. Auch beeinflussen, wie schon bei T. Kern erwähnt, die Stimmung des Erzählers und der Anlaß der Wiedergabe den Stil[23], weshalb es keineswegs eine unveränderliche stilistische Fassung gibt (von Ausnahmen, die durch bestimmte Einflüsse bedingt sind, abgesehen). Erzählt wird bis in jüngste Zeit in der allmählich von den Vermassungsmitteln Rundfunk, Fernsehen, Zeitungen usw. gestörten Mundart, die unter dem Einflusse der von diesen Stellen immer schlechter behandelten Schriftsprache fast ebenso leidet wie die Umgangssprache[24].

Selbst Bünker, dessen Ausgabe der Erzählungen Kerns in einer

---

[20] Wien, 1950.

[21] K. Haiding, Märchen und Schwänke aus Oberösterreich, S. XVI.

[22] K. M. Klier, Flugblattdrucke, führt eine Reihe von Drucken an, deren Inhalt das kirchliche Vorgehen begreiflich erscheinen läßt.

[23] Vgl. dazu auch G. Henßen, Erzählkunst, S. 15 ff.; S. Neumann, Volkserzähler unserer Tage, S. 47; J. Jech, Variabilität, S. 56, und ders., Methode der wiederholten Aufzeichnung.

[24] Über die Sprache der Erzähler. K. Haiding, OÖ, S. XIII f. Zur Mundart M. Hornung und F. Roitinger.

mittelbairischen Mundart enge Verbreitungsgrenzen gesetzt sind, sah sich veranlaßt, zehn besonders derbe Geschichten in einer der Allgemeinheit nicht zugänglichen Zeitschrift zu veröffentlichen[25]. Derartige Schwänke habe ich zwar wiederholt aufgezeichnet, sie sind jedoch in diesen Band nicht aufgenommen worden und werden an anderem Orte in Mundart samt Varianten für wissenschaftliche Zwecke veröffentlicht. Auch die geringen Änderungen von Textstellen werden darin ersichtlich sein, die nötig waren, um einige Aufzeichnungen in die Auswahl aufnehmen zu können. Es ist dabei nur ein einziges Motiv betroffen, aber jeder Sachkenner wird durch die Einleitung des ersten Märchens trotzdem im Bilde sein[26].

Für einen breiten Leserkreis ergab sich von vornherein die Notwendigkeit einer Übertragung der Geschichten in die Schriftsprache. Daß dies zuweilen auf Kosten der Farbigkeit und Wirkung gehen muß, war schon den Brüdern G r i m m bewußt. Sie schrieben zur Ausgabe ihrer Kinder- und Hausmärchen: „Wären wir so glücklich gewesen, sie in einem recht bestimmten Dialekt erzählen zu können, so zweifeln wir nicht, würden sie viel gewonnen haben; es ist hier der Fall, wo alle erlangte Bildung, Feinheit und Kunst der Sprache zu Schanden wird, und wo man fühlt, daß eine geläuterte Schriftsprache, so gewandt sie in allem anderen sein mag, heller und durchsichtiger, aber auch geschmackloser geworden und nicht mehr fest an den Kern schließt."

Für wissenschaftliche Zwecke ist geplant, nach einer Reihe vorher noch zu bewältigender Aufgaben wenigstens einen Großteil der Aufzeichnungen, aus denen für dieses Buch fünfundzwanzig ausgewählt worden sind, wortgetreu zu veröffentlichen.

Die Sprache des Antlitzes und der Gebärde prägen das Gehörte noch stärker im Gedächtnis der Erzählrunde ein. Die Lichtbilder 3 bis 6 sind Beispiele aus Reihenaufnahmen der hier abgedruckten Geschichten (Nr. 1 und 14). Das Märchen vom Tatzbär-Hansl schrieb ich zuerst auf, nach Jahresfrist hielt ich es zusätzlich in

---

[25] J. R. B ü n k e r, 1905. Wenn eine Ablichtung aus dem in der Nationalbibliothek in Wien vorhandenen Exemplar auch heute noch einer Sondergenehmigung bedarf, so erscheint dies angesichts der mit öffentlichen Mitteln geförderten Sudelliteratur allerdings nicht mehr zeitgemäß.

[26] Vgl. AT 301, Th F 611.1.5.

Bildern fest. Dem Erzähler machte es nichts aus, er ließ sich nicht im geringsten durch die Aufnahmen stören. Der Gewährsmann der Räubersgeschichte kannte überhaupt noch kein Fotogerät und war ganz bei der Sache. Blitzlichtaufnahmen würden einen Erzähler, der nur dem Aufnehmenden erzählt, arg stören, man kann sie jedoch bei angeregter Stimmung und in einer Hörerrunde wagen (wie Abb. 1 und 2). Filmaufnahmen gefährden die Ungezwungenheit des Erzählens und Zuhörens und sind von mir nie angestrebt worden.

Die Suche nach mündlicher Erzählüberlieferung erbringt nicht nur Geschichten mit fesselnden Spielformen, sie führt zur Begegnung mit schöpferisch veranlagten Menschen. Unvergeßlich bleibt mir der Tag, an dem ich in M. K r a u t s a c k, der „Miazi-Moam", wie sie im Alter in ihrem Heimatdorfe genannt wurde, eine hervorragende Märchen- und Schwankerzählerin kennenlernte. Ihr von Mühe und Leid geprägtes Antlitz spiegelte die seelische Ergriffenheit, wenn sie das Geschick der Märchenhelden miterlebte, ihre Gebärden verdeutlichten die Handlung. Die bildhafte mundartliche Sprache mit ihrer wechselnden Klangfarbe und Klangstärke war nur ein Teil eines dramatischen Schauspiels, in dem ein einziger Spieler die verschiedenen Gestalten eines Geschehens in sich zusammenraffte. Unvergeßlich auch, wie der schon schwerkranke E. N e m e t h mir bei meinem zweiten Besuche seine Zuneigung verspüren ließ und das lange Märchen von der rechten und der falschen Braut erzählte (Nr. 33). Seine Hausgenossen waren gewohnt, daß sie sich während des Erzählens still verhalten mußten. Er widmete sich ganz mir, das Niederschreiben ging schwer, weil er häufig meine Augen suchte. Es ließen sich auch nur die Worte festhalten, nicht aber, was er sonst an Lauten hervorstieß. Er faßte mich an der Schulter, schüttelte mich heftig, dann zeigte er wieder, wie die häßliche Zigeunerin sich die Pfeife anzündete und dabei die Augen nach oben drehte. So erblickte sie die auf dem Baum versteckte Schöne! Ich war ganz Auge und Ohr und ihm hingegeben, denn seine Angehörigen beachtete er wenig, sie kannten ja auch längst die Geschichte. Mir erzählte er, mich rüttelte er, mir starrte er in die Augen, mich riß er völlig mit. Ich begriff, daß er unwiderstehlich eine Hörerrunde in Bann zu ziehen vermochte und auch von den jungen Leuten immer wieder gebeten wurde, zu erzählen. Als ich endlich Zeit fand, ihn mit einem Bandgerät zu einer klanggetreuen Aufnahme aufzusuchen, lag er matt auf seinem Sterbebett.

Ein gedrucktes Märchen ist auch losgelöst vom *Anlaß und Ort* des Erzählens. Als ich auf einer Wanderung die Erzählerin der Geschichte von der Schwarzen Frau (Nr. 19), Frau M. S t r o d l, kennenlernte und nach Geschichten befragte, antwortete sie: „Kommen sie zum Federnschleißen!“ In Dörfern mit Gänsezucht versammelten sich die Frauen der Nachbarschaft im Winter zu dieser eintönigen Arbeit, verrichteten sie in verschiedenen Häusern gemeinsam und verkürzten sich die Zeit auf verschiedene Weise. Oftmals kamen die Männer hinzu und erzählten Geschichten. In Rauchwarth berichtete eine Bäuerin: „Beim Woazauslösn (Entblättern der Maiskolben) überhaupt, da ist es rundgegangen. Da sind sie zusammengekommen, haben erzählt, ein Spaß und ein Gelächter. Da sind Geschichten erzählt worden, und dann ist wieder gesungen worden.“ Aber auch sonst kamen die Leute, wenn sie in die „Feier“ (zur geselligen abendlichen Runde) gingen, zusammen. „Es ist so ein Feierhaus gewesen. Dort sind die Männer alle Abende, meist im Winter bis zum Frühjahre, nach dem Viehabfüttern, alle Nächte zusammengekommen. Einige, die jüngeren Männer, spielten Karten, die älteren erzählten Geschichten. Jetzt ist das Feiergehen schon abgekommen.“ Und zu ihrem Manne gewendet setzte sie fort: „Das war damals so, kannst du dich erinnern? Alle Nacht bist du gerannt. ‚Ach, ich freu mich schon.‘ “ Auch auf den einzelnen Höfen saßen die Hausleute vor dem endgültigen Lichtanzünden in der „Dumpelfeier“ beisammen und erzählten. Mit den vielen Neuerungen ist auch die entspannende und besinnliche Dämmerstunde verschwunden.

Wenn die Frauen unter sich eine gute Erzählerin wußten, wie M. S t r o d l, waren sie nicht auf Männer angewiesen. M. K r a u t s a c k wurde manchmal gegen Mitternacht geweckt. Sie möge hinüberkommen zum Federnschleißen, die Frauen und Mädchen überfalle schon der Schlaf! Auch beim Speckschneiden, wenn ein Schwein abgestochen worden war, wurde erzählt. Frühzeitig lernten die Kinder beim Kühehüten auf der Weide Geschichten, die sie sich für ihr ganzes Leben einprägten.

Während Spiel, Lied und Brauch von jedem nachrückenden Jahrgange, der in die Überlieferung einer Altersschichte hineinwuchs, allgemein übernommen wurden, wenngleich auch hiebei Spielführer und Brauchträger hervortraten, waren es nur wenige, die als besonders gute Erzähler (vor allem der Märchen) die Überlieferung weitertrugen und einen Hörerkreis um sich scharten oder anderen die Zeit kürzten. S. Graf hat von der Erzählkunst seines Gewährsmannes Ofenbeck, der die Leute beim Besenbinden, Korbflechten und Spinnen unterhielt, ein eindrucksvolles Beispiel überliefert[27].

„An einem stürmischen Winterabend pochten einst die Gendarmen an die Tür seiner Hütte. Es war zu der Zeit, wo er noch als Wilddieb gefürchtet war. An das Bezirksgericht war eine Anzeige ergangen, daß er wieder mit einem Gewehr gesehen worden sei, darum kamen die Gendarmen, um ihm dasselbe abzunehmen und ihn dem Stuhlrichteramte einzuliefern. Seine Frau war mit den Kindern allein zu Hause; die sagte, daß er in Tauchen bei dem Müllermeister Hutter sei. Die Gendarmen fanden ihn dort und forderten ihn auf, mitzugehen. Die Stube war voll von Leuten, die, jeder mit irgendeiner Arbeit beschäftigt, andächtig zuhörten, wie er erzählte. Er hatte gerade eine Geschichte angefangen, als die Gendarmen eintraten. Den Zuhörern kam dieser Zwischenfall recht ungelegen, und einer ersuchte die Gendarmen, sie möchten den Ofenbeck wenigstens die Geschichte zu Ende bringen lassen. Den Gendarmen schien es in der warmen Stube zu behagen, sie setzten sich, und der Postenführer forderte Ofenbeck auf, fortzusetzen, und so erzählte er weiter, als wenn nichts geschehen wäre. Er wußte es so spannend zu machen, daß Stunde auf Stunde verrann, ohne daß es jemand wahrnahm. Es war schon weit über Mitternacht, als er endete. Die Geschichte hatte auch die Gendarmen so ergriffen, daß sie ihn auf sein Versprechen, nie mehr ein Gewehr anzurühren, ungeschoren ließen."

Der Maurer Huber (Nr. 3 und 27) berichtete vom Erzählen in den gemeinsamen Unterkünften der Bauarbeiter, also in den „außer-

[27] S. Graf, Hianzische Märchen, S. 21. Der burgenländischen „Dumpelfeier" und der Böhmerwälder „Dämmerstunde" entspricht die mecklenburgische „Schummerstunde". Erzählt wurde nach dem Tagewerk, während Festen und Feiertagen, aber auch bei mancher Arbeit in einer Gruppe und in Arbeitspausen. R. Wossidlo und S. Neumann, Volksschwänke aus Mecklenburg, S. XXV.

dörflichen Erzählgemeinschaften", um eine Bezeichnung aus L. Déghs ausgezeichnetem Buch zu übernehmen[28]. Wenn alle schon im Bette lagen, wurden noch Geschichten vorgetragen. Der Erzähler überzeugte sich von Zeit zu Zeit, ob alle noch zuhörten oder schon eingeschlafen waren, indem er mitten in der Geschichte „kriks" sagte. Wenn die anderen mit „kraks" antworteten, ging es weiter. Wer dies nicht mehr konnte, mußte Bier zahlen. Ähnliches wissen wir aus Flandern, wo in Bornhem im August und September, wenn es schon früher dunkelte, die Jugend sich Abend für Abend um einen hervorragenden Erzähler scharte. Hie und da hielt er an und sagte mit gedämpfter Stimme „krik", worauf die ganze Bande wie aus einem Munde mit „krak" antwortete. Kam die Antwort nicht mehr kräftig genug, so verschob er das Weitererzählen auf den nächsten Abend[29]. De Meyere erinnert an eine ähnliche Übung bei den bretonischen Matrosen[30]. Auch dort überzeugte sich der Erzähler von Zeit zu Zeit, ob noch jeder aufmerksam genug zuhöre. Unvermittelt hielt er in seiner Geschichte an und sagte „cric", worauf alle mit „crac" zu antworten hatten. Wenn dies nicht geschah, verschob man das Erzählen auf den nächsten Tag. Auch in den Mannschaftsstuben des Militärs pflegten sich begabte Erzähler durchzusetzen, wie etwa unser Gewährsmann Loipersbeck, und sich durch einen zu beantwortenden Zwischenruf von der Aufmerksamkeit ihrer Zuhörer zu überzeugen. G. Ortutay[31], G. Henßen[32], und K. Gaál[33] haben derartige Beispiele mit zu beantwortenden Zwischenrufen aus den Mannschaftsstuben des ungarischen Militärs angeführt, L. Dégh[34] eine Entsprechung bei den Holzfällern.

Es wäre aber irreführend zu glauben, daß überall und zu allen Zeiten die Zuhörerschaft der Erzähler nur aus Erwachsenen bestanden habe. Vielmehr drängten sich — vor allem im Familienkreise der guten Erzähler — die Kinder immer unter die Zuhörer. Was aber ein Zehnjähriger von seinem sechzigjährigen Großvater gehört hatte,

---

[28] L. Dégh, Märchen, Erzähler und Erzählgemeinschaften.
[29] De Meyere, Vertelschat, S. 8.
[30] Nach Sebillot, Paul, Paris 1913.
[31] G. Ortutay, Ungarische Volksmärchen, S. 49.
[32] G. Henßen, Ungardeutsche Volksüberlieferungen, S. 6.
[33] K. Gaál, Märchen der Magyaren, S. 33.
[34] L. Dégh, Märchen, Erzähler und Erzählgemeinschaft, S. 89.

konnte er nach dessen Tode nicht schon selbst vortragen. Das Erzählen übernahm vielmehr etwa seine Mutter oder ein Onkel, und erst nach deren Ausscheiden kam die Reihe an ihn. Selbstverständlich richtet sich die Auswahl der Geschichten, die der Erzähler trifft, auch nach der Zusammensetzung seines Hörerkreises. Es ist übrigens wirklichkeitsfremd, zu behaupten, daß das Erzählen der Märchen eine Angelegenheit der Frauen und das der Schwänke eine Sache der Männer sei. Wie in niederdeutschen Landschaften überwogen auch im Burgenlande die Männer unter den Märchen- und Schwankträgern, doch gehören Schwänke auch zum Geschichtenschatze der Frauen, was für M. Krautsack wie für M. Strodl zutrifft und mir mündlich von G. Ortutay für Ungarn bestätigt worden ist.

Der Eindruck, den wir aus der lebendigen Überlieferung des Erzählgutes von Seewinkel bis in die Güssinger Gegend und damit zugleich aus einer vielfarbigen Landschaft gewonnen haben, ladet zum Vergleiche mit Ergebnissen ein, die M. Zender 1936 auf dem Deutschen Volkskundetag in Bremen vorgetragen hat[35]. Er konnte mit Recht vor allem seine „eigenen Sammlungen aus den südlichen Rheinlanden und den benachbarten Gebieten an der germanisch-romanischen Sprachgrenze heranziehen, schon deshalb, weil dem Sammler die Probleme der Landschaft und der Bauern, die er persönlich kennt, viel deutlicher sind.“ Als Student hatte Zender eine gediegene Feldforschung durchgeführt, wobei das aus lebendiger Anschauung Erlernte ihn befähigte, die Literatur richtig einzuschätzen und somit nur Stichhältiges zu verwerten. Seine Ergebnisse haben daher bis heute an Gewicht nicht verloren. Auch nach Zender haben Märchen und Schwank eine andere Funktion als die Sage, denn beide dienen der Unterhaltung und sind auch viel beweglicher als diese. Eifler brachten Märchen aus dem Industriegebiet an der Ruhr mit, Fuhrleute hörten sie in den Kneipen, Soldaten im Dienst. Im deutschen Lothringen fanden sich (nach Merckelbach) Soldatenmärchen, die aus dem Französischen übernommen sind. Wir werden damit an die Ausführungen von K. Gaál erinnert, der erwähnt, daß

[35] M. Zender, Quellen und Träger der Volkserzählung. In: Rheinische Vierteljahresblätter 7, H 1, 1937, S. 35—46 (jetzt leicht gekürzt) bei L. Petzold, Vergleichende Sagenforschung, Darmstadt 1966, S. 108 ff.

seine besten Erzähler länger als üblich beim Militär gedient und dort viele Märchen gehört und weitererzählt hatten. „Unser Zimmer war ein Misch-Masch-Zimmer. Es waren dort Deutsche, Kroaten und Magyaren. Es wurde abwechselnd in den drei Sprachen erzählt[36]."

Auch Zender stellt fest, daß fast alle guten Märchenerzähler, die er antraf, viel in der Fremde waren. Als Erzähler treten durchwegs ältere Männer hervor, die Frauen dagegen sehr zurück. Die eigentlichen Sagenerzähler bilden eine Gruppe für sich und sind dem Übernatürlichen aufgeschlossen. „Märchen und besonders Schwänke erzählen sie nicht. Wenn sie es einmal versuchen, mißlingt es ihnen."

Aufschlußreich ist auch, was Zender über Volkstumsgrenzen berichtet, beispielsweise auch, daß die Überschichtung einer ehemals germanischen Grundlage in der Wallonie noch in den dortigen Zwergensagen nachklingt. Er hebt auch hervor, daß französische Märchen bei der Übertragung ins Deutsche eine Rückführung ins Wunderbare erfahren.

Auch K. R a n k e[37] hat Beobachtungen über das Auswirken von Sprach- und Volkstumsgrenzen angestellt. Ihm sind über hundert Märchenvarianten, in denen der Kampf auf der Brücke stattfindet, bekannt geworden, die jedoch die ehemalige Grenze deutschen Volkstums im Osten nur mit entlehnten Stücken überschreiten. Ein Gleiches gilt für das Burgenland, wofür unser erstes Märchen ein Zeugnis ablegt. Es enthält das erwähnte Motiv, allerdings schon in abgeschwächter Form, während G a á l eine ausgeprägtere Fassung bringt[38]. Im Vergleiche zu der germanisch-romanischen Sprachgrenze ist die Einflußnahme im Burgenlande und in Ungarn durch Sprachinseln viel enger, es ergibt sich eine Brückenlandschaft germanisch-magyarisch-slawischer Wechselbeziehungen. Trotzdem finden wir im Burgenlande nur verhältnismäßig wenig Märchen mit ausgesprochenen östlichen Zügen, ein Gleiches gilt auch für die Sagen.

Die Singweise zu dem Schwank vom Lampus määäh (Nr. 7) ist ein

---

[36] K. G a á l, Märchen der Magyaren, S. 34.

[37] K. R a n k e, Grenzsituationen des volkstümlichen Erzählgutes. In: Europa et Hungaria. Congressus Ethnographicus in Hungaria 16. — 20. X. 1963, Budapest, Budapest 1965, S. 291 bis 300.

[38] K. G a á l, Nr. 4.

Beispiel für Geschichten mit eingestreuten Melodien. Zu derben Schwänken, wie vom „Lager zu dritt[39], fand ich auch im Burgenlande Varianten mit Singeinlagen, desgleichen zum Schwank vom alten Hildebrand[40]. Einer ganz anderen Schichte gehören die Singzeilen in den Märchen an, die Georg Hüsing vor einem halben Jahrhundert in Vorträgen in Wien mit ehemaligen dramatischen Darstellungen ähnlichen Inhalts wie der Märchen in Verbindung gebracht hat[41]. Von unseren Beispielen sei Nr. 20 „Die Katzenmühle" hervorgehoben, deren Variante mit Singweisen inzwischen Berühmtheit erlangt hat[42]. Schon vor längerer Zeit hat das Märchen vom „Singenden Knochen" seine Würdigung erfahren[43]. Bemerkenswert ist die Tatsache, daß auch ein Märchen späterer Entstehungszeit, wie das von der Jungfrau Maleen[44], in seinem beschränkten niederdeutsch-nordgermanischen Verbreitungsgebiet mit Reimen ausgestattet ist. F. Karlinger verdanken wir eine ungemein anregende Abhandlung über die Funktion des Liedes im Märchen der Romania[45a], in der er Aufzeichnungen von Liedern des Märchens von der vergessenen Braut bringt, jedoch bei den deutschen Beispielen von Märchenreimen die Varianten dieses Typs nicht berücksichtigt[45b].

Auch für die Liedstellen der Volksmärchen und Schwänke gilt, was

---

[39] K. Haiding, Oberösterreich Nr. 29 (Lager zu dritt). Die Gemeinsamkeit am Arbeitsgerät von der Steiermark bis Westungarn ist stärker, aber auch näherliegend: (K. Gaál, Gerätebestand). Den verbindenden Zügen jeglicher Volksüberlieferung galten die Vorträge der 1. Tagung „Ethnographia Pannonica" in Bernstein 1973.

[40] U. a. K. Haiding, Aufzeichnung Nr. 2561 (im Jahr 1969).

[41] Ähnlich E. Mudrak, Nordische Heldensage, S. 25 f., Svipdag und Menglöd.

[42] A. Loschdorfer, S. 162 f.

[43] L. Mackensen, F. F. C. Nr. 49. Siehe ferner L. Schmidt, Volkserzählung, S. 48 ff., und D. M. Moser, Märchensingverse, S. 101 ff.

[44] KHM Nr. 198. Die auf K. Müllenhoff zurückgehende Variante ist mit dem Reim des Kinderspieles von der Königstochter im Turm erst nachträglich verbunden worden. Zum Verhältnis Märchen und Spiel vgl. K. Haiding, Kinderspiel und Volksüberlieferung, München (1939).

[45a] Salzburger Universitätsreden, Heft 34, Salzburg—München 1968.

[45b] So spricht „Die wahre Braut" (KHM 186):

Kälbchen, Kälbchen, knie nieder,
vergiß nicht Deine Hirtin wieder,
wie der Königssohn die Braut vergaß,
die unter der grünen Linde saß.

Vom „Liebsten Roland" (KHM 56) heißt es ausdrücklich, daß durch den Gesang des Mädchens die Erinnerung an seine Braut wieder wachgerufen wird. Ein Großteil der einschlägigen Märchen hat schon Bolte zu KHM 113 verzeichnet. Siehe auch S. 235 Anm. zu Nr. 9.

P. Buchholz sagt, der nach den gesicherten Erkenntnissen neuerer Forschungen die Prosa mit eingestreutem Vers als eine sehr alte Erzählart bezeichnet: Motivische und szenische Kerne einer mündlichen Erzählung ... werden oft unterstützt durch Verse, die in der sie umgebenden Prosa den Hörer aufmerken lassen und schon formal für eine besondere Erzählintensität sorgen, der üblicherweise vom Inhalt her eine emotionale Intensität entspricht. D. M. Moser hebt hervor, daß die Verse sich an funktionell entscheidender Stelle im Handlungsverlauf des Märchens finden[46].

[46] P. Buchholz, S. 7 u. 10, D. M. Moser, Märchensingverse, S. 88.

Vom Sammeln und Erforschen des burgenländischen Erzählgutes

A. Die Märchen der Deutschen und die Erzählung allgemein

Die volkskundliche Bibliographie, die wir K. M. Klier[47] verdanken, weist nur wenige Lücken auf und erleichtert den Einblick in die Sammeltätigkeit bis 1960. Der Verfasser gliedert das Volksgut nach seiner mündlichen Überlieferung durch Deutsche, Kroaten, Magyaren und Zigeuner, was die Übersicht sehr erleichtert und ein erstes Erkennen gewisser Unterschiede ermöglicht. Selbst wenn wir die seit 1960 erschienenen und die von Klier übersehenen Veröffentlichungen sowie die noch ungedruckten Aufnahmen berücksichtigen, ergibt sich lediglich das Bild einer vom Zufall bestimmten und durchaus ungenügenden Sammeltätigkeit, die nur einen Bruchteil des einstigen Reichtums zu erfassen vermocht hat. Dies gilt sowohl für das Burgenland selbst als für seine in der Volksüberlieferung damit eng verflochtenen Nachbarlandschaften. Besonders schmerzlich fällt der Vergleich mit den systematisch gewonnenen Arbeitsergebnissen sowohl in der Feldforschung als auch in der sie ergänzenden Auswertung auf, wie sie die Akademien der Wissenschaften in Budapest, Laibach und Agram aufzuweisen haben. Hier stehen den Spezialisten der Erzählforschung in ihrer hauptamtlichen Tätigkeit alle Möglichkeiten einer zielstrebigen und umfassenden Erschließung des Erzählgutes offen.

Betrachten wir zuerst die deutsche Märchenüberlieferung des Burgenlandes, so ist die früheste Nachricht den Brüdern Grimm zu danken. Diese erwähnen zum Märchen „Hans mein Igel" in den Anmerkungen des 1822 erschienenen 3. Bandes: „Ganz übereinstimmend wurde es auch in dem an Österreich grenzenden deutschen Ungarn gehört[48]." Das erste gedruckte Märchen gleicher Herkunft steht bei Th. Vernaleken[49] (unsere Nummer 31). Er gibt als Quelle an „aus Deutsch-Ungarn", was sich auf das nördliche Burgenland, aber auch auf eine andere Gegend beziehen kann. Auch

[47] M. Klier, Bibliographie des Burgenlandes, Band V, Volkskunde, Eisenstadt 1965.

[48] KHM (= Kinder- und Hausmärchen) Nr. 108. K. Haiding, Märchenschatz 1953, S. 414. Seither von verschiedenen Stellen angeführt.

[49] T. Vernaleken, Kinder- und Hausmärchen Nr. 2.

unsere Nummer 29 „Eins schlägt zwölf" könnte aus dem nördlichen Burgenlande stammen, denn Vernaleken bemerkt dazu: „Aus dem Leithagebirge[50]."

Einem großen Zufalle verdanken wir die berühmte und immer wieder ausgeschrotete Sammlung aus dem Munde des Tobias Kern (vergleiche oben Seite 197 ff.). Der in Seebach in Kärnten geborene J. R. Bünker[51] kam als Lehrer an die deutsche evangelische Schule nach Ödenburg (magyarisch Sopron). Er hat dort ein Jahrzehnt hindurch, wie schon oben erwähnt, von einem einzigen Erzähler Geschichten aufgeschrieben, die — kurz gesagt — ein Sammelsurium darstellen. Nur wer die lebendige Überlieferung nicht ins Auge faßt, kann zu der Meinung kommen, daß es sich um das typische Erzählgut eines Überlieferungsträgers handelt. Man hätte leicht ohne die mir auferlegten Hemmnisse von Zentralstellen aus ein Vielfaches dessen aufzeichnen können, was ich neben einem Brotberuf bergen konnte. Noch 1969 ließen sich die Spuren hervorragender Märchenerzähler im Seewinkel feststellen. Statt dessen begnügte man sich mit verschiedenen Theorien. So stellt L. Schmidt Tobias Kern und Samuel Ofenbeck (siehe oben Seite 197 f.) auf eine Stufe als „Außenseiter"[52]. Während er immerhin noch die Sammeltätigkeit Bünkers anerkennt, bringt er für die ohnedies nicht ausreichende Erforschung der Erzähler aus deutscher Volksüberlieferung in der Einleitung seines in vieler Hinsicht wichtigen Werkes „Die Volkserzählung"[53] so wenig Verständnis auf, daß er G. Henßens prächtiges Buch „Überlieferung und Persönlichkeit"[54] sowie meinen Bericht über „Träger der Volkserzählung in unseren Tagen"[55] als stellvertretend für die „Volkskunde mehr oder minder als Bauernkunde" anführt. Meine Ausführungen über Erzähler (oben Seite 189 ff.)

---

50 Eine gewisse Bestätigung dieser Annahme findet sich bei A. Camman — A. Karasek, Donauschwaben erzählen, S. 70, mit der gleichen Motivreihe Gifttrunk — totes Roß — vergiftete Raben — vergiftete Räuber, allerdings sonst in anderem Zusammenhange. Noch vor dreieinhalb Jahrzehnten waren das Burgenland und die deutschen Sprachinseln um Budapest auch im Liedgut auf das engste verwandt.

51 K. Haiding, Artikel J. R. Bünker, in: Enzyklopädie des Märchens.

52 L. Schmidt, Volkskunde. In: Burgenland-Landeskunde, Eisenstadt 1951, S. 667.

53 L. Schmidt, Die Volkserzählung, S. 19.

54 Münster 1951.

55 Ö. Z. V., 1953, S. 24 bis 36.

dürften jedoch deutlich genug machen, wie begründet es ist, wenn die Volkskunde auf allen ihren Teilgebieten den Menschen berücksichtigt und sich nicht, wie Schmidt will, mit den riesigen und zweifellos wichtigen Anhäufungen von Belegen in städtischen Archiven, in Druckschriften usw. zufrieden gibt. Wenn schon die Ergebnisse der russischen Forscher (Azadowski u. a.) aus der Zeit vor dem Ersten Weltkriege[56] übersehen worden sind, so dürfte seit Matthias Zender[57] wohl unwiderruflich die maßgebliche Bedeutung der Träger der Volkserzählung aufgezeigt worden sein. Bekanntlich sind in jüngeren Veröffentlichungen wiederholt die Geschichten nicht nach ihrem Typ, sondern nach der Herkunft von einem Erzähler gereiht worden, um zugleich einen Einblick in dessen Gesamtwissen und das darin sich abzeichnende Verhältnis der einzelnen Erzählgattungen zu geben. Am gründlichsten hat die Bedeutung des Erzählers und der Erzählgemeinschaften Linda Dégh darzustellen vermocht. Das Erzählen bei der Arbeit war Gegenstand meines Kongreßvortrages in Marburg[58]. Vor kurzem hat uns O. Moser die eindrucksvolle Darstellung einer Kärntner Sagen- und Schwankerzählerin beschert[59]. Von sonstigen Arbeiten, die sich mit den Trägern der Überlieferung befassen, seien die Veröffentlichungen von J. F. Campbell, S. Neumann, L. Uffer und E. Zenker genannt[60a]. In welchem Ausmaße die ungarische Märchenforschung schon im 19. Jahrhundert sich den Erzählern zugewendet hat und wie sie in den letzten Jahrzehnten hier eine besondere Methode entwickelte, hat G. Ortutay in seinem Wiener Rundfunkvortrag ausführlich erläutert. K. Peeters hat auf Grund seiner umfassenden Stoffkenntnisse erklärt, „daß alles frühere Material ... nur für die hi-

[56] Siehe K. Haiding, Märchenschatz S. 368.

[57] Siehe Anm. 35.

[58] L. Dégh, Märchen, Erzähler und Erzählgemeinschaft, 1962. K. Haiding, Erzählen bei der Arbeit. In: G. Heilfurth — J. Weber — Kellermann, Arbeit und Volksleben, S. 292 bis 302.

[59] O. Moser, Apollonia Kreuter, Klagenfurt.

[60a] J. F. Campbell, Popular Tales of the West Highlands, Bd. 1—4, 2. Aufl., London 1890—93. S. Neumann, in: R. Wossidlo und S. Neumann, Volksschwänke aus Mecklenburg, bes. S. XVII ff. L. Uffer, Rätoromanische Märchen und ihre Erzähler (= Schriften der Schweizerischen Gesellschaft für Volkskunde, Band 29, Basel 1945. E. Zenker-Starzacher, Eine deutsche Märchenerzählerin aus Ungarn, München 1939.

storische Betrachtung in Betracht kommt, für alle anderen Betrachtungen ... hat man neues und zuverlässiges Material nötig". Er sagt abschließend und unter Hinweis auf K. Horálek, alle modernen Volkserzählungsforscher seien sich darüber einig, daß ohne Sammeln neuen Materials und seine Systematisierung kein Fortschritt verzeichnet werden könne[60b].

Was uns K. Gaál in den Angaben zu den „Abergläubischen Erzählungen"[61] über die Gewährsleute sowie Anlaß und Ort des Erzählens berichtet, ist viel bedeutsamer als die an und für sich wichtigen Geschichten selbst sind. Der Autor hat das Sagengut von drei deutschen, zwei magyarischen und zwei kroatischen Gemeinden erfaßt. Aus Unterwart sind 90, aus Siget 45 und aus Schachendorf ein Teil der 23 Sagen aufgezeichnet. Konfessionelle Unterschiede und die Einbeziehung der Arbeiter eines großen Gutshofes vermehren die Vielfalt der Vergleichsgrundlage. An derartigen Beispielen sehen wir, wie die Geschichten erst durch ihre Beziehungen zu den Menschen richtig gewertet werden können. Die örtlichen Befragungen ergeben weit genauere Kenntnisse als Fragebogenermittlungen, erfordern allerdings wesentlich mehr Zeit und Mühe. Gaál ist noch weiter gegangen und hat sich in vielen Fällen auf die Beobachtung beschränkt, wodurch manches zutage kommt, was selbst bei Befragungen unter den Tisch fallen würde.

Schon der Vergleich der Aufzeichner J. R. Bünker und S. Graf sowie ihrer Gewährsleute zeigt, daß es falsch ist, voreilig zu verallgemeinern. Bünker, von schweizerdeutschen Eltern stammend, besaß

60b G. Ortutay, Die Methode der ungarischen Volksmärchenforschung. In: K. Gaál, Ethnographia Pannonica, bes. S. 86 ff. K. Peeters, Not an neuem Material in FS Ranke, S. 287 und 295. Die Bedeutung der Träger des Erzählgutes und ihrer Sprache geht u. a. auch aus folgenden Artikeln der Enzyklopädie des Märchens hervor: H. Bausinger, Alltägliches Erzählen; K. Čistov, Astachova; D. M. Moser, Authentizität; L. Röhrich, Autobiographie; I. Levin, Azadowskij. Auf einer nur in den seltensten Fällen erreichten Gründlichkeit fußt der Beitrag von C. H. Tillhagen zur FS Henßen über den schwedischen Erzähler Höglin. Vgl. auch laufend, was S. Neumann, Volkserzähler, vorbringt, ferner M. Zender, Eifel, S. 7—31. Obwohl L. Schmidt nur einen winzigen Ausschnitt dieser Arbeiten im Auge hatte, nannte er schon diese Bemühungen „von den Städten her gesehen für oft etwas übertrieben" (Volkserzählung, S. 19). Gegen seine Unterschätzung der mündlichen Überlieferung: M. de Meyer, bei der Besprechung von L. Schmidt, Fab. 7.

61 Eisenstadt 1965.

die für seine Landsleute auf allen wissenschaftlichen Gebieten kennzeichnende Gediegenheit und Sorgfalt. Der Erzählband führt jedoch weit weg von seiner sonstigen Tätigkeit im Dienste der Haus-, Siedlungs- und Geräteforschung. Durch T. Kern gewann er sozusagen eine „Zapfstelle“ für Geschichten, die immer neu aufgeladen wurde und ihn davon abhielt, nach anderen Erzählern zu suchen. Kern war ein bescheidener und geduldiger Mann, dem es auch im Altersheim einigermaßen zusagte. Im Gegensatz zu Bünker blieb S. Graf, der ihm nacheiferte, mit dem Lehrberufe eng verbunden. Während Kern gewissenhaft seiner Tätigkeit als Straßenkehrer nachging, scheute der Gewährsmann Grafs, S. Ofenbeck, eine regelmäßige Arbeit (siehe oben Seite 198). Als er ins Altersheim nach Pinkafeld mußte, hielt es der dem Walde ergebene Mann kaum aus. Er brachte auch als Gewährsmann nicht die Geduld Kerns auf. Bünker hat „wortgetreu“ aufgeschrieben, Graf flickte für seine Veröffentlichungen Verschiedenartiges zusammen[62]. Abgesehen von der Verschiedenheit der beiden eben erwähnten Gewährsleute, neben denen auch noch die Brüder Treiber als „Außenseiter“ bezeichnet werden[63a] (über J. Treiber oben Seite 196 f.) müssen wir berücksichtigen, daß wir keineswegs „Gesetze einer mündlichen Überlieferung“ (oder Wiedergabe) so ohne weiteres aufstellen dürfen, wie dies von verschiedenen Seiten versucht wird[63b]. Schon Henßen[64] hat erwähnt, daß man das Aufzeichnen beenden solle, wenn der Erzähler ermüdet. Auch Krankheit und Sorge beeinflussen den Stil. Ein Gleiches gilt selbstverständlich für die verschiedensten Möglichkeiten der Weitergabe von Geschichten. Wie sehr hier letztlich durch die zielbewußte Suche nach bestimmten Erzählgattungen die Sammler ein nicht unbedingt getreues Bild der landschaftlichen Verhältnisse wie-

---

[62] Die Ausgabe J. Bünker, Was mir der alte Mann erzählte, verändert allerdings einzelne Geschichten und Motive bis zur widersinnigen Entstellung.

[63a] L. Schmidt, Volkskunde. In: Burgenland — Landeskunde, S. 667.

[63b] Man kann ein chemisches Experiment in einem Labor Südafrikas, Mittel- oder Nordeuropas ausführen, es wird immer das gleiche Ergebnis bringen. Ein Erzähler in angeheiterter Stimmung, angefeuert von der heimatlichen Wirtshausrunde, kommt ganz anders in Schwung, als wenn er (wie auch Kern) für den Sammler ansagt oder unter Umständen auch gut gelaunt erzählt.

[64] G. Henßen, Volkstümliche Erzählkunst.

derzugeben vermögen, hat E. Moser-Rath dargetan[65a]. Allerdings kann die Suche nach bestimmten Erzählgattungen auch dadurch bestimmt sein, daß sie vorher gegenüber anderen vernachlässigt wurden oder besonders gefährdet sind. Das gilt auch für meine, ursprünglich auf Märchen ausgerichtete, Suche seit 1933, um eine Feldforschungslücke von Jahrzehnten auszugleichen. Wer Märchenträger sucht, findet sehr bald auch Schwänke, die von denselben Persönlichkeiten erzählt werden, wie auch Zender festgestellt hat. Daneben gibt es den Typ des fröhlichen Spielmannes, der bei Hochzeiten nicht nur mit der Musik, sondern auch mit Anekdoten, Schwänken und Witzen die Leute unterhält, jedoch kaum Märchen erzählt. Zender hat beobachtet, daß die eigentlichen Sagenerzähler beim Versuche, Märchen zu erzählen, scheitern. Eine zielstrebige Feldforschung setzt allerdings eine gründliche Stoffkenntnis voraus, um nicht die Zeit nutzlos zu vergeuden. So hat es wenig Sinn, die kümmerlichen Versuche elfjähriger Mädchen, Geschichten aus der Sammlung der Brüder Grimm nachzuerzählen, in größerer Zahl aufzuzeichnen und zusammen mit wichtigen Quellenzeugnissen sogar zu veröffentlichen[65b].

Immerhin hat Graf bewiesen, daß Bünkers Gewährsmann kein Einzelfall war. Zu seiner Zeit hatte Ödenburg mit den deutschen Dörfern seiner Umgebung (Agendorf, Harkau, Kroisbach, Wandorf, Wolfs) nicht nur die gleiche Mundart, sondern, angefangen vom Kinderreim, Anteil an der gleichen mündlichen Volksüberlieferung wie die benachbarten burgenländischen Orte, aus denen wir bis in jüngste Zeit noch Ergänzungen zur Reimsammlung Bünkers[66] aufzunehmen vermochten. Wir können mit Gewißheit annehmen, daß es in den oben erwähnten Ortschaften noch weitere Märchenträger gegeben hat, wie ich dies vor allem für den Bezirk Oberwart noch ein halbes Jahrhundert später nachzuweisen vermocht habe.

Während meiner Studienzeit an der Universität Wien gab es keine Vorlesungen über Volksmärchen. Es bestand jedoch ein allgemein zu-

---

[65a] E. Moser-Rath, Gedanken zur historischen Erzählforschung. In: FS Ranke, S. 61 ff.

[65b] Camman-Karasek, S. 152 ff. Ähnliche Bedenken äußerte K. Ranke bei der Besprechung von Ch. Oberfeld, Volksmärchen aus Hessen.

[66] Z. Ö. V., Ergänzungsband, Wien 1900.

gänglicher Kreis von Vertretern verschiedener Fächer, von der Germanistik bis zur Indologie und Orientalistik, die sich vielfältig mit den einschlägigen Fragen befaßten. Man beschränkte sich allerdings auf gedruckte Texte. Im Jahre 1933 fuhr ich deshalb ins Burgenland, um nach lebendigen Märchenüberlieferungen zu suchen, was schon am zweiten Tage zur Begegnung mit einer hervorragenden Erzählerin führte (siehe oben S. 189). Angesichts der damaligen wirtschaftlichen Nöte war es mir erst 1936 möglich, das Erzählen der Märchen auch in Bildern festzuhalten, und zwar in deutschen Dörfern des Schildgebirges bei Budapest. Meine Veröffentlichungen von 1937 bis 1939 über die Darstellungsweise der Märchenträger sind längst vergriffen. Ab 1951 begann ich wieder mit Aufzeichnungen im Burgenlande, die mit Unterbrechungen bis 1974 fortgesetzt wurden. Diese Ernte zwischen 1933 und 1974 gestattet immerhin aufschlußreiche Vergleiche und vorsichtige Rückschlüsse. Die große Anzahl von Gewährsleuten läßt auch durch die oben angeführten Beispiele die weitreichenden Verbindungen erkennen, wobei daran erinnert sei, daß T. Kern nach seinen Angaben 36 Geschichten während seiner Wandertätigkeit in Niederösterreich gehört hatte.

Sonstige Aufzeichnungen von Märchen sind nur wenige vorhanden, so die von Michael F. Bothar, die er in „Volk und Heimat" veröffentlichte und wovon unsere Nummern 22 und 23 herrühren. Die damalige Volksschullehrerin Adele Noggler, die mit großem Verständnis Volkslieder, Bräuche und anderes in ihrem Arbeitsorte Rohr bei Stegersbach aufzeichnete, hat handschriftlich auch eine Variante zu unserer Nummer 9 festgehalten. Die gerippeartige Wiedergabe läßt auf Übermittlung durch ein Schulkind schließen.

Insgesamt dürften aus deutscher Überlieferung etwa 240 burgenländische Varianten vorliegen, davon rund 60 von Bünker, etwa 10 von Graf, Bothar u. a. und 170 von mir.

B. Die Märchen der Magyaren

Noch ungünstiger als mit den Märchen der Deutschen stand es lange Zeit mit denen der Magyaren. Die Ende 1960 abgeschlossene Bibliographie Kliers vermag noch nichts anzuführen. Hätte nicht

Karol G a á l ab 1961 die gesamte überlieferte „Lebenswelt der ungarischen Minderheit“ erforscht und sich auch der Volkserzählung gewidmet, so würden manche vermutlich die bestehende Forschungslücke als Beweis fehlender Überlieferung ansehen. Sein Werk „Die Volksmärchen der Magyaren im südlichen Burgenland[67]“ belehrt uns eines Besseren. Von den 91 Geschichten sind 40 als eigentliche Märchen anzusprechen, wovon allein 25 von dem inzwischen verstorbenen J. R i b a r i c s in Mitterpullendorf stammen.

Was H. H o n t i räumlich und zeitlich im großen über die Aufgeschlossenheit der magyarischen Volksüberlieferung gegenüber dem Westen und dem Osten ausführte (vom Inhaltlichen her), ergänzt nun G a á l für einen kleinen Bereich auf Grund der Berichte seiner Gewährsleute aus dem 19. und 20. Jahrhundert. Soldaten, Bündelkrämer, jahreszeitlich wandernde Landwirtschaftsarbeiter tragen die Geschichten weiter, während in unmittelbarer Nachbarschaft zwischen den Bauern und Bewohnern der Meierhöfe Schranken bestehen. G a á l berücksichtigt in eindrucksvollen Bildern auch, was ich seit 1933 über die Sprache des Antlitzes und der Gebärde hervorhob (zuletzt H a i d i n g, Von der Gebärdensprache der Märchenerzähler, Helsinki 1955), die sich auch in einem Verhalten äußern kann, wie es der zur Zeit der Aufnahme siebenundachtzigjährige Johann R i b a r i c s aus Mitterpullendorf zeigte. Der Forscher bezeichnet ihn als den besten Erzählkünstler, den er je im Leben gehört hat.

Von den Geschichten seien nur ganz wenige als Beispiele hervorgehoben. Nr. 4 ist ein für Osteuropa typisches Märchen, in dem der Held unter der Brücke wartet, bis der Drache kommt, mit dem er zu kämpfen gedenkt. Sein räudiges Fohlen berät ihn, doch auch das Roß des Drachen spricht. Nach Osteuropa weist ferner die Variante des Roßmärchens vom Tristan-Typ, „Steinberg und die Braut des Königs“ (Nr. 23), in der die Brüder aus drei mal neun großen Eiern hervorgehen. Auch die Sonderausprägung des Märchens von der Schwanenfrau (Nr. 16), die mit einem Schrei aus dem Schlafe erwacht, als ihr drei lange Haupthaare abgeschnitten werden, führt nach dem Osten. In sagenhafter Verkürzung findet sich jedoch dieses

---

[67] Reihe Fabula, Band 7, Berlin 1970.

Motiv in zahlreichen Erzählungen von den Wildfrauen[68], in Verbindung mit der Geburt des Helden Amiran auch im Kaukasus.

Auffällige Gemeinsamkeiten mit benachbarten deutschen Siedlungen zeigen einzelne Märchen, wie das Zwei-Brüder-Märchen mit der Einleitung vom Goldvogel (Nr. 5), vor allem aber die Schwänke und Petrus-Geschichten; die Geschichte von Unibos wie die vom Fahrenden Schüler, und andere gehen bekanntlich auf die deutsche Literatur des Humanismus und noch weiter zurück. Ein volklicher Unterschied zeigt sich, wenn in deutschen Varianten Kaiser Josef II., in ungarischen jedoch König Matthias auftritt, wobei die unvergeßlichen Herrscher trotz ihrer Beliebtheit manchmal keineswegs eine rühmliche Rolle spielen. Mit diesen kurzen Hinweisen sei nur angedeutet, welchen Gewinn auch die vergleichende Forschung aus diesen Funden der letzten Jahrzehnte ziehen wird.

C. Die Märchen der Kroaten

Auch aus kroatischem Volksmunde finden sich keine Märchen in der Bibliographie Kliers. Der gleiche historische Zufall, dem wir doch noch die Kenntnis magyarischer Märchen aus dem Burgenlande verdanken, hat uns auch Erzählgut der Kroaten vermittelt. K. Gaál konnte 1964 bis 1965 bei dieser Volksgruppe nahezu ebenso viele Volksmärchen auffinden wie bei den Magyaren[69].

Die Durchsicht der Märchen zeigt eine enge Verbindung mit der deutschen Märchentradition des Burgenlandes. Wir finden den Drachentöter (unsere Nr. 8), eine Spielform der Zwölf Hirsche (unsere Nr. 23), die Ärgerwette[70], die Goldkinder[71], den „Heilenden Vogel[72]" und ähnliches mehr. Unmittelbar aus literarischen Quellen sind ebenfalls Geschichten in den Volksmund übergegangen.

---

[68] K. Haiding, Über eine Wildfrauensage aus der Umgebung Trofaiachs.

[69] Ich danke bei diesem Anlasse Herrn Univ.-Prof. K. Gaál für die Möglichkeit, seine Aufzeichnungen einzusehen. Seine Tonbandaufnahmen sind im Phonogrammarchiv der Österreichischen Akademie der Wissenschaften in Wien unter den Nummern B 9593 bis B 9764 verwahrt. Wie mir Frau Dr. Maja Bosković-Stulli (Institut za narodnu umjetnost, Zagreb) in einem Brief vom 2. September 1974 mitteilt, ist Frau Ritig-Beljak damit beschäftigt, die Tonbandaufnahmen K. Gaáls zu transkribieren. Die Veröffentlichung ist geplant.

[70] K. Haiding, Märchen und Schwänke aus Oberösterreich Nr. 1.

[71] K. Haiding, Märchenschatz Nr. 27, AT 707.

[72] K. Haiding, Märchenschatz Nr. 71; KHM 57, AT 550, Geramb KHM 12.

D. Die Märchen der Zigeuner

J. Knobloch hat einige Märchen aufzeichnen können, die allerdings wenig Bedeutung haben. Wir finden bruchstückhaft das Stuten-Hüten[73] und die für das Burgenland typische Variante des Zwei-Brüder-Märchens mit drei Brüdern (unsere Nr. 10).

E. Feldforschung als wesentliche Grundlage methodischen Arbeitens

Angesichts der dürftigen Quellen wäre es daher unverantwortlich, sich auf ältere Drucke und Handschriften zu beschränken und der in der Gegenwart noch lebendigen Volksüberlieferung nicht nachzuspüren. Abgesehen davon, daß die Aufzeichnungen aus den letzten Jahrzehnten uns auch über die Menschen, die die Geschichten erzählen und anhören, etwas aussagen, füllen sie überdies, wenn auch nur unzureichend, die schmerzlich großen Lücken unserer Stoffkenntnis. Angesichts des raschen Versiegens der mündlichen Überlieferung mußten alle Anstrengungen der zeitraubenden Feldforschung überwunden werden. Ein noch größeres Versäumnis in diesem Bereiche der Quellenforschung wäre einem tatenlosen Verhalten bei einem Archivbrande gleichgekommen.

Will die Erzählforschung ernst genommen werden, so darf sie nicht bloß auf wenigen zufälligen Funden ihre Folgerungen aufbauen. K. S. Kramer hat in seinen Ausführungen über Grundsätze und Methoden der historischen Volkskunde in überzeugender Weise Untersuchungen und Ergebnisse zusammengefaßt, die in vieler Hinsicht auch für die Erforschung des Gegenwartsbestandes gelten[74]. So sagt er[75], daß die Erkenntnismöglichkeit auch in beschränktem

---

[73] Vgl. K. Haiding, Märchenschatz Nr. 30. J. Knobloch, Romani Texte, 1953. Die Zigeuner sind 300 v. Chr. aus ihrer nordindischen Heimat abgewandert, kamen 200 n. Chr. nach Persien, um 1000 nach Südeuropa, um 1400 nach Mitteleuropa. Sie gehören einem orientalisch-vorderasiatischen Rassengemisch an. Sprachlich sind sie den Indogermanen zuzuzählen, da sie eine derartige Sprache übernommen haben. Vgl. M. und A. Haberlandt, Völker Europas, S. 297 ff.

[74] K. S. Kramer, Zur Erforschung der historischen Volkskunde. Prinzipielles und Methodisches, Rheinisches Jahrbuch für Volkskunde, 19. Jg. 1969, S. 7 bis 41.

[75] K. Kramer, a. a. O., S. 34.

Raume von einem entscheidenden Faktor abhängig ist, „nämlich von der dichten Streuung und der Aussagekraft der zur Verfügung stehenden Quellen. Der kritische Punkt ist erreicht, wenn die Belegdichte in einem Maße nachläßt, daß die pragmatische Interpretation und die Interpretation der Bedingungen nicht mehr möglich ist[76]".

F. Schwänke, Anekdoten und ähnliches

Über den Schwank unterrichtet in vorzüglicher Weise E. Straßner[77]. Mehr als Märchen und Sage ist der Schwank der Literatur verpflichtet. Volksbücher vom Eulenspiegel, über die Schildbürger und über Schwabenstreiche haben sich auch auf den des Lesens und Schreibens nicht kundigen T. Kern ausgewirkt. Die Schwänke überspringen Volkstumsgrenzen viel leichter als Sagen, wofür das Burgenland eine Fülle von Beispielen bietet. Auf die häufigen Ortsneckereien, die allen Nachbarorten einen Schildbürgerstreich andichten, soll hier nicht eingegangen werden. Um einzelne Orte sammelt sich eine größere Zahl von Geschichten.

Kennzeichnend für das Burgenland ist die Übertragung mancher Scherzgeschichten und Anekdoten auf die Zigeuner, wofür K. Gaál eine Reihe von Zeugnissen anführt[78]. Meine handschriftliche Sammlung enthält ebenfalls eine Anzahl von Varianten, z. B. die Nummern 1031, 1964, 1966 f., 1988 bis 1991. Die Unterschiede von Volk zu Volk zeigen sich in der Beziehung auf den geliebten Herrscher von einst, so bei den deutschen Burgenländern, auf Josef II. (unsere Nummern 13, 21—26)[79]. An Stelle des deutschen Kaisers steht bei den Magyaren und Kroaten Matthias Corvinus[80].

Eine Lügengeschichte in Art des Münchhausen ist im Österreichi-

---

[76] Ferner sagt Kramer, S. 22, „Wer interpretiert, sollte sich darüber im klaren sein, daß es nicht darauf ankommt, geistreiche Hypothesen aufzustellen, . . ., sondern vielmehr vom Material aus zu fundierten Schlüssen zu gelangen."

[77] E. Straßner, Schwank.

[78] K. Gaál, Märchen der Magyaren Nr. 44, 71 f., 76, 85 f., 90.

[79] Ferner K. Haiding Nr. 1994 f., 2010, 2848. Joseph II. auch bei den Tschechen. Vgl. Jech, Variabilität, S. 60.

[80] K. Gaál, Märchen Nr. 50 und 89, und seine kroatischen Aufzeichnungen B 9696 im Phonogrammarchiv der Akademie der Wissenschaften (entspricht unser Nr. 13) und Gaál 9701.

schen Morgenblatt schon 1845 veröffentlicht worden[81]. Zu unserer Nr. 28 gibt es magyarische Gegenstücke, zu G a á l Nr. 91 wären Aufzeichnungen aus den fünfziger Jahren im oberösterreichischen Mühlviertel zu vergleichen[82]. Ein dort aufgefundener Schwank von der Sintflut, bisher in Österreich nur wenig belegt, findet sich auch kroatisch[83]. Der Märchenschwank vom Halbhahn ist sowohl deutsch als auch kroatisch bezeugt[84]. Die Geschichten vom Schmied und Teufel (unsere Nr. 2) werden auch auf kroatisch erzählt[85]. Priesterschwänke gibt es in deutscher Überlieferung in Fülle, Varianten auch magyarisch. Auch der Schwank von den Nußdieben (unsere Nr. 32) wird magyarisch und kroatisch erzählt[86]. Zu unserer Nr. 34 (Drei Brüder gehen stehlen) mit sechs deutschen Varianten hat G a á l zwei kroatische aufgezeichnet[87]. Der bis vor den oberösterreichischen Belegen vom „Lager zu dritt[88]" nicht zur Kenntnis genommene Schwank (im Typenverzeichnis AT nicht vorhanden) findet sich in der deutschen Überlieferung des Burgenlandes (H a i d i n g, Aufzeichnung Nr. 2005 und 2563) und übrigens auch im steirischen Ennstale. Den derben Schwank „Der Papst fährt nach Rom[89]" konnte ich in fünf Varianten festhalten, den vom Bildhauer[90] in vier. Sehr beliebt sind bis in jüngste Zeit die Geschichten, in denen dem Pfarrer Speck oder Rahm gestohlen wird, wozu es bei G a á l eine kroatische Variante gibt.

Diese Beispiele zeigen, daß auch die Schwänke viel reicher mündlich weitergetragen wurden, als nach den bisherigen Veröffentlichungen anzunehmen war (auch wenn wir die verhältnismäßig häufigen Belege B ü n k e r s berücksichtigen) und wir immerhin durch die

---

[81] K. M. K l i e r, Bibliographie Nr. 3028.

[82] K. H a i d i n g, Märchen und Schwänke aus Oberösterreich, Nr. 11 und Nr. 99.

[83] K. G a á l, B 9666, H a i d i n g, Märchen und Schwänke aus Oberösterreich, Nr. 40, AT 1361.

[84] K. H a i d i n g, Aufzeichnung 2526, Aufzeichnung K. G a á l, B 9639 und 9661; jedoch Typ AT 715 A.

[85] K. G a á l, Handschriftliche Sammlung, B 9628 und 9651.

[86] K. G a á l, Märchen Nr. 87, und G a á l, B 9740. Es liegen mehrere deutsche Varianten vor.

[87] K. G a á l, B 9668 und 9732.

[88] K. H a i d i n g, Oberösterreich Nr. 29 und 108.

[89] AT 1735, K. G a á l; Märchen Nr. 83.

[90] AT 1359 C, R. Köhler II, S. 469 ff.

Aufzeichnungen der letzten Jahre wenigstens eine dürftige Quellengrundlage erhalten haben, die großräumige Vergleiche ohne arge Fehlschlüsse zuläßt.

Wie dürftig diese Grundlage noch ist, erkennen wir abermals aus den Ausführungen S. Neumanns. Nachdem er auch die gewichtige Feldforschung in Pommern, Westfalen und Niedersachsen hervorgehoben hat, sagt er: „Auf Grund des vorliegenden Materials ist Schleswig-Holstein die einzige niederdeutsche Landschaft, deren Schwanküberlieferung so weit erforscht ist, daß sie sich mit der mecklenburgischen vergleichen läßt." (vgl. z. B. Schwank vom Alten Hildebrand 67 : 16 Varianten)[91].

Für das Lesen gedruckter Schwänke ist beherzigenswert, was S. Neumann in seiner „... ohne engherzige Eingrenzung des Begriffes Volksschwank" getroffenen Auswahl über den Unterschied zwischen lebendiger Erzählung und schriftlicher Wiedergabe aussagt: „Wenn der heutige Leser die Komik dieser Geschichten nur schwer nachzuempfinden vermag, so muß er sich dreierlei vor Augen halten. Einmal sind die Schwänke mündliches Erzählgut und nicht zum Lesen erdacht und geschrieben. Sie bezogen ihre Wirksamkeit zum großen Teil aus der Lachbereitschaft des in gelöster Stimmung vereinigten Erzählkreises und aus der Situation, die sie ins Gedächtnis rief und zu der sie treffend paßten. Und sie wirkten durch die Vortragskunst des Erzählers, der sie in der Regel schon öfter erzählt hatte, ihre Wirksamkeit kannte und sie voll zur Geltung zu bringen bemüht war. Wer schon einmal heiteres Erzählgut in einer erzählenden Gemeinschaft aufgezeichnet hat und dabei selbst von dessen unwiderstehlicher Komik mitgerissen wurde, kennt das Gefühl der Ernüchterung beim späteren Lesen der Aufzeichnung[92].

Dieses Beispiel zeigt erneut die Wirkung einer durch die Hörerrunde beschwingten Persönlichkeit. Mit derartigen Ergebnissen vermag die Volkskunde auch dem Leben zu dienen, besonders heute, da allzu anthropozentrisches und wirtschaftliches Denken die Menschheit und deren Mitwelt zu vernichten droht[93].

---

[91] Der Mecklenburgische Volksschwank, S. 18, Vergleichszahlen (3000 Schwänke, 440 Märchenvarianten), a. a. O., S. 13.

[92] R. Wossidlo — S. Neumann, S. XXXV.

[93] C. Amery, Vorsehung; H. Gruhl, Planet; D. Meadow, Grenzen.

Schrifttum

Aarne Antti, Der reiche Mann und sein Schwiegersohn. FFC 23, Helsinki 1916.

Aarne Antti und **Thompson** Stith (= AT), FF Communications No. 184 The Types of the Folktale. A Classification and Bibliography. Antti Aarnes Verzeichnis der Märchentypen (FF Communications No. 3). Translated and Enlarged by Stith Thompson, Indiana University. Second Revision, Helsinki 1973, Suomalainen Tiedeakatemia, Academia Scientiarum Fennica. (Die dort unter „Haiding" angeführten Hinweise beziehen sich auf „Österreichs Märchenschatz", Ausgabe Wien 1953, doch fehlt dieses Werk im Literaturverzeichnis.)

Allgemeine Bibliographie des Burgenlandes. Hg. Burgenländisches Landesarchiv und Burgenländische Landesbibliothek. Bd. V Volkskunde. Abgeschlossen mit 31. Dezember 1960, bearb. v. Karl M. **Klier**, Eisenstadt 1965.

Amery Carl, Das Ende der Vorsehung, Hamburg 1972.

Anderson Walter, Kaiser und Abt. Die Geschichte eines Schwanks. FFC 42, Helsinki 1923.

Anthropophyteia II, Berlin—Leipzig 1905. Hg. v. Friedrich S. **Krauß.**

Asadowskij Mark, Eine sibirische Märchenerzählerin. FFC 68, Helsinki 1926.

AT = **Aarne-Thompson**

Basile Giambattista, Lo cunto de li cunti. Das Märchen aller Märchen. Übersetzt von Felix **Liebrecht,** neu bearbeitet von Hans **Floerke.** München und Leipzig 1909.

Bausinger Hermann, 1. Schwank und Witz. In: Studium Generale 11, 1958; 2. Schildbürgergeschichten. In: Der Deutschunterricht, 13. Jg. (1961), H. 1, S. 18—44; 3. Formen der Volkspoesie (= Grundlagen der Germanistik 6), Berlin 1968; 4. Alltägliches Erzählen. In: Enzyklopädie I, Sp. 323—330.

Beitl Klaus, Volkskunde. Fakten und Analysen. Festgabe für Leopold Schmidt zum 60. Geburtstag. Im Auftrag des Vereines für Volkskunde und unter Mitwirkung von Hanns Koren, Karl Lugmayer, Franz Maresch und Richard Pittioni, hg. von ... Wien 1972. = FS L. **Schmidt.**

Blau Josef, Schwänke und Sagen aus dem mittleren Böhmerwalde. In: Beiträge zur deutschen Volksdichtung, Hg. v. E. K. **Blümml** (Quellen und Forschungen zur deutschen Volksdichtung, Bd. VI), Wien 1908.

Bleichsteiner Robert, Kaukasische Forschungen. Reihe Osten und Orient, Bd. 1, I. Teil. Georgische und mingrelische Texte, Wien 1919.

Blümml Emil Karl, Quellen und Forschungen zur deutschen Volkskunde, Bd. VI, Beiträge zur deutschen Volksdichtung, Wien 1908.

Bolte siehe **BP, Köhler, Pauli** und **Mackensen.**

Bolte Johannes, Besprechung von J. R. **Bünker,** Heanzische Schwänke (Antropophyteia II), ZfV XVI (1906), S. 452.

BP = **Bolte** Johannes und **Polivka** Georg, Anmerkungen zu den Kinder- und Hausmärchen der Brüder Grimm. Bd. 1—5, Leipzig 1913—1932.

Bonomi Eugen, 1. Die Verbreiter von Flugblattdrucken im Ofner Bergland. Das deutsche Volkslied 42 (1940), S. 61 ff.; 2. Deutsche aus dem Ofner Bergland erzählen vom fahrenden Schüler. In: Jahrb. f. Vkd. d. Heimatvertriebenen VI, 1969, S. 9 ff.

Bošković Maja, Kroatische Märchen (MDW). Düsseldorf—Köln 1975. Übersetzt von W. **Eschker** und V. **Milak.**

Bothar Michael F., 1. Die drei Briada. A hienzische Rauwagschicht. Volk und Heimat I, 1948, Nr. 17, S. 12; 2. Die drei Siehn. V. u. H. III, 1950, Nr. 7, S. 6—8; 3. Die Geschichte eines armen Schusters. V. u. H. IV, 1951, Nr. 6, S. 8 f.; 4. Ein Märchen von einem Dorfschullehrer und seinen beiden Kindern. V. u. H. IV, 1951, Nr. 14, S. 6—8.

Buchholz Peter, Vorzeitkunde. Mündliches Erzählen und Überliefern im mittelalterlichen Skandinavien nach dem Zeugnis von Fornaldarsaga und eddischer Dichtung. Habilitationsschrift (Maschinschrift) Kiel 1977. Ich verdanke die Einsichtnahme in diese Arbeit Herrn Univ.-Prof. Dr. Alois **Cloß.**

Bünker Johann Reinhard, 1. Heanzische Schwänke. In: Anthropophyteia, hg. von F. S. **Krauß,** Leipzig 1905, S. 173—194; 2. Schwänke, Sagen und Märchen in heanzischer Mundart. Leipzig 1906 (vorher Teilabdrucke in ZÖV IV, 1898, und ZfV VII, 1897, und VIII, 1898); 3. Siehe unter **Zaunert. 4.** Was mir der alte Mann erzählte. Märchen aus dem Burgenland. Mit einem Geleitwort von Max **Mell** und einem Bildnis des alten Mannes. Gladbach—Rheydt 1929.

Burgenland — Landeskunde. Hg. von der Burgenländischen Landesregierung, Wien 1951.

Burgenländische Forschungen (= Bgld. Fschgn.). Hg. v. Landesarchiv und vom Landesmuseum. Zuerst (1947) Wien-Horn, danach Eisenstadt.

Camman Alfred und **Karasek** Alfred, Donauschwaben erzählen (Schriftenreihe der Kommission für ostdeutsche Volkskunde in der Deutschen Gesellschaft für Volkskunde, Bd. 15), Teil I, Marburg 1976.

Campbell J. F., Popular Tales of the West Highland. 4 Bände, 2. Aufl., London 1890—1893.

Čistov Kirill V., Astachova. In: Enzyklopädie I, Sp. 916 f.

Das **Deutsche Volkslied.** Jg. 1—46, 1899—1944; 47, 1947.

Dégh Linda, 1. Die schöpferische Tätigkeit des Erzählers. In: Internationaler Kongreß 1959 **(Ranke)**; 2. Latenz und Aufleben des Märchengutes in einer Gemeinschaft. In: Rheinisches Jahrb. f. Vkd. 10, 1959, S. 23 ff.; 3. Märchen, Erzähler und Erzählgemeinschaft. Dargestellt an der ungarischen Volksüberlieferung, Berlin 1962; 4. Über den ungarischen Märchenschatz. In: **Ortutay-Bodrogi,** S. 279—289.

Diewerge Heinz, 1. Zur pommerschen Erzählforschung. In: Karl **Kaiser,** Beiträge zur Volkskunde Pommerns, Greifswald 1939, S. 115—122 ff. 2. Der alte Fritz im Volksmund. Geschichten und Schwänke, München 1937.

Dittmaier Heinrich, Sagen, Märchen und Schwänke von der unteren Sieg (= Deutsches Volkstum am Rhein, Bd. 5), Bonn 1950.

Dölker Helmut, Festschrift Will-Erich Peuckert zum 60. Geburtstage, dargebracht von Freunden und Schülern, Berlin 1955. = FS Peuckert.

Enzyklopädie des Märchens. Handwörterbuch zur historischen und vergleichenden Erzählforschung. Hg. v. Kurt **Ranke,** zusammen mit Hermann **Bausinger,** Tübingen, Wolfgang **Brückner,** Würzburg, Max **Lüthi,** Zürich, Lutz **Röhrich,** Freiburg, Rudolf **Schenda,** Göttingen. Redaktion Lotte **Baumann,** Ines **Köhler,** Elfriede **Moser-Rath,** Ernst Heinrich **Rehermann,** Hansjörg **Uther,** Göttingen. Berlin—New York 1975 ff. (im Erscheinen).

Fabula, Zeitschrift für Erzählforschung. Hg. v. Kurt Ranke, unter besonderer Mitwirkung von Walter Anderson, Laurits Bödker, Reidar Christiansen, Gyula Ortutay, Archer Taylor und Stith Thompson. I ff., Berlin 1958 ff.

Festschrift Koren (= FS) siehe **Moser-Tremel-Walter.**
FS **Kretzenbacher** siehe **Gerndt-Schroubek.**
FS **Ranke** siehe **Harkort-Peeters-Wildhaber.**
FS **Schmidt** siehe **Beitl.**
FS **Peuckert** siehe **Dölker.**

FFC = Folklore Fellows Communications.

Folklore Fellows Communications, Schriftenreihe Helsinki 1910 ff.

Frenkel, Art. 1. „Dümmling“. In: HDM I, S. 426—428; 2. Art. „Ehebruch mit dem Pfaffen.“ In: HDM I, S. 454—456.

Gaal Georg, Märchen der Magyaren, Wien 1822.

Gaal Georg und **Stier** Georg, Ungarische Volksmärchen, gesammelt von **G. Gaal,** übersetzt und deutsch veröffentlicht von G. **Stier,** Pesth 1857.

Gaál Karoly, 1. Angaben zu den abergläubischen Erzählungen aus dem südlichen Burgenland (= Wissenschaftliche Arbeiten aus dem Burgenland, Heft 33), Eisenstadt 1965; 2. Zum bäuerlichen Gerätebestand im 19. und 20. Jahrhundert. Forschungsergebnisse zur vergleichenden Sachvolkskunde und volkskundlichen Museologie. Österr. Akademie der Wissenschaften, Philosoph.-Historische Klasse, Sitzungsberichte 261. Bd., 1. Abhdlg., Wien 1969; 3. Die Volksmärchen der Magyaren im südlichen Burgenland. Ergänzungsreihe der Zschr. Fabula, Bd. 9, Berlin 1970; 4. Ethnographia Pannonica. Sozialhistorische und ethnologische Studien zum pannonischen Raum. (Burgenld. Fschgn., H. 61.) Eingeleitet und zusammengestellt von ... . (Die Beiträge wurden vorher in der gleichnamigen Sendereihe des Österr. Rundfunks, Landesstudio Burgenland, gesendet.) Eisenstadt 1971.

Geramb Viktor, Kinder- und Hausmärchen aus der Steiermark, 4. Auflage, bearbeitet von Karl **Haiding,** Graz 1967.

Gerndt Helge und **Schroubek** Georg, Dona Ethnologica. Beiträge zur vergleichenden Volkskunde, Leopold Kretzenbacher zum 60. Geburtstag dargebracht (= **FS Kretzenbacher).** München 1973.

Glade Dieter, Zum Andersonschen Gesetz der Selbstberichtigung. Fab. 8, 1966, S. 224—235.

Graf Samuel, Heanzische Märchen, ZfV 24, Berlin 1914, S. 20—31.

Graf Walter und **Hermann** Elfriede, Katalog der Tonbandaufnahmen B 1 — B 3000 des Phonogrammarchivs der Österr. Akademie der Wissenschaften in Wien, Wien 1960.

Grimm Jacob und Wilhelm, Kinder- und Hausmärchen (= KHM) I 1812, II 1815, III (Anmerkungen) 1822. Nr. nach der letzten Ausgabe von Wilhelm Grimms Hand, übereinstimmend mit BP.

Gruhl Herbert, Ein Planet wird geplündert. Die Schreckensbilanz unserer Politik, Freiburg 1975.

Gunda Béla, Die Funktion des Märchens in der Gemeinschaft der Zigeuner. Fab. 6, 1964, S. 95—107.

Haberlandt Michael und **Haberlandt** Arthur, Die Völker Europas und ihre volkstümliche Kultur. Stuttgart 1928.

Haberlandt Arthur, Deutsche Volkskunde. Eine Grundlegung nach Geschichte und Methode, Halle 1935.

Hahn Georg, Griechische und albanesische Märchen I—II. München—Berlin 1918.

Haiding Karl, 1. Erzähler des Dorfes. In: Deutsche Volkskunde I, 1939, S. 48—57, Abb.; 2. Kinderspiel und Volksüberlieferung München o. J. (1939); 3. Träger der Volkserzählung in unseren Tagen. In: Österr. Zsch. f. Vkd. 56 (1953), S. 24—36, Abb.; 4. Österreichs Märchenschatz, Wien 1953, Nachdruck Graz 1969; 5. Von der Gebärdensprache der Märchenerzähler FFC 155, Helsinki 1955; 6. Burgenländische Spielformen zur Heimkehr des Helden in elendem Aufzuge. In: Rheinisch. Jahrb. f. Vkd. X, Bonn 1959, S. 51—78; 7. Ländliche Erzählertypen. In: ZHV Stmk. 54, Graz 1963, S. 117—133; 8. Kaiser Josef II. in der Volkserzählung. In: ÖZV 1964, S. 156—170; 9. Österreichs Sagenschatz, Wien 1965 (Mit Stichwortverzeichnis und anderem ergänzte Neuauflg. als „Alpenländischer Sagenschatz", Wien 1977); 10. Das steirische Märchen vom „Dreißgerl". In: **Moser-Tremel-Walter,** FS Koren, S. 19 ff.; 11. Kaiser Josef II. und der Schwank von Kaiser und Abt. Oberösterr. Heimatbl. 20, Linz 1966, S. 48—51; 12. Das Erzählen bei der Arbeit und die Arbeitsgruppe als Ort des Erzählens. In: **Heilfurth-Kellermann,** Arbeit und Volksleben, S. 292—302; 13. Märchen und Schwänke aus Oberösterreich,

Berlin 1969 (= Reihe Fabula, Bd. 8); 14. Volksmärchenforschung in Österreich. In: K. **Gaál,** Ethnographica Pannonica, S. 95—104; 15. Lügengeschichten von obersteirischen Bauernhöfen. In: Bl. f. Heimatkd., Graz 1972, S. 110 bis 125; 16. Volkserzählung in der Steiermark. In: Z. d. Hist. Ver. f. Stmk. 1974, S. 3—10; 17. Über eine Wildfrauensage aus der Umgebung von Trofaiach. In: Der Leobener Strauß, hg. v. Günther **Jontes,** Bd. 2, 1975; 18. Das Burgenland als Erzähllandschaft. In: Eugen **Meyer,** Güssinger Begegnung 1976, Eisenstadt 1977; 19. Vom Singen auf der Alm. Ein Erlebnisbericht mit Tonbandbeispielen. In: Wolfgang **Suppan,** Vorträge, Graz und Seggau 1973 bis 1977 (= Musikethnologische Sammelbände, Bd. I, Graz 1977, S. 89—104); 20. Siehe **Geramb.**

Handbuch der europäischen Volksgruppen. Im Auftrage der föderalistischen Union Europäischer Volksgruppen unter ihrem Generalsekretär Povi **Skadegård,** bearbeitet von Manfred **Straka** (Gesamtredakteur), Wien—Stuttgart (= Ethnos, Bd. 8).

Handwörterbuch des Grenz- und Auslanddeutschtums, hg. v. **Petersen,** Ruth **Schwalm,** Bd. 1, Breslau 1939. Art. Burgenland—Westungarn, S. 659—746. Mit Beiträgen von **Brunner,** A. **Haberlandt, Karner, Pfalz, Wehofsich,** B. H. **Zimmermann.**

Harkort-Peters-Wildhaber, Volksüberlieferung. Festschrift für Kurt Ranke, Göttingen 1968.

Härtle Heinrich, Deutsche und Juden. Leoni/Starnberg 1976.

HDM = Handwörterbuch des Märchens, hg. unter Mitwirkung von J. **Bolte** von Lutz **Mackensen,** Bd. I—II (A-Gyges), Berlin 1930—1940 (unvollendet).

Heilfurth Gerhard und **Weber-Kellermann** Ingeborg, Arbeit und Volksleben. Deutscher Volkskundekongreß 1955 in Marburg. (= Veröffentlichungen des Instituts für mitteleuropäische Volksforschung, Reihe A, Bd. 4), Göttingen 1967.

Henßen Gottfried, 1. Der deutsche Volksschwank (= Volkskdl. Texte, Bd. 2), Leipzig 1934; 2. Volk erzählt. Münsterländische Sagen, Märchen und Schwänke, Münster 1935, 2. Aufl. 1954; 3. Volkstümliche Erzählkunst (= Beitr. z. rhein.-westfäl. Vkd. in Einzeldarstellungen), Wuppertal-Elberfeld 1936; 4. Überlieferung und Persönlichkeit. Die Erzählungen und Lieder des Egbert Gerrits, Düsseldorf 1951; 5. Sagen, Märchen und Schwänke des Jülicher Landes. Aus dem Nachlasse Heinrich **Hoffmanns** hg. u. durch eigene Aufzeichnungen vermehrt, Düsseldorf 1951; 6. Sammlung und Auswertung volkstümlichen Erzählgutes. In: Hessische Bll. f. Vkd. 1952; 7. Mecklenburger erzählen. Märchen, Schwänke und Schnurren aus der Sammlung Richard **Wossidlos** hg. und durch eigene Aufzeichnungen vermehrt, Berlin 1957; 8. Wesenszüge der westfälischen Volkserzählung. In: Rhein.-westfäl. Zschr. f. Vkd. 5 (1958), S. 75 ff.; 9. Das Singemärchen vom klagenden Lied in der ungardeutschen Volksüberlieferung. In: Hess. Bll. f. Vkd., Bd. 49/50, Gießen 1958, S. 83 ff.; 10. Ungardeutsche Volksüberlieferungen. Erzählungen und Lieder, Marburg 1959.

Herold, Art. „Geistlicher". In: HDM II, S. 453—464.

Honti Hans, Zum Eingliederungsproblem der ungarischen epischen Überlieferung. In: Ungarisches Jahrb., Bd. 18, Berlin 1938, S. 153—174.

Horálek Karl, 1. Hauptprobleme der vkdl. Balkanistik. In: Ranke, Kongreßbericht, S. 100 ff.; 2. Zur slawischen Überlieferung des Typus AT 707. In: FS Ranke, S. 107 ff., bes. S. 111.

Hornung Maria, 1. Unveröffentlichte burgenländische Tonbandaufnahmen, gemeinsam mit Eberhard **Kranzmayer,** Phonogrammarchiv d. Österr. Akad. d. Wissenschaften, Wien; 2. H. M. - **Roitinger** Franz, Unsere Mundarten. Eine dialektkundliche Wanderung durch Österreich, Wien 1950. Darin S. 47 ff. Burgenland; eine Karte der ui-Mundart, S. 32.

Hüsing Georg, 1. Beiträge zur Kyros-Sage, Leipzig 1906; 2. Die iranische Überlieferung und das arische System, Leipzig 1909.

Jahn Ulrich, Volksmärchen aus Pommern, Bd. 1, Norden 1890.
Jahrbuch für Volkskunde der Heimatvertriebenen, I ff., 1953—61, Salzburg.
Jahrbuch für ostdeutsche Volkskunde (Fortsetzung), VII ff., 1962 ff., Marburg/Lahn.
Jech Jaromir, 1. Zur Methode der wiederholten Aufzeichnung von Volkserzählungen. In: Megas G., IV International Congress for Folk Naarative Research in Athens. Lecture and Reports, Athens 1965, S. 199—209; 2. Variabilität und Stabilität in den einzelnen Kategorien der Volksprosa. In: Fab. 9, 1967, S. 55—62; 3. Tschechische Volksmärchen, Berlin 1961; 4. Fremdsprachliche Wendungen in der Volksdichtung. Zur Erforschung interethnischer Beziehungen. Dt. Jb. f. Vkd. 11, Berlin 1965, S. 275—299.

Kaiser Karl, Beiträge zur Volkskunde Pommerns, Greifswald 1939.
Karasek Alfred, 1. Sagen von Kaiser Josef II. unter den deutschböhmischen Kolonisten in Ostgalizien. Sudetendeutsche Zschr. v. Vkd. II, Prag 1929; 2. Die donauschwäbische Volkserzählung in der Gegenwart. Ein Beitrag zur Stammeskunde. In: Jb. f. Vkd. d. Heimatvertriebenen III, 1957, S. 56 ff.; 3. Siehe **Camman.**
Karlinger Felix, Die Funktion des Liedes im Märchen der Romania. Salzburger Universitätsreden, H. 34. Antrittsvorlesung v. 1. Nov. 1967, Salzburg 1968.
KHM = Kinder- und Hausmärchen der Brüder Grimm.
Klier Karl Magnus, 1. Die weltlichen Liedflugblattdrucke von Ph. Kraußlich in Urfahr, Linz. In: Jahrb. d. Stadt Linz, Bd. 4, 1958, S. 107, über die Verbreitung in Österreich; 2. Allgemeine Bibliographie des Burgenlandes, Bd. V, Volkskunde, Eisenstadt 1965.
Knobloch Johann, Romani-Texte aus dem Burgenland. Berichte, Erzählungen und Märchen der burgenländischen Zigeuner. Aufgezeichnet, übersetzt und mit sprachlichen Bemerkungen versehen (= Bgld. Forschg. 24), Eisenstadt 1953.
Köhler Reinhold, Kleinere Schriften zur Märchenforschung, hg. v. J. **Bolte,** Bd. 1—3, Weimar, Berlin 1898—1900.
Kovács Agnes, 1. Die ungarische Märchenforschung der letzten Jahrzehnte. In: Deutsches Jahrb. f. Vkd., Bd. 4, 1958, S. 453 ff.; 2. Ungarische Volksmärchen (MDW), Düsseldorf—Köln 1966.
Kramer Karl, S., Zur Erforschung der historischen Volkskultur. Prinzipielles und Methodisches. Rhein. Jahrb. f. Vkd., 19. Jg., Bonn 1969, S. 7—41.
Kranzmayer Eberhard, Unveröffentlichte Tonbandaufnahmen für das Phonogrammarchiv d. Österr. Akademie d. Wissenschaften, Wien. Gemeinsam mit M. **Hornung.**
Krauß Friedrich Samuel, 1. (Hg.) Anthropophyteia II, Berlin u. Leipzig 1905; 2. Sagen und Märchen der Südslawen I—II, Leipzig 1883—84; 3. Zigeunerhumor, Leipzig 1907.
Kretzenbacher Leopold, 1. Germanische Mythen in der epischen Volksdichtung der Slowenen. Ein Beitrag zur Kulturgestaltung im deutschen Grenzraum, Graz 1941; 2. Mâître Pâtelain in der Oststeiermark, In: Bll. f. Hkd. 30 (Graz 1956), S. 2 ff.; 3. Die Volksdichtung im deutsch-slawischen Grenzraum. In: Südosteuropa-Jahrb., Bd. 6, 1962, S. 18 ff.
Kügler, Artikel Friedrich der Große. In: HDM I, Sp. 285—299.
Kunnert Heinrich, Die Magyaren im Burgenland (Österreich). In: Handbuch der europäischen Volksgruppen, Wien—Stuttgart, bearb. v. Manfred **Straka.**
Künzig Johannes, 1. Kleine volkskundliche Beiträge aus fünf Jahrzehnten, Freiburg 1972; 2. J. K. und Waltraut **Werner,** Ungarndeutsche Märchenerzähler I u. II m. Schallplatten (= Quellen z. dt. Vkd., Bd. 3, Freiburg o. J.). 3. Dies., Schwänke aus mündl. Überlieferung (= Quellen, Bd. 8, Freiburg 1973).

Landmann Salcia, Jüdische Witze, ausgewählt und eingeleitet. München 1962.

Latzenhofer Josef, Märchen und Schwänke aus Österreich und Ungarn. In: J. **Blümml,** Beitr. Bd. VI, Wien 1908, S. 109 ff.

Leobner Strauß, Der. Beiträge zur Geschichte, Kulturgeschichte und Volkskunde der Stadt und des Bezirkes Leoben. Redaktion Günther Jontes. I 1974 ff.

Leskien A. und **Brugmann** K., Litauische Volkslieder und Märchen, Straßburg 1882.

Levin Isidor, Artikel Azadowskij Mark K., In: Enzyklopädie I, Sp. 1114—1118.

Liebenau Ferdinand, Witze unter der Kanzel, München 1975.

Lixfeld Hannsjost, 1. Schwänke aus mündlicher Überlieferung. Kommentar zu J. **Künzig** u. W. **Werner,** Quellen z. dt. Vkd. Freiburg 1973; 2. Ostdeutsche Schildbürgergeschichten. Betrachtungen zur Form und Funktion einer Schwankgattung. In: Jahrb. f. ostdt. Vkd. 17, 1974, S. 87 ff.

Loschdorfer Anna, Deutsche Volksmärchen mit Melodien aus dem Bakonyerwald. In: Neue Heimatblätter I, Budapest 1935/36, S. 160—164.

Löschnauer Rupert, 1. Der Stangelputzer. In: Volk und Heimat VI, 1953, Nr. 11, S. 9 f.; 2. Der Bauer und sein Knecht. In: V. u. H. VII, 1954, Nr. 6, S. 13 f.; 3. Die drei Brüder. In: V. u. H., 1952, Nr. 7, S. 8 f.; 4. Der kluge Schuster. In: V. u. H. VII, 1954, S. 10 f.

Lüthi Max, 1. Märchen. Realienbücher für Germanisten, Abt. Poetik. Sammlung Metzler, Stuttgart 1962; 2. Das europäische Volksmärchen. Form und Wesen. Uni Taschenbücher, 312, 4. Aufl., München 1974.

Mackensen Lutz, 1. Handwörterbuch des deutschen Märchens. Unter besonderer Mitwirkung von J. **Bolte.** Bd. I—II, A-Gyges, Berlin und Leipzig 1930—1940 (unvollendet), HDM; 2. Der singende Knochen. Ein Beitrag zur vergleichenden Märchenforschung. FFC 49, Helsinki 1923.

Matl Josef, 1. Österreichische Herrscher und Heerführer in der Volksmeinung und im Volkslied der Südslawen. In: Österr. Osthefte 2, Wien, Juli 1970, S. 258 bis 272; 2. Zur Dokumentation der realsozialen Lebensgrundlagen und der ethischen und sozialen Wertvorstellungen in den Volkserzählungen der Südslawen. FS Kretzenbacher, S. 298 ff., bes. S. 302 und 307.

MDW = Märchen der Weltliteratur (Eugen Diederichs, ehemals Jena, jetzt Düsseldorf—Köln).

Merkelbach-Pink Angelika, Lothringer erzählen. I—II, Saarbrücken o. J. 1936/37.

Meadows Dennis L., u. a., Die Grenzen des Wachstums, Stuttgart 1972.

Meyer Eugen, Güssinger Begegnung 1976, Eisenstadt 1977.

Meyer Gustav Friedrich, Plattdeutsche Volksmärchen und Schwänke, Neumünster 1925.

Meyer Maurits de, Besprechung von: L. Schmidt, Die Volkserzählung. In: Fabula 7, 1964, S. 251—254.

Meyere Victor de, De vlaamsche Vertelschat I, Antwerpen 1925.

Mont Pol de en de **Cock** Alfons, Dit zijn vlaamsche Vertelsels. Deventer 1898.

Moser Dietz-Rüdiger, 1. Märchensingverse aus mündlicher Überlieferung. In: Jahrb. f. Volksliedforschung, im Auftrag des Deutschen Volksliedarchivs, hg. v. Rolf **Brednich,** Jg. XIII, Berlin 1968, S. 85—122; 2. Artikel Authentizität. In: Enzyklopädie I, Sp. 1076—1080.

Moser Oskar, Die Sagen und Schwänke der Apollonia Kreuter, Klagenfurt 1976.

Moser-Rath Elfriede, 1. Predigtmärlein der Barockzeit. Ergänzungsreihe Fabula B, Nr. 5, Berlin 1964; 2. Deutsche Volksmärchen, MDW, Düsseldorf—Köln 1966; 3. Anekdotenwanderung in der deutschen Schwankliteratur. In: FS Ranke, 1968, S. 233 ff.; 4. Calembourg. Zur Mobilität populärer Lesestoffe. FS Schmidt, S. 470 ff.; 5. Gedanken zur historischen Erzählforschung. Kurt Ranke zum 65. Geburtstag. ZfV 1973, S. 61—81; 6. Siehe auch unter **Rath** Elfriede und unter **Zaunert.**

Mudrak Edmund, 1. Märchen und Sage. In: Bausteine zur Geschichte, Völkerkunde und Mythenkunde I, Wien 1933; 2. Die Dt. Heldensage, Berlin 1939; 3. Die Nord. Heldensage, Berlin 1943; 4. Wechselbeziehungen zwischen Literatur und Volksüberlieferung. In: K. **Ranke**, Internationaler Kongreß Kiel, S. 214 ff.

Müllenhoff Karl, Sagen, Märchen und Lieder der Herzogtümer Schleswig-Holstein und Lauenburg, Kiel 1845.

Musäus J. K. A., Volksmärchen der Deutschen, Jena 1922, II, S. 63—120 (MdW).

Nagl-Zeidler-Castler, Deutsch-Österreichische Literaturgeschichte, Bd. 2, Wien o. J. (abgeschlossen 1914), S. 244, über Bünkers Sammlung.

Neubauer Hans, Die Wuaschtmoß. In: V. u. H. IV, 1951, Nr. 2, S. 89.

Neue Heimatblätter. Vierteljahresschrift zur Erforschung des Deutschtums in Ungarn, Budapest 1935 ff.

Neumann Siegfried, 1. Der mecklenburgische Volksschwank. Sein sozialer Gehalt und seine soziale Funktion. Deutsche Akademie der Wissenschaften zu Berlin. Veröffentlichungen des Instituts für deutsche Volkskunde, Bd. 35, Berlin 1964; 2. Siehe auch **Wossidlo**; 3. Altüberlieferte Erzählstoffe im mecklenburgischen Alltag der Gegenwart. In: Die Freundesgabe 1963, H. 1, S. 39—44; 4. Volkserzähler unserer Tage in Mecklenburg. In: Dt. Jb. f. Vkd. 15, Teil 1, Berlin 1969, S. 31—49.

Newall Venetia, Antisemitismus. Enzyklopädie I, Sp. 611—618.

Ortutay Gyula, 1. Ungarische Schwänke, Wien 1944; 2. Ungarische Volksmärchen, Berlin 1957; 3. Die Methoden der ungarischen Volksmärchenforschung. In: K. **Gaál**, Ethnographia Pannonica, S. 85 ff.

Ortutay G. und **Bodrogi,** Europa et Hungaria, 16.—20. X., 1963, Budapest Akadémia Kiadó 1965.

Österreichische Zschr. f. Volkskunde, Wien 1947 ff. = Neue Serie I ff. = Fortsetzung der Zschr. f. Österr. Volkskunde, Wien 1895 ff., und der Wiener Zschr. f. Vkd., 1920 ff.

Panzer Friedrich, Studien zur germanischen Sagengeschichte, I, Beowulf, München 1910, S. 1—246.

Pauli Johannes, Schimpf und Ernst, I—II, hg. v. Johannes **Bolte**, Berlin 1924.

Peeters Karel, 1. Not an neuem und zuverlässigem Material in der Erzählforschung. In: FS Ranke, S. 287—295; 2. S. Harkort.

Petzold Leander (Hg.), 1. Vergleichende Sagenforschung, Darmstadt 1969 (= Wege der Forschung, Bd. 152). Darin u. a. **Zender,** Quellen und Träger; 2. Artikel Alter Fritz, Enzyklopädie I, Sp. 395—403.

Peuckert Will Erich, 1. Deutsches Volkstum in Märchen und Sage, Schwank und Rätsel, Berlin 1938; 2. Mit Beiträgen von A. **Karasek**, Hochwies. Sagen, Schwänke und Märchen (= Denkmäler deutscher Volksdichtung, Bd. 4), Göttingen 1959.

Phonogrammarchiv der Österreichischen Akademie der Wissenschaften, siehe **Graf-Hermann.**

Pomerancewa Erna, Russische Volksmärchen, Moskau o. J.

Ranke Kurt, Die zwei Brüder, FFC 114, Helsinki 1934; 2. Internationaler Kongreßbericht der Volkserzählforscher in Kiel und Kopenhagen (19 8.—29. 8. 1959). Vorträge und Referate, Fabula Ergänzungsreihe. Serie B, Bd. 2, Berlin 1961; 3. Schleswig-Holsteinische Volksmärchen, I—III, Kiel 1955—1961; 4. Grenzsituationen des volkstümlichen Erzählgutes. In: **Ortutay-Bodrogi,** Europa es Hungaria, S. 291—300; 5. Besprechung von Ch. Oberfeld, Volksmärchen aus Hessen. In: Fab. 5, 1963, S. 254—256.

Rath Elfriede, „Ohne Sorg' und Kummer". Bll. f. Heimatkd., Jg. 27, Graz 1953, S. 14—20; 2. Volksbuch und Volksmund. In: ZHV Stmk. XLV, Graz 1954, S. 131 ff., siehe **Moser-Rath.**

Rauter Edi, Die Seutterfabrik in Seebach. In: Kärntner Landsmannschaft, H. 7, 1976, S. 3.
Riedl Franz Hieronymus (und Volksgruppe), Die kroatische Volksgruppe im Burgenland (Österreich). In: Handbuch der europäischen Volksgruppen. Bearbeitet von Manfred **Straka** (Ethnos, Band 8), Wien—Stuttgart 1970, S. 495—500.
Riedl Norbert, D' Malimoam. In: V. u. H., 1952, Heft 23.
Roberts Warren E., The Tale of the kind and the unkind Girls, Berlin 1958.
Röhrich Lutz, 1. Erzählungen des späten Mittelalters und ihr Weiterleben in Literatur und Volksdichtung bis zur Gegenwart, Bd. I, Bern und München 1962; 2. Artikel Autobiographie. In: Enzyklopädie I, Sp. 1080—1085.

Schenda Rudolf, Volk ohne Buch, Frankfurt 1970.
Schlossar Anton, Cultur- und Sittenbilder aus der Steiermark, Graz 1885.
Schmeller J. Andreas, Bayerisches Wörterbuch. Neudruck der zweiten Auflage, Bd. I—II, Aalen 1961.
Schmidt Leopold, 1. Volkskunde. In: Burgenland — Landeskunde, Eisenstadt 1951; 2. Die Volkserzählung. Märchen, Sage, Legende, Schwank, Berlin 1963 (darin S. 350 ff. „Wanderschwänke im Burgenland" die vorher einzeln in V. u. H. erschienenen Beiträge); 3. Darin S. 327 ff. Der Schwank vom Meister Hildebrand im Volksschauspiel und in der bildenden Kunst (zuerst in der FS Eduard Castle, Wien 1955, S. 13 ff.).
Schroubek Georg R., Der ferne Kaiser in seinem goldenen Haus. Ein Erzähl- und Schwankmotiv aus dem Raum der österreichisch-ungarischen Monarchie. L. Kretzenbacher zu seinem 60. Geburtstag. In: Jahrb. f. ostdeutsche Volkskunde, Bd. 16, 1973, S. 278—296.
Sébillot Paul, Le Folk-Lore de France, I—IV, Paris 1904—1907.
Simonsuuri Lauri und **Rausmaa** Pirkko-Liisa, Finnische Volkserzählungen, Berlin 1968.
Sirovatka Oldrich, Tschechische Volksmärchen, Düsseldorf—Köln 1969 (MDW).
Spieß Karl, 1. Artikel Baum, bewacht. In: HDM I, Sp. 207 ff.; 2. Art. Ferse, Abschlagen der. In: HDM II, S. 97—99; 3. Art. Feuer. In: HDM II, Sp. 108 bis 120.
Spieß Karl und **Mudrak** Edmund, Deutsche Märchen — Deutsche Welt, Berlin 1939.
Stepan Eduard, Burgenland. Festschrift aus Anlaß der Vereinigung des Landes der Heidebauern u. d. Heanzen mit Deutschösterreich, Wien 1920.
Stier Georg, Ungarische Sagen und Märchen. Aus der Erdélischen Sammlung übersetzt, Berlin 1850.
Straka Manfred, Siehe Handbuch der europäischen Volksgruppen.
Straßner Erich, Schwank. Realienbücher für Germanisten, Abt. Poetik, Sammlung Metzler, Stuttgart 1968.
Stübs Hugo, Ull Lüj verteIln. Plattdeutsche Geschichten aus dem pommerschen Weizacker, Greifswald 1938.
Sudetendeutsche Zeitschrift für Volkskunde. Mit Unterstützung des Ministeriums für Schulwesen und Volkskultur und der Deutschen Gesellschaft der Wissenschaft und Künste für die Tschechoslowakische Republik in Prag. I 1928 ff.
Suppan Wolfgang, Vorträge, Graz und Seggau, 1973—1977. Musikethnologische Sammelbände, Bd. 1, Hg. v. Institut für Musikethnologie an der Hochschule für Musik und darstellende Kunst in Graz, Graz 1977.
Swahn Jan-Öjvind, Cupid und Psyche, Lund 1955.

Tegethoff Ernst, 1. Die Dämonen im deutschen und französischen Märchen. In: Schweizer Archiv f. Vkd. 24, 1923, S. 136—166; 2. Französische Märchen I—II, Jena 1923 (MDW).

Th = **Thompson** Stith, Motiv-Index of Folk-Literature, Bd. I—IV, Kopenhagen 1955—1958.

Tillhagen Carl-Herman, Ein schwedischer Märchen- und Sagenerzähler und sein Repertoire, Rhein. Jb. X, 1959 (= FS Henßen), S. 9—22.

Uffer Leza, Rätoromanische Märchen und ihre Erzähler (= Schriften der Schweizerischen Gesellschaft für Volkskunde, Bd. 29), Basel 1945.

Vernaleken Theodor, Kinder- und Hausmärchen, Wien 1864, 2. Aufl. 1892.

Viidalepp R., Von einem großen estnischen Erzähler und seinem Repertoire. In: Acta Ethnologica, Kopenhagen 1937.

Volk und Heimat. Kultur- und Bildungsblatt für das burgenländische Volk, hg. v. Bgld. Volksbildungswerk, Eisenstadt 1948 ff.

Vries Jan de, Betrachtungen zum Märchen, besonders in seinem Verhältnis zu Heldensage und Mythos (FFC 150), Helsinki 1954.

Werner Waltraut, Porträt eines ungardeutschen Märchenerzählers. In: Jahrb. f. ostdt. Vkd. 10, 1966/67, S. 120 ff.

Wesselski Albert, Versuch einer Theorie des Märchens, Reichenberg 1931.

WZV = Wiener Zschr. f. Vkd., Fortsetzung d. ZÖV, Jg. XXVIII (1923) — XLIX (1944), Wien.

Wildhaber Robert, siehe Harkort.

Wisser Wilhelm, 1. Auf der Märchensuche, Berlin—Hamburg 1926; 2. Plattdeutsche Märchen I—II, Jena 1914, 1927 (MDW).

Wossidlo Richard, 1. Aus dem Lande Fritz Reuters, Berlin 1910; 2. und Neumann Siegfried, Volksschwänke aus Mecklenburg, Berlin 1963; 3. Siehe Henßen Nr. 7.

Zaunert Paul, Deutsche Märchen aus dem Donaulande. In Verbindung mit Viktor von Geramb, Johann Reinhard Bünker, P. Romuald Pramberger, Sigfried Troll und Adolf Schullerus hg. Jena 1926 (MDW).

Zaunert Paul — **Moser-Rath** Elfriede, Deutsche Märchen seit Grimm, hg. von P. Zaunert. Neue Ausgabe in einem Band, bearbeitet und mit Nachweisen versehen von Elfriede Moser-Rath, Düsseldorf—Köln 1964 (MDW).

Zehetner Josef, Ein Volksmärchen aus dem Waldviertel. Zschr. Das dt. Volkslied, 41, Wien 1939, S. 18.

Zeisel Richard, Kaiser Franz Josef und der Bauer. Eine Schwanksage aus Schmiedsheu (Slowakei). Sudetendt. Zschr. f. Vkd. VII, Prag 1934, S. 124 f.

Zender Matthias, 1. Quellen und Träger der deutschen Volkserzählung. Vortrag auf dem 4. deutschen Volkskundekongreß, 12. Oktober 1936, in Bremen. In: Rheinische Vierteljahresbll. 7, Heft 1, 1937, S. 25—46. Leicht gekürzter Nachdruck. In: L. **Petzold,** vergleichende Sagenforschung; 2. Volksmärchen und Schwänke aus der Westeifel (= Deutsches Volkstum am Rhein 2), Bonn 1966; 3. In: Eifel und Ardennen (Deutsches Grenzvolk erzählt, Bd. 2), Bonn 1936.

ZfV = Zeitschrift des Vereines für Volkskunde, Berlin 1891 I ff. — XXXVIII (1928). Fortsetzg. Zeitschrift für Volkskunde 1929 ff., dzt. Stuttgart.

ZÖV = Zschr. f. Österr. Volkskunde, Wien 1895 ff. — XXVII (1921), Fortsetzung WZV und ÖZV.

Zenker-Starzacher Elli, 1. Eine deutsche Märchenerzählerin aus Ungarn, München 1939; 2. Es war einmal. Deutsche Märchen aus dem Schildgebirge und dem Buchenwald, Wien 1956.

ZHVStmk. = Zschr. d. Historischen Vereines für Steiermark, Graz.

Quellennachweise und Anmerkungen

1. Tatzbär-Hansl

Aufz. **Hdg.** 87, Jabing 1952 und öfter, Erzähler Franz **Tauß,** geb. 1874. Der Gewährsmann hat die Geschichte in jungen Jahren von seinem Firmpaten gehört. Vgl. Lichtbilder 3 und 4. KHM 91. BP II, 297 ff. AT 301/Ic, IIc, III, IV, Vc. Th. Mot. F 611.1.5, B 322.1. Im Dreibrüdermärchen zieht häufig der Jüngste mit seinen zwei älteren Brüdern aus, oder es gesellen sich zu ihm unterwegs zwei ungewöhnlich starke Gefährten, die ihm später untreu werden. Der Held ist wunderbarer Herkunft, oftmals Sohn eines Bären und einer Menschenfrau, weshalb F. **Panzer** diesen Märchentyp als Bärensohn-Märchen bezeichnet. Häufig gewinnt der Held seine Stärke durch eine Tieramme, so säugt ihn eine Bärin mehrere Jahre. **Panzer** erkannte die Zusammenhänge mit der persischen Feridun-Sage, die auf altpersischer Grundlage beruht und zu der auch die sakische Überlieferung von **Rostahm** gehört. Vgl. hierzu auch **Mudrak,** Dt. Heldensage, S. 30 und 72 f., und ders., Nord. Heldensage, S. 290—319. Unsere Variante, in der die häufige Kochszene fehlt (**Haiding,** ÖM 24), zeigt starke östliche Einflüsse, so das (gemilderte) Einleitungsmotiv der handschr. Aufzeichng. F 611.1.5. Es findet sich auch bei **Hahn** 75. In einer anderen griechischen Spielform (**Hahn** 70) schützt der Held ebenfalls die Adlerjungen vor dem Unwetter beim Aufflug. Zur Nahrung des Vogels mit Menschenfleisch, **Panzer,** S. 230, und **Spieß,** Art. Ferse. Der Kampf auf der Brücke (AT 300 A) ist von **Ranke,** Grenzsituationen, S. 295 f., als in deutscher Überlieferung vom Osten her entlehnt, hervorgehoben. Er findet sich auch bei **Gaál,** Magyaren 4. Deutsche, burgenländische Varianten noch **Bünker** 94 (= **Haiding,** ÖM 10), ferner **Aufz. Hdg.** 107, 138, 213, 224).

2. Der Schmied von Rawelsbach

Aufz. **Hdg.** 318, 1971, Erzähler Michael **Frühmann,** St. Michael/Güssing. AT 330 I, II a—e, III a, b, IV. AT 330 A, 330 B. KHM 81 und 82. Über BP hinaus hat **Ranke,** Schleswig-Holstein, zu AT weitere deutsche Varianten zusammengestellt. Es handelt sich um die weitverbreitete und noch immer beliebte Geschichte des Schmiedes von Jüterborg, Bielefeld, Mittelbach, Rumpelbach, Reichenbach usw. Vgl. **Haiding,** OÖ 10, 105, 142. Weitere burgenländische Varianten **Bünker** 91. Aufz. **Hdg.** 2061, 2068, 2836, **Gaál.** Magyaren 10 und kroatisch (unveröffentlicht) B 9628 und 9651. Der Erzähler hat in geschickter Weise die alte Geschichte mit Einzelzügen der jüngsten Zeit ausgestattet.

3. Die drei Entenfrauen

Aufz. **Hdg.** 134, Obertraun 1953, Erzähler Ferdinand **Huber,** Forchtenau. KHM 92, 93, 193. Dazu Anm. BP. AT 400, I a, II c, III a, b, IV b, VI b. Burgenländische Varianten noch Aufz. **Hdg.** 85 und 109, **Bünker** 79, 89, 93, 98. Der Vater des Helden gerät in Not und verspricht unwissend einem Wesen der Außenwelt, manchmal dem Teufel, sein noch ungeborenes Kind. Der herangewachsene Knabe befreit durch drei Qualnächte, die er mutig übersteht, eine oder drei Frauen. Manchmal stimmt eine Reihe von Zügen mit dem Schwanfrauen-Märchen überein (ebenfalls AT 400). Siehe auch **Haiding** ÖM 19 und Anm. zu 5.

4. Der weiße Wolf

Bünker 84, KHM 1, 88, 108, 123, 127, 144, 169. AT 425. **Haiding** ÖM 3, 17, 35. Diese eigenartige Fassung der vielfältigen und verbreiteten Märchen vom Tierbräutigam, das J.-Ö. **Swahn** weltweit untersucht hat, zeigt so starke Anklänge an **Müllenhof,** S. 385 ff., daß Abhängigkeit zu erwägen ist. Ein ähnliches plattdeutsches Volksmärchen bei **Wisser** I. 266 ff. Die Einleitung bringt hier die Wünsche der drei Töchter, wie KHM 88 (Löweneckerchen).

5. Lämmlein schüttle dich

Aufz. **Hdg.** 257, Unterhasel bei Bernstein 1964, Erzähler J. **Fleck.** AT 563. Wir haben eine Spielform des bekannten Märchens „Tischlein deck dich" (KHM 36) vor uns, in der noch das ursprüngliche Motiv vom „Tüchlein deck dich" erhalten ist. In den letzten Jahren konnten noch oberösterreichische und niederösterreichische Varianten aufgefunden werden. Siehe auch Anmerkungen zu **Haiding,** ÖM 12 und OÖ, Nr. 97.

6. Der Federnteufel

Aufz. **Hdg.** 16, erstmals 1933, Erzähler Maria **Krautsack,** später wohnhaft in Grodnau. Die Geschichte wurde auch nach der Wiedergabe ihrer Töchter festgehalten. AT 461, KHM 29. Burgenländische Varianten noch **Bünker** 66 (= ÖM 33) und Aufz. **Hdg.** aus Forchtenau. Vgl. auch **Haiding** OÖ 28, 137, 170. Wie weit zurück bestimmte Motive aus Märchen reichen, zeigt die Untersuchung von G. **Hüsing,** Beiträge zur Kyrcs-Sage, ferner A. **Aarne,** Der reiche Mann.

7. Lampus määäh

Aufz. **Hdg.** 2496, Erzähler Alois **Grünauer,** Obersdorf, Bezirk Oberwart 1954. AT 1831. Dort sind allein 45 finnische Varianten verzeichnet, ein Hinweis mehr auf die ungenügende Sammeltätigkeit in ganz Österreich. Ergänzend hiezu **Wossidlo-Neumann,** Nr. 285, und **Künzig-Werner,** Anmerkungen von **Lixfeld** zu Nr. 32. Ferner **Simonsuuri-Rausmaa** Nr. 143. Ähnliche Singverse konnten noch in den letzten Jahrzehnten zu einer Reihe anderer Schwänke aufgezeichnet werden, so auch zum „Alten Hildebrand", von dem in Mecklenburg 67 Varianten festgehalten wurden.

8. Der Drachentöter

Aufz. **Hdg.** 100. AT 300, K. **Ranke,** Die zwei Brüder. Von diesem, dem Zweibrüdermärchen sehr nahestehenden Märchentyp sind erst in jüngster Zeit mehrere Varianten aus dem Burgenland, der Steiermark und Oberösterreich aufgefunden worden. Vgl. **Haiding** OÖ 4, 12, 71, 89, 138, 165. Zu den deutschen Hinweisen bei BP 1, S. 548 ff., finden sich bei **Ranke,** Schleswig-Holstein 1, 17 f. außer den hier genannten oberösterreichischen und burgenländischen fast 100 neue Belege. Eine obersteirische Spielform **Haiding** ÖM 70. Burgenländische Aufz. **Hdg.** 93, 162, 210. Bei Gaál 3 mit AT 650 A verknüpft. Eine deutsche Spielform aus Ungarn bei **Camman-Karasek,** S. 75 ff.

9. Der reiche Kaufmannssohn

Bünker 87. AT 313, KHM 51, 56 (79), 113, 186. Die Anmerkungen zu dieser Märchengruppe bei BP, besonders bei Nr. 113. Eine bruchstückhafte Form hat A. **Noggler** aus dem südlichen Burgenland überliefert. Eine deutsche Spielform aus Ungarn bei **Camman-Karasek,** S. 153 f. Außer den (einst gesungenen) Reimen ist in der Bünkerschen Variante der wichtige Zug ausgefallen, daß der Held bei der Heimkehr seine Braut vergißt und erst durch deren Gesang oder einen Reim die Erinnerung an seine wahre Braut wachgerufen wird. Vgl. auch **Haiding,** Anm. zu ÖM 11 und oben S. 210.

10. Die drei Jägerssöhne

Aufz. **Hdg.** 64. AT 303, KHM 60, 85. K. **Ranke,** Die zwei Brüder, **Geramb** 29, **Haiding** ÖM 32, OÖ 84. Burgenländische Varianten **Bünker** 88. Aufz. **Hdg.** 62, 95, 139, 209, 270. **Knobloch,** S. 53 (Bruchstück), **Gaál,** Magyaren 5. Wie bei den steirischen Varianten treten in den burgenländischen Spielformen des Zweibrüdermärchens zumeist drei Brüder auf, wobei das Geschick von zweien übereinstimmt. Die Brüder und ihre Tiere entstammen häufig einer wunderbaren Empfängnis (Frau und Muttertier verzehren Teile eines besonderen Fisches, an der Stelle, wo das Spülwasser ausgegossen wurde, entsprießen dem Boden Schwerter). Das Märchen ist trotz vorgebrachten Bedenken mit der Perseussage verwandt, Chrysaor entspricht dem zweiten Bruder. Hiezu **Spieß-Mudrak** 448 f.

11. Der Zauberlehrling

Bünker Nr. 80. AT 325, KHM 68. Eine weitere burgenländische Variante Aufz. **Hdg.** 220. Von dieser Geschichte, die in manchem vom typischen Märchen abweicht, sind sehr viele Varianten in Irland, Finnland und Dänemark aufgezeichnet worden.

12. Der Schafhalter und die drei Riesen

Aufz. **Hdg.** 101. AT 314 A (+ 502, 540, 532), Jabing 1952, Erzähler Anton **Stefanek.** An das Märchen wurde auch bei dieser Variante AT 935 angefügt, was hier weggelassen worden ist. Vgl. hiezu **Haiding,** Burgenländische Spielformen zur Heimkehr des Helden im elenden Aufzuge. Mit besonderen landschaftlichen Abwandlungen finden wir dieses Märchen bei **Haiding** ÖM 1 und OÖ 13, 139, ferner **Geramb** 26. Burgenländisch noch **Bünker** 71 (teilweise), 76, 96, 98, **Gaál** 8, **Haiding** 21, 22, 77, 78, 79, 80, 101, 125, 133. Vom gleichen Gewährsmann aus Jabing hat auch Norbert **Riedl** das Märchen wortgetreu aufgenommen und später zu Vergleichszwecken zur Verfügung gestellt. Zur Labung während des Drachenkampfes siehe **Mudrak,** Dt. Heldensage, S. 82, Fußnote 125, und G. **Henßen,** Dt. Volksmärchen, S. 29 ff. Zum Verhalten des dritten Riesen gegenüber dem Helden **Panzer** 1, S. 130, und **Mudrak,** Dt. Heldensage, S. 149.

13. Kaiser Josef und der kluge Bauer

Aufz. **Hdg.** 1995, Erzähler J. **Ziesler,** Deutschkreuz 1963. AT 921 F. Eine ähnliche sehr gute kroatische Variante (unveröffentlicht) bei **Gaál,** Tonband 314. Eine Fülle von Erzählungen lassen je nach Landschaft den deutschen Kaiser Josef II., Friedrich II. von Preußen (**Kügler,** Friedrich der Große) oder **Matthias-Corvinus** hervortreten. Siehe **Haiding,** Kaiser Josef II. in der Volksüberlieferung. E. **Moser-Rath,** Anekdotenwanderung, S. 247: „Der Alte Fritz und Joseph II. waren übrigens die letzten Monarchen, die zu echten Schwankfiguren werden konnten", ferner W. **Anderson,** Kaiser und Abt, und H. **Diewerge,** Der Alte Fritz. A. **Wesselski,** Märchen des Mittelalters, Nr. 39, mit weitreichenden Parallelen.

14. Die Müllnermagd und die Räuber

Aufz. **Hdg.** 24, Riedlingsdorf 1933 und später, Erzähler J. **Wadler.** AT 956, 956 B. Diese Erzählung hat sich bis in jüngste Zeit auch im Burgenland lebendig erhalten. Aus Aufz. **Hdg.** 14, 91, 114, 124, 196, 215, 218, 219, 296. **Haiding** OÖ, 76, 85, 92, 93. Weitere österreichische Varianten in den Anmerkungen zu **Haiding,** Märchenschatz 55, dort auch Hinweise auf die Ballade von den „Drei Schreien".

15. Dreißgerl

Aufz. **Hdg.** 197, Oberdorf, Bezirk Oberwart 1954, Erzähler Willibald **Halper.** Der verwandte Stoff ist bei **Haiding,** Das steirische Märchen vom Dreißgerl, ausführlich behandelt. Siehe auch **Geramb** Nr. 5. Der Held heißt häufig nach der Zahl der Geschwister, so auch „Dreizehn", auch „Einundzwanziger". Er zieht nach kostbaren Gütern aus. Das Roß hat oftmals goldene Hufeisen, kann als Flügelroß durch die Luft fliegen und trinkt Wolken. Um gegen die Entführung geschützt zu sein, hat es an allen vier Beinen Glöckchen. Ähnlich ist die kostbare Bettdecke des Unholdes gesichert. Auch eine selbstspielende Laute, das von selbst hauende Schwert oder ein selbstbackender Backtrog werden geraubt.

16. Die vertauschte Braut

Bünker 66, Eduard und Karoline. AT 403, vgl. besonders KHM 135, HDM I, 307 ff. Eine große Gruppe von Märchen befaßt sich mit dem Schicksal der rechten Braut, die durch eine falsche zeitweise verdrängt wird. Manchmal erfolgt die Beseitigung der rechten Braut und ihre Tierverwandlung erst nach der Hochzeit und der Geburt des ersten Kindes. Vgl. auch die Anm. bei BP zu dem oben angeführten Märchen bei **Grimm, Haiding,** ÖM 18, und K. **Ranke,** Schleswig-Holstein zu AT 403. Siehe unsere Nr. 33.

17. Das Gesundheitswasser

Aufz. **Hdg.** 81, Jabing 1954, Erzähler Franz **Tauß.** AT 551, KHM 57, 97. Burgenländisch noch **Bünker** 90, **Graf** 2, Aufz. **Hdg.** 75, 76, 81, 105, 140, 217. Kroatisch **Gaál,** Tonband 314, steirisch bei **Geramb** Nr. 12. Nach einer verwandten Erzählung vom „Senavogel" hat E. **Zenker** ihre Ausgabe von Kärntner Märchen benannt. Das Gesundheitswasser, ein Vogel, dessen Gesang die Heilung bringt, oder eine Frucht hatten die gleiche Wirkung.

18. Die betrunkene Wallfahrerin

Aufz. **Hdg.** 2636, Olbendorf, Bezirk Oberwart 1969, Erzählerin Wilhelmine **Bischof.** Eine von kirchlicher Seite her gesehene Variante bei E. **Moser-Rath,** Predigtmärlein 97, F. S. **Krauß,** Sagen und Märchen 1, Nr. 56, wird das gleiche Verhalten von einer Bäuerin aus der Steiermark berichtet.

19. Die Schwarze Frau

Aufz. **Hdg.** 141, Forchtenau 1953, Erzählerin Maria **Strodl.** Die Gewährsfrau hat die Geschichte vom „Marzer Schuster" Matthias Karner übernommen, der seine Erzählung nach Möglichkeit auf bekannte Orte bezog. AT 710, KHM 3. Im Vergleich zu anderen Märchentypen sind verhältnismäßig wenig Varianten aufgezeichnet worden, was auch für Mittel- und Niederdeutschland gilt. Eine zweite burgenländische Fassung **Haiding,** Märchenschatz 7, bei **Bünker** 54 ist manches entstellt, kroatisch nach **Gaál,** Tonband 313, sieht die Heldin ebenfalls durch das Schlüsselloch. Zum Versprechen des Ungeborenen siehe auch unsere Nr. 3.

20. Die Katzenmühle

Bünker 62. AT 480, KHM 24. Bünker gibt zwar nach Kern an, daß sein Gewährsmann die Geschichte in Niederösterreich gehört hat, die nächsten Varianten weisen indes weiter nach dem Osten. Die berühmteste hat Anna **Loschdorfer,** Volksmärchen mit Melodien, 1936 veröffentlicht. Auch ein Kärntner Märchen führt in das Katzenschloß. In einem anderen Märchen (BP I, S. 460) löscht die Katze das Feuer aus, das Mädchen muß neues bei Menschenfressern holen. Um Feuer geht es auch in isländischen und russischen Varianten dieser eigenartigen Form des sonst zumeist nach Frau Holle bezeichneten Märchens. Eine weltweite Zusammenfassung bei Roberts, The kind and the unkind girls.

21. Die Reise nach Schönbrunn

Aufz. **Hdg.** 2506, Oberdorf, Bezirk Oberwart 1954, Erzähler Franz **Konrath.** AT 1610, KHM 7, BP I 62 ff. Das durch **Schroubek,** „Die Reise zum fernen Kaiser", in seiner Bedeutung erstmals nach literarischen Fassungen herausgearbeitete Motiv findet sich hier in einem ausgesprochen volksnahen Schwank, und zwar verbunden mit AT 1610 (verteilte Prügel). Den Anteil an Prügeln erhält zumeist der Wachposten, so auch in einem jüngst veröffentlichten Beleg bei **Camman-Karasek,** S. 103 f. Das gleiche Motiv wird mit dem „Alten Fritz" verbunden, so bei **Wossidlo-Neumann,** Nr. 299. Die häufige jüdische Überschätzung des Geldes auch bei S. **Landmann,** z. B. S. 75, 85, 102 f. Der Jude als Gegenspieler oder Leidtragender auch in Varianten einer Reihe von anderen

Volkserzählungen, z. B. AT 850. Zum Antisemitismus siehe **Newall** und **Härtle.** Die Beliebtheit Kaiser Josefs äußert sich in einer Unzahl von Erzählungen, die bis in jüngste Zeit mündlich weitergetragen wurden (Haiding, Josef II.), und auch in seiner Bezeichnung als „Schönbrunner Pepperl" oder obersteirisch als „Weaner Seppl". Siehe auch unsere Nr. 13 und Anmerkungen hiezu, ferner J. **Matl,** Österreichische Herrscher, und derselbe, Lebensgrundlagen.

22. Das schwarze Schloß

Aufgezeichnet von Pfarrer Michael **Bothar,** „Die drei Siehn", Erzähler J. **Treiber,** Stadtschlaining. VuH III, Nr. 7, S. 6 f. AT 402, KHM 63, 106. **Haiding,** Märchenschatz 21, 37. Die zeitlich weiter zurückliegende Spielform in 1001 Nacht „Prinzessin Pari Banu" enthält ebenfalls keine Tierverwandlung der Heldin, die häufig als Frosch oder Kröte (so tirolisch), aber auch als Maus (auch aus Niederösterreich, Aufz. **Hdg.** 238) auftritt. Sehr häufig finden wir auch ein Kätzchen, z. B. in Kärnten und in der Steiermark, aber auch in Holstein. Burgenländisch Aufz. **Hdg.** 7, 320.

23. Die zwölf Hirsche

Aufgezeichnet von M. **Bothar,** Die Jägerstochter, VuH V, 1952/53, Nr. 3, Erzähler Michael **Treiber,** Drumling/Stadtschlaining. AT 451, KHM 9, 49. Das Märchen gehört in den Bereich des Typs, der aus Grimm als „Die sieben Raben" bekannt geworden ist. In dieser Ausprägung dürfte es besonders beliebt gewesen sein, wie einige Nachrichten von Niederösterreich bis Salzburg und Kärnten zeigen. Von **Grimm** gehören auch die Märchen „Die zwölf Brüder" (KHM 9) und „Die sechs Schwäne" (KHM 49) hier hinein. Eine burgenländische Variante (Aufz. **Hdg.** 203, Die elf Schwäne), könnte auf Flugblattliteratur zurückgehen. Weitere burgenländische Spielformen Aufz. **Hdg.** 119, 134, 137, 203, 277, **Gaál,** Magyaren 24 (Einleitung), und kroatisch Gaál B 9712. Siehe auch Anm. zu **Haiding,** Märchenschatz 28. Die schweigende Schwester leidet wie die Heldin in Nr. 19.

24. Getreu und Ungetreu

Bünker 72. AT 531, KHM 126. Es handelt sich um den „Tristan-Typ" unter den drei „Roßmärchen". Ursprünglich muß der Held aus der Außenwelt eine Stutenherde holen, deren Milch den Kessel füllt. Burgenländisch noch Aufz. **Hdg.** 90, 253 und teilweise **Gaál,** Magyaren 24. Vergleiche auch die Anmerkungen zu **Haiding,** Märchenschatz 39 (Geramb 22). Es gibt verhältnismäßig wenig deutsche Varianten dieses Stoffes (rund 40 Nachweise), darunter auch in Oberösterreich.

25. Das Gebet um 100 Gulden

Aufz. **Hdg.** 2751, Olbendorf 1971, Erzähler Peter **Zieser.** AT 1543, 1642 AC. Th. J 1151. 2. BP I 67. Erst in den letzten Jahren sind in Österreich einige Varianten aufgezeichnet worden, so Aufz. **Hdg.** 2064, 2098, 2635, ferner **Gaál** kroatisch B 9658. Niederdeutsche Gegenstücke bei **Wossidlo-Neumann** 118, 210.

26. Kaiser Josef und der Prälat

Aufz. **Hdg.** 2505, Oberdorf 1954, Erzähler Franz Konrath. AT 922. **W. Anderson** hat den „Schwank von Kaiser und Abt" in einer gründlichen Untersuchung behandelt und weiterhin bis an sein Lebensende im Auge behalten. Vgl. hiezu **Haiding,** Kaiser Josef II., E. **Rath,** Ohne Kummer, E. **Moser-Rath,** Predigtmärlein 19, **Röhrich,** Mittelalter 8, S. 146—172 und 281—288. Ferner **Schroubek,** Fußnote 7, **Sirovatka,** Tschechische Volksmärchen, S. 155 ff., **Riedl,** Märchen aus dem Burgenland, VuH V, 1952, 23, und **Löschnauer,** Der kluge Schuster, VuH VII, usw. Burgenländisch Aufz. **Hdg.** 5, 1994, 2078, 2110, **Gaál,** Magyaren 44.

27. Der dumme Franzl gewinnt die Königstochter

Aufz. **Hdg.** 133, Obertraun 1953, Erzähler Ferdinand **Huber**, Forchtenau. AT 314 A. Hüten des Heus, auch **Haiding** OÖ 2 und **Camman-Karasek**, S. 157 f. Anstelle des Verschlafens bei dem zu bewachenden Gut steht hier das Durchbringen der Nacht im Wirtshaus. Wie stark sich die landschaftliche Eigenart auch trotz gleichem Aufbau der Gesamthandlung auswirken kann, zeigt ein Vergleich mit **Haiding**, Märchenschatz 1, und **Geramb** 26 sowie unserer Nr. 12, Der Schafhalter. Im Zusammenhang damit stehen auch die Spielformen vom Eisenhans (KHM 136), die in den großen Bereich eines zweiten Roßmärchen-Typs vom „Goldener" oder auch „Grindkopf" genannt gehören. Vgl. die Anmerkungen zu **Haiding**, Märchenschatz 1. Der Wettritt wie im Märchen vom Schafhalter (Nr. 12).

28. Alles glaubt der König doch nicht

Aufz. **Hdg.**, Erzähler Franz **Bauer**, Lackendorf. Zu diesem Lügenmärchen vgl. KHM 112, BP II, 506 ff., **Moser-Rath**, Predigtmärlein 210. AT 1960 D, F, G, magyarisch bei **Gaál** 88. Einzelzüge auf bekannte Bauernhöfe bezogen, bei **Haiding**, Lügengeschichten von Bauernhöfen.

29. Einer schlägt zwölf

Vernaleken, Nr. 36, AT 851, KHM 22. Zu den bei BP und AT verzeichneten zahlreichen Varianten kommt nun eine ungarndeutsche bei **Camman-Karasek**, S. 76, mit der gleichen Verkettung der Eingangsmotive, an die jedoch AT 300 anschließt. „Die Rätseljungfrau" fordert von den mit dem Tod bedrohten Freiern Rätsel, die sie nicht zu beantworten vermag. Das aus einem Erlebnis des Helden gewonnene Rätsel kann sie nur dadurch lösen, daß sie oder ihre Diener sich nachts zu ihm begeben. Sie erfahren zwar die Lösung, werden jedoch oft in bildhafter Weise überführt. AT nennt nur 19 deutsche Varianten, wobei er übersieht, daß schon **Wossidlo** allein gegen Ende des vorigen Jahrhunderts deren neun bekannt gemacht hat. Besonders viele Spielformen sind aus Dänemark und Irland aufgezeichnet worden, während es aus anderen Landschaften durch die mangelnde Sammeltätigkeit verhältnismäßig wenig Belege gibt.

30. Ach, da schaut her!

Aufz. **Hdg.** 2622, Olbersdorf 1969, Erzählerin Wilhelmine **Bischof.** AT 1585. Kroatisch **Gaál**, Manuskriptseite 244, „Der Advokat berät", **Wossidlo-Neumann**, Nr. 213, **Krauß**, Zigeunerhumor, S. 100 f., **Camman-Karasek**, S. 102 f. (Auf Kaiser Franz Josef bezogen, jedoch sehr entstellt). **Haiding** OÖ 7 verbindet Motive unserer Nr. 25 und 30. Zum Verstellen bei Gericht: **Kretzenbacher**, Mâitre Pâtelain.

31. Winterkölbel

Vernaleken, Nr. 2, AT 500. Die Geschichte stellt die eigenartige Ausprägung eines Teiles dessen dar, was wir in größeren Zusammenhängen aus den Grimmschen Märchen „Die drei Spinnerinnen" (KHM 14) und „Rumpelstilzchen" (KHM 55) kennen. In den österreichischen Varianten ist die Aufgabe, eine große Menge Garn zu verspinnen und dabei Goldfäden zu schaffen, kaum noch erhalten. **Bünker** Nr. 50 dürfte von KHM 55 abhängig sein. Mehrere umfassende Untersuchungen der einschlägigen Märchen sind bei AT angeführt.

32. Die Nußdiebe

Aufz. **Hdg.** 2502, Oberdorf 1954, Erzähler Alois **Grünauer.** AT 1791. Die Geschichte findet sich schriftlich schon bei J. **Pauli**, wozu **Bolte** in den Anmerkungen weitere Belege bringt. Siehe auch BP I, S. 54, und III, S. 395. Ferner **Zender**, Volksmärchen und Schwänke 44, **Henßen**, Volk erzählt 148, ders., Jülich 480, **Wossidlo-Neumann**, Nr. 289, erwähnt etwa 40 mecklenburgische

Varianten. Aus Österreich sind in letzter Zeit wenigstens teilweise die Belege aus mündlicher Überlieferung nachgetragen worden. **Haiding** OÖ 68, 69, 91, einschließlich Anm. 95, 106, 124. Die steirischen Funde sind noch nicht veröffentlicht. Burgenländisch Aufz. **Hdg.** 2518, **Gaál,** Magyaren 87 und kroatisch (unveröffentlicht) B 9740.

33. Die rechte und die falsche Braut

Aufz. **Hdg.** 94, Mariasdorf, Bezirk Oberwart 1952, Erzähler Ernst **Nemeth.** AT 480 + 403. Die Erzählung verbindet ein zum Holle-Märchen gehöriges Eingangsmotiv, das in seiner eigenartigen Ausprägung mit der Szene am Brunnen W. **Roberts,** S. 199 ff., mit seinen Varianten zusammengestellt hat. **Bünker,** Nr. 65. Der Erzähler hat aus seiner Lebenswelt viele Einzelzüge eingeflochten. Das Federnschleißen, zu dem sich im Winter die Frauen gesellig zusammenfanden, wobei zumeist die Männer Märchen und Schwänke erzählten, gibt hier den Anlaß, daß die rechte Braut über ihr Geschick berichtet und ihre Gegenspielerin überführt wird. Die Wendung „Jetzt lassen wir den Hansl rasten, jetzt kommen wir zum Vater" ist ähnlich aus Schweden wie aus Armenien bezeugt. Beispiele aus der mittelalterlichen Dichtung und aus jungen Märchenaufzeichnungen BP IV, S. 21 ff. Siehe unsere Nr. 16.

34. Drei Brüder gehen stehlen

Aufz. **Hdg.** 2074, Mariasdorf 1952, Erzähler Ernst **Nemeth.** AT 1525 R, 1653, 1653 B. Auch dieser Schwank, der niederdeutsch bei **Wossidlo-Neumann,** Nr. 315, und bei **Henßen,** Überlieferung 54, wiederkehrt, ist erst in den letzten Jahrzehnten in Österreich häufiger nachgewiesen worden. R. **Löschnauer,** Die drei Brüder, **Haiding** OÖ 33, 59, 73, 123 und Anm. ders., Sagenschatz 48. Burgenländisch noch in mehreren kroatischen Varianten bei **Gaál,** B 9668 und Tonband 312, 316.

35. Der Schusterbub als Kaiser

Aufz. **Hdg.** 2600, Olbendorf 1969, Erzähler Johann **Heschl.** Die zahlreichen Anekdoten vom pfiffigen Schusterbuben sind nur in ganz vereinzelten Beispielen aufgezeichnet worden. Hierzu noch Aufz. **Hdg.** 2515, 2635 (hier wieder auf den deutschen Kaiser Josef bezogen, wie andererseits HDM II, Sp. 238, auf Friedrich II. von Preußen, Der König und der Pferdejunge), Der Bauer einen Tag König, bei **Moser-Rath,** Predigtmärlein Nr. 256. Das gleiche Geschehen wie unsere Anekdote in Versen literarisch verarbeitet bei O. **Moser,** Apollonia Kreuter, Nr. 62.

Inhaltsverzeichnis

		Seite	Anmerk. Seite
I.	Vorwort	7	
II.	Hauptteil		
	1. Der Tatzbär-Hansl	9	234
	2. Der Schmied von Rawelsbach	15	234
	3. Die drei Entenfrauen	21	234
	4. Der weiße Wolf	26	234
	5. Lämmlein, schüttle dich	30	235
	6. Der Federnteufel	34	235
	7. Lampus määäh	44	235
	8. Der Drachentöter	46	235
	9. Der reiche Kaufmannssohn	52	235
	10. Die drei Jägerssöhne	58	235
	11. Der Zauberlehrling	64	236
	12. Der Schafhalter und die drei Riesen	73	236
	13. Kaiser Josef und der kluge Bauer	87	236
	14. Die Müllnermagd und die Räuber	90	236
	15. Der Dreißgerl	98	236
	16. Die vertauschte Braut	103	237
	17. Das Gesundheitswasser	107	237
	18. Die betrunkene Wallfahrerin	113	237
	19. Die schwarze Frau	115	237
	20. Die Katzenmühle	118	237
	21. Die Reise nach Schönbrunn	121	237
	22. Das schwarze Schloß	124	238
	23. Die zwölf Hirsche	129	238
	24. Getreu und Ungetreu	133	238
	25. Das Gebet um hundert Gulden	139	238
	26. Kaiser Josef und der Prälat	142	238
	27. Der dumme Franzl gewinnt die Königstochter	144	239
	28. Alles glaubt der König doch nicht	148	239
	29. Einer schlägt zwölf	151	239
	30. Ach, da schaut her!	155	239
	31. Winterkölbl	157	239
	32. Die Nußdiebe	161	239
	33. Die rechte und die falsche Braut	163	240
	34. Drei Brüder gehen stehlen	184	240
	35. Der Schusterbub als Kaiser	188	240
III.	Aus der Lebenswelt der Erzähler und ihrer Geschichten	189	
IV.	Vom Sammeln und Erforschen des burgenländischen Erzählgutes	212	
V.	Schrifttum	225	
VI.	Quellennachweise und Anmerkungen	234	